ACTIVITIES MANUAL
WORKBOOK AND LAB MANUAL

Más allá de las palabras
Intermediate Spanish

THIRD EDITION

Olga Gallego Smith
University of Michigan

Concepción B. Godev
University of North Carolina, Charlotte

Mary Jane Kelley
Ohio University

Contributing authors:

Ann Hilberry
University of Michigan

Vanessa Lago-Barros
SUNY Rockland Community College

WILEY

VICE PRESIDENT AND PUBLISHER	Laurie Rosatone
SPONSORING EDITOR	Elena Herrero
ASSOCIATE EDITOR	Maruja Malavé
EXECUTIVE MARKETING MANAGER	Jeffrey Rucker
MARKETING MANAGER	Kimberly Kanakes
MARKET SPECIALIST	Glenn Wilson
SENIOR CONTENT MANAGER	Micheline Frederick
SENIOR PRODUCTION EDITOR	Sandra Rigby
SENIOR PRODUCT DESIGNER	Tom Kulesa
SENIOR DESIGNER	Thomas Nery
PHOTO EDITOR	Felicia Ruocco
COVER PHOTOS	Door Image: Nattavut Luechai/123rf.com
	Beach Image: Dougal Waters/The Image Bank/Getty Images

To order books or for customer service please, call 1-800-CALL WILEY (225-5945).

ISBN 978-1-118-51235-7

Printed in the United States of America

10 9 8 7 6 5 4 3 2 1

CONTENIDO

Capítulo 1 **Nuestra identidad** **1**

Tema 1 **Quiénes somos** 2
A escuchar: Una descripción personal 4
A escuchar: Circunloquio 10

Tema 2 **Cómo somos, cómo vivimos** 11
A escuchar: La plaza de mi ciudad 13
A escuchar: Control del ritmo de la conversación 17

Tema 3 **Por qué nos conocen** 18
A escuchar: La vida de Gloria Estefan 18
A escuchar: Una conversación telefónica 25

Más allá de las palabras 26
Ven a conocer 26
A escuchar: La cultura puertorriqueña 26
El escritor tiene la palabra 27
Para escribir mejor 29
Para pronunciar mejor 32

Capítulo 2 **Las relaciones de nuestra gente** **34**

Tema 1 **En familia** 35
A escuchar: La familia de Lucía 37
A escuchar: Pedir y dar información 41

Tema 2 **Entre amigos** 42
A escuchar: Romances chapados a la antigua 43
A escuchar: Contar anécdotas 49

Tema 3 **Así nos divertimos** 50
A escuchar: Los planes para el sábado 52
A escuchar: Comparar experiencias 57

Más allá de las palabras   58

    Ven a conocer   58

    A escuchar: Un discurso sobre
                           "El milagro del maíz"   58

    El escritor tiene la palabra   60

    Para escribir mejor   61

    Para pronunciar mejor   64

Capítulo 3   **Nuestra comunidad bicultural**   **65**

    Tema 1   **Ser bicultural**   66

        A escuchar: Choques culturales   68

        A escuchar: Expresar tus opiniones   73

    Tema 2   **Ser bilingüe**   74

        A escuchar: El requisito universitario   76

        A escuchar: Cómo expresar tus
                         sentimientos   81

    Tema 3   **Lenguas en contacto**   82

        A escuchar: Mi experiencia bicultural   83

        A escuchar: Pedir y dar consejos   88

    Más allá de las palabras   89

    Ven a conocer   89

    A escuchar: Un testimonio   89

    El escritor tiene la palabra   92

    Para escribir mejor   93

    Para pronunciar mejor   95

Capítulo 4   **La diversidad de nuestras costumbres y creencias**   **97**

    Tema 1   **Nuestras costumbres**   98

        A escuchar: Costumbres de
                         todos los días   100

        A escuchar: Dar explicaciones   104

Tema 2   Nuestras creencias   105

   A escuchar: Una fiesta infantil   108

   A escuchar: Expresar acuerdo y
   desacuerdo enfáticamente   115

Tema 3   Nuestras celebraciones   116

   A escuchar: La Virgen del Pilar   117

   A escuchar: Expresar compasión,
   sorpresa y alegría   121

Más allá de las palabras   122

   Ven a conocer   122

   A escuchar: Otra fiesta   123

   El escritor tiene la palabra   124

   Para escribir mejor   125

   Para pronunciar mejor   127

**Capítulo 5   Nuestra herencia indígena, africana
y española**   **129**

**Tema 1   Antes de 1492: La gente de
América**   130

   A escuchar: Otras palabras problemáticas   132

   A escuchar: Convencer o persuadir   138

**Tema 2   1492: El encuentro de dos
mundos**   139

   A escuchar: El mito de Quetzalcóatl   141

   A escuchar: Acusar y defender   148

Tema 3   El crisol de tres pueblos   149

   A escuchar: Una entrevista   151

   A escuchar: Iniciar y mantener una
   discusión   156

Más allá de las palabras   157

Ven a conocer   157

A escuchar: Los retos del futuro   158

El escritor tiene la palabra   159

Para escribir mejor   161

Para pronunciar mejor   162

Capítulo 6   Tradición y modernidad (México y España)   165

Tema 1   Primeras alianzas   166

A escuchar: Unos mensajes telefónicos   168

A escuchar: Recordar viejos tiempos   174

Tema 2   Gastronomía sin fronteras   176

A escuchar: La gastronomía y la exploración   176

A escuchar: Hablar de lo que acaba de pasar   184

Tema 3   Cine mexicano de hoy sobre la España de ayer   185

A escuchar: Las mujeres revolucionarias   186

A escuchar: Coloquialismos de México y España   192

Más allá de las palabras   194

Ven a conocer   194

A escuchar: Un programa de radio   195

El escritor tiene la palabra   197

Para escribir mejor   198

Para pronunciar mejor   202

Capítulo 7   Ideologías de nuestra sociedad (Países del Caribe)   203

Tema 1   Nuestras ideologías   204

A escuchar: Una noticia cubana   206

A escuchar: Tener una discusión acalorada   212

Tema 2	**Música y sociedad**	214
	A escuchar: Inmigración dominicana	215
	A escuchar: Usar gestos para comunicarse	221
Tema 3	**Nuestra identidad política**	223
	A escuchar: Una conversación por teléfono	224
	A escuchar: Aclarar un malentendido y reaccionar	232
	Más allá de las palabras	234
	Ven a conocer	234
	A escuchar: Una excursión a Venezuela	234
	El escritor tiene la palabra	236
	Para escribir mejor	238
	Para pronunciar mejor	241

Capítulo 8   **Explorar nuestro mundo (Centroamérica)**   **243**

Tema 1	**Qué llevar para viajar**	244
	A escuchar: Una oferta	246
	A escuchar: Los detalles del desfile de modas	252
Tema 2	**Viajar y respetar el medio ambiente**	253
	A escuchar: Nicaragua, lugar inolvidable	254
	A escuchar: De viaje por Honduras	262
Tema 3	**Viajar para servir a la comunidad**	263
	A escuchar: Pura vida	264
	A escuchar: Entrevista de trabajo	270
	Más allá de las palabras	271
	Ven a conocer	271
	A escuchar: Un reportaje sobre Panamá	271
	El escritor tiene la palabra	273
	Para escribir mejor	275
	Para pronunciar mejor	277

Capítulo 9 **Nuestra herencia precolombina (Países andinos)** **278**

Tema 1 **El origen de la leyenda de El Dorado** 279

A escuchar: Un examen sobre los muiscas 281

A escuchar: Hablar sobre dinero y negocios 289

Tema 2 **Nuestra cultura mestiza** 290

A escuchar: Estudios en el extranjero 291

A escuchar: Romper el hielo 299

Tema 3 **Costumbres de los incas** 300

A escuchar: Una narración amorosa 301

A escuchar: Comunicarse formal e informalmente 307

Más allá de las palabras 308

Ven a conocer 308

A escuchar: El lago Titicaca: Mito y realidad 309

El escritor tiene la palabra 311

Para escribir mejor 312

Para pronunciar mejor 316

Capítulo 10 **Nuestra presencia en el mundo (Países del Cono Sur)** **318**

Tema 1 **La realidad del exilio** 319

A escuchar: Una exiliada en EE. UU. 320

A escuchar: Hablar de los pros y los contras de una situación 326

Tema 2 **La inmigración forja una cultura** 328

A escuchar: El fútbol, deporte de fama mundial 329

A escuchar: Interrumpir para pedir una aclaración 335

Tema 3   **La emigración de las nuevas generaciones**   337

     A escuchar: Un anuncio radiofónico   338

     A escuchar: Corregir a otras personas   344

Más allá de las palabras   346

     Ven a conocer   346

     A escuchar: Una entrevista   346

     El escritor tiene la palabra   348

     Para escribir mejor   350

     Para pronunciar mejor   353

Clave de respuestas   **355**

PREFACE

The Activities Manual that accompanies *Más allá de las palabras, Third Edition,* includes vocabulary, grammar, listening, writing and pronunciation activities designed to provide additional individual practice. Each chapter in the Activities Manual coincides in themes and content with the corresponding chapter of the textbook.

The Activities Manual serves as a workbook. Vocabulary, grammar, and writing activities provide extra practice and reinforce the knowledge acquired in the textbook. Each section expands chapter topics with meaningful activities. For example, the *El escritor tiene la palabra* section explains the features of the literary genre studied in each textbook chapter and offers activities in which students explore those features.

The Activities Manual provides listening comprehension and pronunciation activities based on audio files available in *WileyPLUS*. Each chapter contains seven listening passages plus a *Para pronunciar mejor* section where students practice pronouncing sounds that are difficult for English speakers. An introductory explanation of the sound is followed by pronunciation exercises. In each Tema, students hear one passage related to the chapter's cultural content and one model conversation based on the *Vocabulario para conversar* section. Activities require students to listen for important information. The *Más allá de las palabras* section features a discourse-length passage with an activity that guides students through the essential stages of comprehension: 1) identifying the speaker and the context of the passage; 2) comprehending the main idea; and 3) understanding important details. An additional task asks students to focus on verb forms.

The Answer Key at the end of the Activities Manual encourages students to evaluate their work and track their progress.

An electronic version of this Activities Manual can be found in *WileyPLUS*.

NUESTRA IDENTIDAD

1 Quiénes somos   2

2 Cómo somos, cómo
vivimos   11

3 Por qué nos conocen   18

Más allá de las palabras   26

TEMA 1 Quiénes somos

Vocabulario del tema

1-1 Descripciones. Completa las siguientes oraciones usando como mínimo dos adjetivos de la lista. Puedes usar el mismo adjetivo más de una vez. Ten cuidado con la concordancia entre sustantivo y adjetivo.

aburrido/a	admirable	antipático/a
atento/a	brillante	capaz
cómico/a	creativo/a	divertido/a
encantador/a	espontáneo/a	estricto/a
estudioso/a	festivo/a	hogareño/a
honrado/a	impulsivo/a	ingenioso/a
insoportable	intelectual	interesante
justo/a	listo/a	organizado/a
pesado/a	rígido/a	sabio/a
simpático/a	trabajador/a	tranquilo/a

1. Yo soy _____

2. Mi mejor amigo/a es _____

3. Mis padres son _____

4. Mi profesor/a de español es _____

5. Mis compañeros/as de cuarto son _____

6. Mi novio/a es _____

1-2 Expresiones útiles. George es un estudiante de español que quiere aprender expresiones nuevas para impresionar a sus amigos. George quiere saber si hay otras palabras para expresar estas ideas. Escribe las frases otra vez con la expresión adecuada, haciendo los cambios necesarios.

padrísimo/a	cortar el rollo	platicar
tiempo de ocio	compaginar	hasta lueguito
dedicarse a	marcharse	servir para

1. Todos los días **hablo** con mis amigos por las tardes. _____

2. Es difícil **combinar** los estudios y la diversión porque soy estudiante. _____

3. Tengo que **dejar de hablar**, mi compañero me espera. _____

4. ¡La universidad donde estudio es **fantástica**! _____

5. Como estudiante, el **tiempo libre** que tengo es muy limitado. _____

1-3 ¿Recuerdas? Con la información de tu libro de texto, llena los espacios en blanco del formulario para ayudar a José a crear su perfil en MisPáginas.com.

Fuse/Getty Images

Apellido: Fernández _____   Nombre: José _____

Dirección: Calle Veracruz, N° 20, Málaga, España _____

Fecha de nacimiento: el siete de diciembre de 1969 _____

Nacionalidad: Soy… _____

Profesión: Soy… _____

Personalidad y rasgos físicos: Yo soy… _____

_____

_____

¿Qué te gusta hacer en tu tiempo libre? A mí me gusta/n… _____

_____

¿Qué cosas no te gusta hacer? A mí no me gusta/n… _____

_____

_____

1-4 Charla con amigos. Acabas de conocer a otro estudiante de español en una red social. Lee sus comentarios y contesta sus preguntas.

---

doug-h: Hola, me llamo Doug y soy estudiante del cuarto semestre de español. ¿Hay otros estudiantes de español por aquí? ¿Cómo se llaman?

estudiantedespañol2: _____

_____

_____

doug-h: Mucho gusto. Me encanta conocer a otros estudiantes. Yo soy de Tucson, Arizona, aunque ahora vivo en Phoenix porque estudio en Arizona State University, que está en Phoenix. Tucson es una ciudad muy bonita, no es muy grande ni muy pequeña, y está en el sur de Arizona. Lo que más me gusta de Tucson es el clima; sí, es muy cálido en el verano pero los inviernos son perfectos. ¿De dónde eres tú? ¿Cómo es tu ciudad? ¿Vives ahora en otra ciudad?

estudiantedespañol2: _____

_____

_____

doug-h: Soy estudiante de ingeniería y este semestre tengo una clase de matemáticas y otra de computación. Además tengo geometría y español. Mi clase favorita es la clase de español; me gusta mucho estudiar otras lenguas. ¿Qué clases tienes tú este semestre? ¿Cuál es tu favorita? ¿En qué piensas trabajar cuando termines tus estudios?

estudiantedespañol2: _____

_____

_____

doug-h: Bueno, para un estudiante es difícil compaginar los estudios y el ocio, ¿no? Me dedico a los estudios porque soy muy trabajador, pero cuando tengo tiempo libre viajo con mis amigos a las montañas para esquiar o acampar. ¿Qué haces tú?

estudiantedespañol2: _____

_____

_____

doug-h: Tengo que cortar el rollo ya. Tengo un examen mañana. ¡Hasta la próxima!

 A escuchar

1-5 Una descripción personal. En su descripción personal, Silvia habla de su personalidad, su aspecto físico y sus pasatiempos.

A. Escucha a Silvia y marca con una X los elementos que incluye en su descripción personal.

_____ tiene 23 años   _____ tiene el pelo rubio

_____ le gusta hacer deportes   _____ es tranquila

_____ tiene 22 años   _____ es española

_____ es mexicana   _____ es estudiante

_____ le gusta cocinar   _____ su padre cocina bien

B. Escucha otra vez a Silvia y escribe un rasgo que tengas en común con ella y otro que no tengas en común.

_____

_____

_____

Gramática

Uses of ser and estar (to be)

1-6 ¿Cómo están estos estudiantes? Selecciona la palabra que mejor describe el estado de ánimo de los siguientes estudiantes.

1. Julio va a volver a su pueblo este fin de semana para ver a sus padres.

   Está: **a.** contento   **b.** contentas   **c.** cansados   **d.** cansada

2. A Olga y a Victoria no les interesa su clase de química orgánica.

   Están: **a.** relajado   **b.** relajadas   **c.** aburridos   **d.** aburridas

3. Nosotros no tenemos tarea este fin de semana.

   Estamos: **a.** animados   **b.** animada   **c.** nerviosos   **d.** nerviosas

4. Tu madre te mandó un cheque en el correo pero todavía no ha llegado.

   Estás: **a.** impaciente   **b.** impacientes   **c.** aburrido   **d.** aburridas

5. Daniela recibió una D en su examen de psicología.

   Está: **a.** deprimida   **b.** deprimidas   **c.** contento   **d.** contentos

6. Tus amigos y tú pasan el fin de semana en la playa.

   Están: **a.** cansado   **b.** cansadas   **c.** relajada   **d.** relajados

7. Laura tiene un partido de baloncesto muy importante hoy.

   Está: **a.** tensos   **b.** tensa   **c.** deprimido   **d.** deprimidas

8. Nicolás tiene 3 exámenes en el mismo día.

   Está: **a.** animado   **b.** animadas   **c.** nervioso   **d.** nerviosos

1-7 ¿Dónde están las siguientes personas? Tus compañeros están muy ocupados. Explica dónde están según la actividad que están haciendo.

> **MODELO**
>
> John está escuchando una conferencia de su profesor de Ciencias Políticas.
> **Está en el edificio de Humanidades.**

el edificio de Humanidades	el gimnasio
la oficina	la residencia estudiantil
la cafetería	la biblioteca
el edificio de Ingeniería	el parque

1. Tus amigos están comiendo.

_____

2. Tu profesor de español está preparando la clase.

_____

3. José está practicando deportes.

_____

4. Y tú, ¿qué estás haciendo? ¿Dónde estás?

_____

1-8 Carta de Benjamín. Benjamín es un estudiante de español que está estudiando en Guanajuato, México. Lee la carta dirigida a sus padres y escribe la forma correcta de *ser* o *estar* en los espacios en blanco, según el contexto.

Queridos padres:

Hola, ¿qué tal? Yo 1. _____ bastante bien. Les escribo desde Guanajuato, México, mi nueva casa durante el verano. La verdad es que me encanta la ciudad y la estoy pasando de lo lindo. Me gusta también la universidad donde estudio, aunque con tantas cosas que hacer encuentro difícil compaginar los estudios y las diversiones. Bueno, aquí les doy una pequeña descripción de cómo son mi vida y mis estudios.

Mi casa 2. _____ como a veinte minutos del campus en autobús y por eso tengo que levantarme temprano por la mañana. Tengo tres cursos de español: de comunicación oral, literatura mexicana y arte barroco. Los profesores son muy inteligentes y las clases siempre 3. _____ interesantes y divertidas.

Todos los demás estudiantes en mis clases 4. _____ estadounidenses pero siempre intentamos hablar español en vez de inglés fuera de la clase.

La verdad es que 5. _____ aprendiendo mucho y ahora hablo mucho mejor español que antes. ¡Y todo eso en solo dos semanas!

Bueno, ya 6. _____ las 9:00 y siempre comemos a esta hora.

Espero recibir noticias suyas pronto.

Un beso,

Benjamín

1-9 Lo ideal. Describe a las siguientes personas o cosas *ideales*, usando el verbo **ser** y el siguiente vocabulario:

atlético/a	delgado/a	musculoso/a
rubio/a	moreno/a	pelirrojo/a
capaz	estudioso/a	honrado/a
hogareño/a	ingenioso/a	tranquilo/a
divertido/a	cómico/a	inteligente

MODELO

Mi amigo/a ideal: Es honrado/a y divertido/a.

1. Mi novio/a ideal

_____

2. Mi compañero/a de cuarto ideal

_____

3. Mi profesor/a de español ideal

_____

4. Mi pareja ideal en la clase de español

_____

5. Mi entrenador/a *(coach)* ideal

_____

1-10 ¡Qué confusión! Hoy es un día loco. Todo está fuera de la norma. Explica, usando los verbos **ser** y **estar** y un adjetivo.

MODELO

Mi padre: Mi padre siempre *es* paciente, pero hoy *está* súper impaciente.

1. Mi mejor amigo/a

_____

2. Mi profesor/a de español

_____

3. Mis padres

_____

4. Mis compañeros de clase

_____

5. Mi novio/a

Direct-Object Pronouns

1-11 ¡Qué dormilona! Marta se ha levantado tarde para su primera clase del día. Le pide ayuda a Julia, su compañera de casa, para encontrar varios objetos. Completa la conversación con los pronombres de complemento directo apropiados.

Marta: ¡Ay Dios! Voy a llegar tarde a clase y la profesora se va a enfadar. Julia, ¿dónde están mis blue-jeans favoritos?

Julia: **1.** _____ (Los/Las) vi anoche en tu cuarto.

Marta: Gracias. Y, ¿sabes qué hice con mi libro de texto?

Julia: Bueno, la verdad es que no tengo ni idea de dónde está. Hay muchos libros al lado de la computadora. ¿Estará tu libro allí?

Marta: Sí, **2.** _____ (lo/la) encontré. Tengo que entregar mi composición hoy. ¿Dónde está?

Julia: Estoy segura de que anoche **3.** _____ (lo/la) pusiste en tu mochila.

Marta: Es verdad, aquí está. Ahora solo necesito mis llaves.

Julia: No **4.** _____ (los/las) veo en la mesa donde están siempre. ¿Quieres tomar las mías?

Marta: Sí, gracias. ¡Hasta luego!

1-12 Cómo evitar la redundancia. Marisa le describe su nuevo apartamento a su mejor amiga en este mensaje. En el párrafo, Marisa repite varias palabras. Escribe las frases en ***negrita*** de nuevo usando los pronombres de complemento directo apropiados en lugar de las palabras subrayadas.

Acabo de conseguir un apartamento fantástico. **1. Alquilé un apartamento** con mi amigo Diego. Él **2. encontró el apartamento** hace un mes y me dijo que **3. tenía que ver el apartamento**. El apartamento es viejo pero **4. van a renovar el apartamento**. Los dormitorios son grandes y **5. acaban de pintar los dormitorios**. También instalaron ventanas nuevas. **6. Cambiaron las ventanas** de estilo tradicional a moderno.

1. _____

2. _____

3. _____

4. _____

5. _____

6. _____

1-13 ¡Qué pesados los quehaceres! Compara tus responsabilidades domésticas en la casa de tus padres con las de otros miembros de tu familia. Usa los pronombres de objeto directo para no repetir y el siguiente vocabulario:

arreglar mi cuarto	barrer el suelo	lavar	limpiar
sacar la basura	soler	a menudo	cada día/semana
nunca	raras veces	siempre	

MODELO

Mi hermano lava el coche cada semana pero yo nunca lo lavo.

_____

_____

_____

_____

_____

_____

_____

Redacción

1-14 Mi apartamento/residencia. Tu amigo/a de otra universidad te manda un mensaje por correo electrónico preguntándote cómo es tu apartamento/residencia estudiantil y cómo son tus compañeros/as de cuarto. Escribe una respuesta.

Fecha: lunes, 13 de septiembre

De: _____

A: _____

Asunto: Mi apartamento/residencia

_____

_____

_____

_____

_____

Nombre: _____ Fecha: _____ Clase: _____

A escuchar

1-15 Circunloquio. Vas a escuchar cuatro descripciones.

A. Escribe el número apropiado (1, 2, 3, 4) al lado de las imágenes para indicar el orden en que escuchas las descripciones.

a. _____   b.   c. _____   d. _____

e. _____   f.   g. _____   h. _____   .

B. Escucha otra vez y escribe el número de las descripciones que hacen referencia a estos aspectos:

color _____

forma _____

dónde se compra _____

material _____

dónde se ve _____

TEMA 2 Cómo somos, cómo vivimos

Vocabulario del tema

1-16 Tu ciudad. En tu ciudad, ¿en qué lugar hacen estas personas las siguientes actividades?

> **MODELO**
> alquilar videos (los jóvenes)
> **Los jóvenes alquilan videos en la tienda *Video Popular.***

1. participar en protestas sociales (los activistas) _____
_____
_____

2. ir de compras (mis amigos y yo) _____
_____
_____

3. reunirse con sus amigos (los mayores) _____
_____
_____

4. tomar café (los estudiantes) _____
_____
_____

5. escuchar música *pop* (los jóvenes) _____
_____
_____

6. tomar un helado (las familias) _____
_____
_____

7. ver películas de acción (los niños) _____
_____
_____

8. rezar (los católicos) _____
_____
_____

1-17 La guía del ocio. En Madrid los jóvenes consultan *La guía del ocio de Madrid* para decidir qué quieren hacer para divertirse. Mira la guía para contestar las preguntas a continuación.

La guía del ocio de Madrid

NOCHE Plaza Mayor

Este lugar es perfecto para las personas que buscan un escape: vendedores ambulantes, pintores, turistas, vividores, además de todos los habitantes de Madrid que la visitan para no perder el contacto con la gente. En esta época del año es uno de los lugares ideales para tomar un aperitivo, comer o cenar.

MÚSICA Fiesta de la percusión en Suristán

El Festival de Percusión termina mañana en el Círculo de Bellas Artes. Por la noche, todos bailan en la Fiesta del Ritmo Vital, en Suristán.

CINE "Parque Jurásico III", los dinosaurios atacan de nuevo

Esta nueva aventura de Spielberg supone el regreso de Sam Neill, quien tendrá que enfrentarse al temido espinosaurio, un carnívoro de 13 metros que se mueve por tierra y mar.

RESTAURANTES Viridiana, centinela de agosto

Uno de los pocos restaurantes que no se toma vacaciones. Viridiana ha sido calificado por la crítica *Herald Tribune* como uno de los 10 mejores restaurantes de Europa.

ARTE Minimalismo, una exposición multidisciplinaria en el museo Reina Sofía

El Reina Sofía presenta, hasta el 8 de octubre, una exposición de arte minimalista de géneros diversos como la música, la pintura, la escultura, la fotografía, la danza, la moda, el diseño y la arquitectura.

DISCOTECAS Joy Eslava

Joy Eslava es sin duda la discoteca con más historia de todo Madrid. La música de últimas tendencias y los éxitos comerciales a manos de DJs de prestigio. Ofrece conciertos y fiestas temáticas, entre otros eventos.

TEATRO Ciclo iberoamericano de las artes

El Ciclo Iberoamericano de las Artes es uno de los proyectos más hermosos e interesantes que han surgido en los últimos años en nuestra ciudad. Hasta el 21 de octubre, se podrá ver una gran variedad de películas, la mayoría de Argentina.

¿Qué deben hacer las siguientes personas y por qué?

1. Un turista que quiere descansar:

_____

_____

2. Un madrileño (una persona de Madrid) que quiere ver una película de acción:

_____

_____

3. Un joven artista que quiere ver una exposición de arte:

_____

_____

4. Una persona que quiere bailar música moderna:

_____

_____

5. Una pareja jubilada que quiere comer en un restaurante muy formal y elegante:

_____

_____

6. Un joven que quiere conocer a gente nueva:

_____

_____

7. Un joven músico que toca instrumentos de percusión:

_____

_____

A escuchar

1-18 La plaza de mi ciudad. Vas a escuchar a Pablo hablar de la plaza de Oxkutzcab, un pueblo de Yucatán, México.

A. Escucha a Pablo e indica si las siguientes oraciones son ciertas (**C**) o falsas (**F**).

1. _____ Los edificios y las actividades de la plaza son típicos de las grandes ciudades mexicanas.

2. _____ El nombre "Oxkutzcab" es vocabulario maya relacionado con la agricultura.

3. _____ Hay evidencia de la historia mexicana en la plaza de Oxkutzcab.

B. Escucha otra vez a Pablo. Según la descripción, marca con una **X** las posibles actividades en la plaza de Oxkutzcab.

1. _____ conversar

2. _____ sacar dinero del banco

3. _____ observar arte indígena

4. _____ asistir a misa y rezar

5. _____ jugar

Gramática

Present Indicative of Stem-Changing and Irregular Verbs

1-19 ¿Recuerdas? De la lista siguiente, ¿qué actividades asocias con las plazas hispanas? Marca las expresiones correspondientes.

❏ participar en rituales religiosos	❏ jugar al fútbol
❏ dar un paseo	❏ celebrar fiestas patronales
❏ ir de compras	❏ ver una película
❏ vender objetos	❏ organizar protestas sociales
❏ encontrarse con los amigos	❏ tomar un café en una cafetería
❏ escuchar música	❏ visitar un museo
❏ bailar	

1-20 Práctica de los verbos. Completa las siguientes frases con la expresión más lógica.

1. Cuando tengo poco tiempo para almorzar…

2. Marcos se va a dormir muy tarde…

3. Mi familia siempre hace las tareas domésticas…

4. Pepa se despierta al mediodía…

5. Mis compañeros de apartamento y yo jugamos al billar…

6. La madre de Juan tiene que ir al mercado…

a. el día después de una fiesta padrísima.

b. para comprar más fruta.

c. cuando tiene que estudiar para un examen difícil de química orgánica.

d. como en Taco Bell.

e. los sábados por la mañana.

f. en el centro estudiantil de la universidad.

1-21 ¿Qué quieres hacer esta noche? Completa la siguiente conversación entre María y Marta con la forma correcta del presente del verbo entre paréntesis.

María: Oye, ¿qué quieres hacer esta noche, Marta?

Marta: A mí me da igual, María. Yo **1.** _____ (tener) que trabajar mañana. Por eso **2.** _____ (preferir) volver antes de la medianoche. ¿Qué **3.** _____ (pensar) hacer tú?

María: Bueno, me **4.** _____ (decir) mi hermano que la nueva película de Almodóvar es fenomenal. ¿Te interesa verla?

Marta: Sí, me interesa. Y si nosotros **5.** _____ (ir) a la película **6.** _____ (poder) tomar un café después en el club que nos gusta tanto.

María: Me parece buen plan. Ahora, ¡a terminar la tarea!

1-22 Nuestra rutina diaria. Explica qué haces durante la semana en la tabla siguiente. Puedes usar verbos de la lista u otros. Conjuga los verbos en el presente del indicativo.

dormir	soler descansar	hacer las tareas domésticas
asistir a la clase de…	ir a la biblioteca	almorzar
vestirse	salir del trabajo	reunirse con amigos
tomar un café	comenzar a trabajar	desayunar
despertarse	jugar al fútbol, billar o baloncesto	trabajar

Día/ Hora	Lunes	Martes	Miércoles	Jueves	Viernes
9:00					
10:00					
11:00					
12:00					
1:00					
2:00					
3:00					
4:00					
5:00					

1-23 ¿Cómo son las plazas hispanas? Completa el siguiente párrafo con la forma apropiada del verbo entre paréntesis en presente.

Un día típico en la Plaza Mayor de Salamanca

La Plaza Mayor de Salamanca (España) es posiblemente la más famosa y bonita de todo el país. Se puede ir a cualquier hora del día y de la noche y observar muchos tipos de diversiones y actividades. Muy temprano por las mañanas, 1. _____ (venir) los camiones con la comida para los restaurantes. Al mismo tiempo, los vendedores ambulantes 2. _____ (preparar) sus productos para vender. Por las tardes hay gente de todas las edades que 3. _____ (tomar) algo en los cafés antes de volver a casa para almorzar, la comida principal del día. Durante todo el día se nota la presencia de los jubilados, principalmente hombres, que van a la plaza para hablar con sus amigos. Pero, la parte del día más interesante 4. _____ (empezar) a partir de las 7:00 de la tarde. Primero, 5. _____ (llegar) las familias con sus niños. Mientras los padres pasean, 6. _____ (tomar) algo o van de compras a las tiendas alrededor de la plaza, los niños 7. _____ (jugar) al fútbol. Los chicos mayores de edad, 8. _____ (encontrarse) con sus amigos de la escuela y pasan el rato juntos. Por las noches hay gente de todas las edades. Los músicos tocan sus instrumentos mientras la gente 9. _____ (bailar) bailes tradicionales de la ciudad. Más tarde, como a las 11:00 de la noche, suelen llegar los jóvenes de 20 años que, después de reunirse, 10. _____ (ir) a los bares o los clubes nocturnos. Hay gente en la plaza hasta las 2:00 o 3:00 de la mañana, charlando, bebiendo y divirtiéndose.

1-24 Las rutinas. Describe qué hacen las siguientes personas en un día típico a la hora indicada.

1. Mi madre (a las 10 de la mañana)

_____

2. Mi compañero/a de cuarto (a la medianoche)

_____

3. Mi novio/a (a las 4 de la tarde)

_____

4. Mi profesor/a de español (a las 8 de la noche)

_____

5. Tu mejor amigo/a (a las seis de la tarde)

_____

6. El presidente de los Estados Unidos (al mediodía)

_____

1-25 ¡Qué buena cita! Describe qué haces en una cita muy divertida.

_____

_____

_____

_____

_____

Redacción

1-26 ¿Qué hacen las personas de tu ciudad para divertirse? Menciona tres actividades que se pueden hacer en tu ciudad para pasarlo bien y explica dónde se pueden hacer.

_____

_____

_____

_____

_____

A escuchar

1-27 Control del ritmo de la conversación. Vas a escuchar a dos jóvenes que conversan sobre las posibles actividades del presidente de Estados Unidos.

A. Escucha la conversación y marca con una X las expresiones que usan los jóvenes.

_____ No comprendo. Repite, por favor.   _____ Dame un minuto...

_____ Pues... Bueno…   _____ Pues, necesito más tiempo para pensar.

_____ A ver, déjame pensar un minuto…   _____ ¿Qué significa la palabra…?

_____ ¿Puedes escribirlo, por favor?

B. Escucha otra vez la conversación y anota tres actividades que los jóvenes suponen que hace el presidente.

1. _____

2. _____

3. _____

TEMA 3 Por qué nos conocen

Vocabulario del tema

1-28 Palabras en acción. Consulta la lista de vocabulario del tema 3 en tu libro de texto para encontrar un sustantivo correspondiente a cada uno de los verbos siguientes. Incluye el artículo definido.

MODELO

bailar	**el baile**

lanzar   _____

reconocer   _____

pintar   _____

laborar   _____

personificar   _____

1-29 Momentos importantes. Las siguientes oraciones tratan de momentos importantes en la vida de los cuatro personajes estudiados en tu texto. Identifica los sinónimos de las palabras en **negrita** según el contexto.

1. Antes de inmigrar a Estados Unidos, Orlando Hernández **firmó** un contrato profesional.

    a. llegó   **b.** salió   **c.** aceptó

2. A los quince años, Botero sorprendió a su familia cuando anunció que quería ser pintor, lo cual no **encajaba** dentro de una familia más bien conservadora.

    a. impresionaba   **b.** era aceptable   **c.** vivía

3. El álbum *Joyas prestadas* fue un enorme éxito de Jenni Rivera.

    a. juegos   **b.** experiencias   **c.** ornamentos

4. Después del **golpe de estado** en 1973, Isabel Allende salió de Chile.

    a. usurpación ilegal   **b.** proceso democrático   **c.** argumento diplomático
        de un gobierno

A escuchar

1-30 La vida de Gloria Estefan. Vas a escuchar una biografía de la cantante cubano-americana Gloria Estefan.

A. Escucha la biografía y selecciona los temas mencionados.

    ❏ cómo es su personalidad

    ❏ información sobre su familia

    ❏ sus planes futuros

    ❏ sus ideas políticas

    ❏ sus intereses y pasatiempos

    ❏ cómo fue su niñez

    ❏ su música

Nombre: _____ Fecha: _____ Clase: _____

B. Escucha otra vez la biografía e identifica dos eventos que impactaron la vida de Gloria Estefan.

a. _____

b. _____

Gramática

Preterit Tense

1-31 ¡Pobrecito/a! Escribe "sí" o "no" para indicar cuáles de las siguientes experiencias negativas tuviste el año pasado.

1. _____ Me caí en el hielo.

2. _____ Perdí más de veinte dólares.

3. _____ Me rompí la pierna.

4. _____ Quemé la comida.

5. _____ Choqué con el carro.

6. _____ Dejé las llaves en el auto.

7. _____ Me sentí mal por algo que dije.

8. _____ Me puse enfermo/a.

9. _____ Dejé de desayunar porque nunca tengo suficiente tiempo.

10. _____ ¡Me cayó un rayo!

1-32 ¿Recuerdas? Recuerda la información que aprendiste sobre Orlando Hernández (OH), Fernando Botero (FB), Isabel Allende (IA) y Jenni Rivera (JR). Mira la lista de actividades de abajo e indica quién hizo cada una.

> **MODELO**
>
> _____ salió de Cuba en 1997.
>
> OH salió de Cuba en 1997.

Orlando Hernández

Jenni Rivera

Isabel Allende

Fernando Botero

1. _____ nació en Long Beach.

2. _____ ganó la medalla de oro en 1992.

3. _____ pintó la obra *Desayuno en la hierba*.

4. _____ empezó una línea de perfumes.

5. _____ se mudó a otro país por cuestiones políticas.

6. _____ tuvo su primera exposición después de volver de Europa.

1-33 Ayer. Piensa en el día de ayer. ¿A qué hora hiciste las siguientes actividades?

> **MODELO**
> vestirse Me vestí a las 9:30 de la mañana.

1. despertarse

_____

2. asistir a clase

_____

3. leer el texto de español

_____

4. hacer ejercicios o jugar a un deporte

_____

5. charlar con mis amigos

_____

1-34 Javier. Javier estaba muy ocupado ayer. Explica qué hora era cuando hizo las siguientes actividades.

> **MODELO**
> las siete de la mañana / Javier / despertarse
> **Eran las siete de la mañana cuando Javier se despertó.**

1. las ocho de la mañana / Javier / desayunar

_____

2. las diez de la mañana / Javier y sus amigos / asistir a la clase de español y de inglés

_____

3. la una de la tarde / Javier y su amiga / estudiar en la biblioteca

_____

4. las tres de la tarde / Javier / hacer ejercicios en el gimnasio

_____

5. las cinco de la tarde / Javier / reunirse con sus amigos

_____

6. ¿Y tú? ¿Qué hora era cuando hiciste las siguientes actividades ayer?

despertarte: _____

asistir a clases: _____

estudiar: _____

Nombre: _____ Fecha: _____ Clase: _____

1-35 ¡Qué día tan terrible! ¡Pobre Paquito! Ayer fue el peor día de su vida. Describe todo lo que le pasó, usando algunas de las expresiones de abajo y el pretérito. Escribe por lo menos 4 frases completas.

caerse	sentirse mal
chocar con el carro	hacerse daño
ponerse enfermo	romperse la pierna
llegar tarde a clase	olvidar la tarea en casa
quemar la comida	dejar las llaves en el auto

_____

_____

_____

_____

_____

1-36 Una noticia increíble.

A. Trabajas para el periódico *El informador universitario*. Ayer, después de presenciar un evento increíble, tomaste las siguientes notas. Convierte tus notas en una narración usando el pretérito de los verbos. ¡Sé creativo/a!

Tus notas:

    Hora: las 9:00 de la noche

    Lugar: biblioteca

    Personas: una mujer bonita con un vestido muy formal.

    Acciones: La mujer pasa corriendo y sale. Un hombre con traje grita. Llegan dos mujeres jóvenes y una mujer mayor. Tratan de parar al hombre. La mujer bonita vuelve. Se pone un zapato de cristal. Hay besos. Las otras mujeres la atacan.

    Conclusión: Entra la policía. Lleva a las mujeres a la cárcel.

Tu artículo:

Eran... _____

Estaba... _____

Primero, _____

_____

Segundo, _____

_____

Tercero, _____

_____

Al final, _____

_____

B. ¿Cómo reaccionaron las siguientes personas al evento? Explica sus reacciones usando la lista de verbos a continuación.

enojarse	sorprenderse	alegrarse
ponerse contento/a	ponerse triste	frustrarse

1. Yo _____

2. La mujer bonita _____

3. Las tres mujeres _____

4. El hombre _____

Imperfect Tense

1-37 Diversiones sociales. La vida de Gloriana ha cambiado mucho ahora que es estudiante universitaria, porque ella y sus amigos no tienen tiempo para hacer las actividades que hacían antes. Explica estos cambios siguiendo el modelo.

MODELO

Gloriana / jugar deportes
Antes Gloriana jugaba muchos deportes pero ahora no lo hace.

1. Gloriana y sus amigos / ver muchas películas

_____

2. Gloriana y su familia / ir de excursión

_____

3. Gloriana / visitar los museos

_____

4. ¿Y tú? ¿Hay actividades que hacías antes que no puedes hacer ahora? Menciona tres actividades diferentes.

_____

_____

_____

1-38 Una vida frenética. Los estudiantes generalmente están muy ocupados. Usa las ilustraciones para describir qué hacían ayer simultáneamente estos estudiantes.

MODELO

Jill / Courtney
Jill estudiaba en la biblioteca mientras Courtney escuchaba a su profesor.

1. El novio / la novia

_____

_____

_____

2. Las dos compañeras de apartamento / las otras dos compañeras

_____

_____

_____

3. John / Benjamín

_____

_____

_____

4. El compañero de cuarto / los otros dos compañeros de cuarto

_____

_____

_____

Redacción

1-39 Los problemas que superamos. Has leído en tu libro de texto sobre Orlando Hernández, Isabel Allende, Fernando Botero y Jenni Rivera. Todas estas personas tuvieron que superar problemas y obstáculos para triunfar en la vida. ¿Tuviste que superar algún problema cuando eras niño/a? Describe cuál era el problema y el efecto que tuvo en tu vida.

_____

_____

_____

_____

_____

_____

A escuchar

1-40 Una conversación telefónica.

A. Escucha las dos conversaciones telefónicas e identifica el número de la conversación (1 ó 2) en la que escuchas las expresiones de la lista. Si no escuchas una expresión, escribe Ø.

_____ Dígame.   _____ Te llamo para…

_____ Adiós.   _____ ¿Aló?

_____ Bueno.   _____ Nos hablamos.

_____ Hola, soy Fernando.   _____ Ahora la pongo.

_____ Por favor, ¿está Isabel?   _____ Habla Isabel.

B. Escucha otra vez las conversaciones para comprobar tus respuestas.

Más allá de las palabras

Ven a conocer

1-41 Vieques, Puerto Rico. En tus propias palabras, explica brevemente los siguientes fenómenos:

1. La bioluminiscencia de la Bahía Mosquito

_____

_____

2. El problema ecológico de la Bahía Mosquito

_____

_____

3. Las protestas de los viequenses entre 1999 y 2003

_____

_____

A escuchar

1-42 La cultura puertorriqueña. Vas a escuchar a un puertorriqueño hablar de la historia y la cultura de su isla.

A. Las ideas principales. Escucha la descripción y marca con una **X** los temas mencionados.

1. _____ la emigración de Puerto Rico

2. _____ el distrito histórico de la capital

3. _____ características de San Juan

4. _____ las playas de Puerto Rico

5. _____ los orígenes raciales de los puertorriqueños

6. _____ la influencia de la cultura angloamericana en Puerto Rico

B. Los detalles importantes. Lee las siguientes declaraciones y decide si son ciertas (**C**) o falsas (**F**). Si una declaración es falsa, corrígela.

1. _____ San Juan se llama "la ciudad del encanto".

¿Corrección? _____

2. _____ El mestizaje se refiere a la combinación de la raza indígena y europea.

¿Corrección? _____

3. _____ Hay mucha evidencia de la cultura taína en el Puerto Rico de hoy.

¿Corrección? _____

4. _____ Los esclavos africanos cultivaban café en el interior de la isla.

¿Corrección? _____

5. _____ El jíbaro se refiere al puertorriqueño blanco, de ascendencia española.

¿Corrección? _____

6. _____ Puerto Rico es un Estado Libre Asociado de Estados Unidos.

¿Corrección? _____

7. _____ Hay mucha evidencia de la cultura "americanizada" en el Puerto Rico actual pero hay también manifestaciones culturales más autóctonas.

¿Corrección? _____

C. Atención a los verbos. Vas a escuchar algunas oraciones de la descripción. Identifica si los verbos están en el pretérito o el imperfecto, o si en una misma oración aparecen ambos tiempos verbales. Encierra en un círculo la opción correcta.

Oración 1:	pretérito	imperfecto
Oración 2:	pretérito	imperfecto
Oración 3:	pretérito	imperfecto
Oración 4:	pretérito	imperfecto

El escritor tiene la palabra

1-43 Las técnicas literarias. Los autores de narrativa usan varias técnicas para crear sus obras. En esta sección tendrás la oportunidad de reflexionar sobre el uso de algunas de estas técnicas en el fragmento de *Paula* que leíste en tu libro de texto.

La narradora/el narrador: La voz que escuchan los lectores. Esta voz que narra puede identificarse con un personaje de la obra literaria o puede ser de alguien más distante. La narradora/el narrador puede dirigirse *(address)* directamente a los lectores o a un personaje de la obra. Claro, cuando se dirige directamente a un personaje de la obra también se dirige indirectamente a los lectores.

1. ¿Quién es la narradora de *Paula?* _____

2. Vuelve a leer la primera oración de la descripción. ¿A quién se dirige directamente la narradora?

_____

3. Para ti, cuando lees este fragmento y la narradora le habla directamente a otra persona, ¿qué efecto tienen las palabras de la narradora? ¿Tienen un efecto más íntimo o más distante? ¿Tienen un impacto emocional o impersonal? _____

_____

La caracterización: Consiste en todas las técnicas que usa el autor o la autora para crear a sus personajes (descripción, diálogo, acción, etc.). ¿Qué nos dicen estas descripciones de la personalidad del Tata? Selecciona **a, b** o **c** para cada una de las descripciones.

a. Es orgulloso pero modesto a la vez.

b. Es fuerte y estoico. No necesita comodidades.

c. Ignora sus limitaciones físicas para ser cortés.

1. … se aprecia su gesto altivo, esa dignidad sin aspavientos… _____

_____

2. … apoyado en su bastón acompañaba a las visitas hasta la puerta del jardín… _____

_____

3. … la incomodidad le parecía sana y la calefacción nociva… _____

_____

La previsión *(foreshadowing):* La técnica de anticipar sutilmente sucesos o situaciones que van a pasar más adelante en la narrativa.

1. El fragmento termina con una previsión cuando la narradora describe a su madre en los años 60, "estaba enamorada y todavía su mundo parecía seguro". Para ti, ¿qué eventos anticipan estas palabras, eventos futuros positivos o negativos? _____

2. Vuelve al tema 3 del libro de texto y lee el pasaje sobre la vida de Isabel Allende y su familia. ¿Qué eventos de los años 70 prevén *(foreshadow)* estas palabras?

_____

1-44 Mi diario literario. Escribe tu reacción personal a la descripción. Considera las siguientes preguntas:

• ¿Qué miembros de la familia Allende describe la narradora? Menciona todas las personas y su relación con Paula (madre, abuelo, etc.).

• Dificultades: ¿Fue difícil comprender el fragmento? ¿Por qué crees que la descripción te ha causado problemas?

• Reacción personal: ¿Te gusta la descripción? ¿Qué aspecto(s) de la descripción te llaman más la atención?

_____

_____

_____

_____

_____

_____

_____

_____

Para escribir mejor

El silabeo

Todas las palabras se dividen en **sílabas.** Una sílaba es un sonido o grupo de sonidos que se pronuncian como una sola unidad. En esta sección, vas a aprender a dividir las palabras en sílabas para mejorar tu pronunciación y ortografía. Al hacer las actividades, practica tu pronunciación, repitiendo en voz alta las palabras.

1. Todas las sílabas tienen una **vocal** (a, e, i, o, u) como mínimo. Cuando una **consonante** (todas las letras del alfabeto que no son vocales) va entre dos vocales, se une a la segunda vocal.

   EJEMPLOS: capaz = ca – paz

   copa = co – pa

2. Dos consonantes juntas se dividen en dos sílabas. Pero ¡ojo!, las agrupaciones de **l** o **r** con **b, c, d, f, g, p** o **t** normalmente no se separan.

   EJEMPLOS: compaginar = com – pa – gi – nar

   platicar = **pla** – ti – car

   madrileño = ma – **dri** – le – ño

3. Tres consonantes juntas entre dos vocales se separan en dos sílabas, con dos consonantes en la primera sílaba, y la tercera con la segunda sílaba, respetando las agrupaciones mencionadas en la regla 2.

   EJEMPLOS: instalarse = ins – ta – lar – se

   transformar = trans – for – mar

   estricto = es – **tric** – to

4. Las letras **ch** y **ll** son inseparables porque en realidad representan un solo sonido.

   EJEMPLOS: marchar = mar – **ch**ar

   rollo = ro – **ll**o

1-45 Práctica. Divide las siguientes palabras en sílabas.

1. poeta = _____

2. estresado = _____

3. honrado = _____

4. ocurrir = _____

5. perderse = _____

6. establecer = _____

7. computadora = _____

8. brillante = _____

9. compañero = _____

10. malabarismo = _____

Los diptongos

Las vocales se dividen en **fuertes (a, e, o)** y **débiles (i, u)**. La combinación de una vocal fuerte y una débil o dos vocales débiles es un **diptongo.** Un diptongo se considera una sílaba.

EJEMPLOS: bueno = **bue** – no
veinte = **vein** – te

1-46 Práctica.

A. Subraya los diptongos en las palabras siguientes. Es posible que no todas tengan diptongos.

1. ausente   2. ajetreo   3. pueblo

4. puertorriqueño   5. reino   6. juicio

B. Divide las palabras de la parte A en sílabas.

1. _____

2. _____

3. _____

4. _____

5. _____

6. _____

La acentuación tónica y la acentuación ortográfica

El **acento tónico** es oral, o sea, es la sílaba que recibe más fuerza en la pronunciación. El **acento ortográfico** es escrito.

Para las palabras que no llevan acento ortográfico hay dos reglas que indican dónde cae el **acento tónico** al pronunciarlas.

1. En las palabras que terminan en **n, s** o una **vocal** el acento tónico cae en la penúltima sílaba, o la anterior a la última. Estas palabras se llaman **llanas.**

EJEMPLOS: procedente = pro – ce – **den** – te
colocan = co – **lo** – can

2. En las palabras que terminan con cualquier otra consonante excepto **n** o **s** el acento tónico cae en la última sílaba. Estas palabras se llaman **agudas.**

EJEMPLOS: descartar = des – car – **tar**
libertad = li – ber – **tad**

1-47 Práctica. Decide si las siguientes palabras son llanas o agudas. Después subraya la sílaba donde cae el acento tónico.

1. di – bu – jan – te = _____

2. tra – ba – ja – dor= _____

3. re – cla – man = _____

4. su – pe – rar = _____

5. am – bu – lan – tes = _____

6. e – dad = _____

En las palabras que llevan **acento ortográfico**, el acento tónico cae en la sílaba de la vocal que lleva el acento escrito. La función del acento ortográfico es indicar que no se siguen las dos reglas anteriores. En los dos ejemplos siguientes la sílaba en **negrita** lleva un acento ortográfico donde cae el acento tónico. Sin el acento ortográfico, la sílaba subrayada recibiría el acento tónico.

EJEMPLOS: **rí** – <u>gi</u> – do
            lí – <u>der</u>

1-48 Práctica. Pon un acento ortográfico en las palabras que lo requieren. La sílaba que debe recibir el acento tónico está en **negrita.**

1. co – mi – co

2. re – **su** – men

3. en – ca – **jar**

4. pe – **li** – cu – la

5. jo – ve – nes

6. fut – bol

Los diptongos y la acentuación

1. El uso de un acento ortográfico sobre la vocal débil de un diptongo lo divide en dos sílabas. En tal caso, la sílaba con el acento se pronuncia con más énfasis.

EJEMPLOS: e – ti – mo – lo – **gí** – a
            tí – o

2. El uso de un acento ortográfico sobre la vocal fuerte de un diptongo da fuerza a toda la sílaba del diptongo.

EJEMPLOS: re – pre – sen – ta – **ción**
            tam – **bién**

1-49 Práctica. Todas las siguientes palabras tienen diptongos. Divídelas en sílabas y luego subraya la sílaba que recibe la fuerza.

1. información _____

2. pie _____

3. biología _____

4. después _____

5. día _____

6. acentúa _____

1-50 Resumen. Divide las palabras en sílabas. Después, pon un acento ortográfico en las palabras que lo requieren.

1. barrio _____

2. exito _____

3. filosofia _____

4. instalarse _____

5. vacio _____

6. antipatico _____

7. edad _____

8. competicion _____

9. brillante _____

10. bueno _____

Para pronunciar mejor

Stress and Accent Marks

1. Words that end in a vowel, or -**n**, or -**s** are stressed on the next-to-last syllable and they do not carry a written accent mark.

2. Words that end in a consonant other than -**n** or -**s** are stressed on the last syllable and they do not carry a written accent mark.

3. The accent mark indicates the syllable that needs to be stressed in words that break the rules stated above, e.g., *tabú, alemán, inglés* break rule #1, and *lápiz, dólar, álbum* break rule #2.

4. The accent mark is also used to indicate that two vowels that normally are pronounced in one syllable as a diphthong are pronounced in two separate syllables, e.g., *comía,* with a written accent even though the word follows rule #1.

5. The accent mark is also used to visually distinguish two words that look and sound the same but have different meanings, e. g., *tu 'your'/tú 'you'; el 'the'/él/he.* Except for such cases, monosyllabic words never bear a written accent mark.

1-51 Repite. All the words below follow either rule #1 or rule #2. First, look at the word endings and decide whether rule #1 or rule #2 applies in each case. Circle the syllable that bears the stress. Then, listen to the recording paying attention to the stressed syllable, and repeat the word after the recording.

	rule #1 or rule #2
MODEL: señor	
1. actitud	_____
2. nombre	_____
3. español	_____
4. cinco	_____
5. mesa	_____
6. mesas	_____
7. normal	_____
8. hablar	_____
9. domingo	_____
10. caminan	_____

Nombre: _____ Fecha: _____ Clase: _____

1-52 For each of the following words, observe the final letter to decide whether rule #1 or rule #2 should be applied. Write the rule that applies and explain why. Then, observe the stressed syllable, which is underlined. Does the word follow the rule? If so, the underlined syllable will be left as is. If the word breaks the rule, then the underlined syllable has to carry a written accent mark. Explain your decision to leave the word as is or to add a necessary accent.

MODEL: tapiz --> tapiz

rule #2 should apply as the word ends in a consonant other than "n" or "s"; no accent mark is needed because the stress is on the last syllable

MODEL 2: salon --> salón

rule #1 should apply as the word ends in "'n"; accent mark is needed because the stress is on the last syllable

1. ca<u>mi</u>no _____

2. <u>la</u>piz _____

3. <u>la</u>pices _____

4. ac<u>tor</u> _____

5. ac<u>to</u>res _____

6. e<u>xa</u>men _____

7. e<u>xa</u>menes _____

8. profe<u>sor</u> _____

9. alma<u>cen</u> _____

10. A<u>me</u>rica _____

11. ameri<u>ca</u>no _____

12. <u>do</u>lares _____

13. <u>do</u>lar _____

14. ale<u>man</u> _____

15. ale<u>ma</u>nes _____

Más allá de las palabras   **33**

LAS RELACIONES DE NUESTRA GENTE

TEMA

1 En familia 35

2 Entre amigos 42

3 Así nos divertimos 50

Más allá de las palabras 58

T E M A **1** **En familia**

Vocabulario del tema

2-1 ¿Cómo son las familias en tu cultura? Lee las siguientes oraciones. Usando el contexto y tu intuición, explica el significado de las palabras y/o expresiones en **negrita**. Luego, indica si la oración es cierta (**C**) o falsa (**F**).

MODELO

__F__ En mi cultura las **parejas** generalmente se casan a los 18 años.
pareja = **dos personas enamoradas**

1. _____ No es muy común que las parejas **vivan juntas** antes de casarse.

   vivir juntos/as = _____

2. _____ Hoy en día uno de cada dos matrimonios termina en **divorcio**.

   divorcio = _____

3. _____ En mi cultura las madres normalmente se quedan en casa para hacer las **tareas**

   domésticas, como la limpieza.

   tareas domésticas = _____

4. _____ Las personas **jubiladas** son generalmente muy activas porque viajan y

   pasan mucho tiempo con sus familias.

   jubilado/a = _____

5. _____ Es común que las parejas **retrasen** el matrimonio y se casen más tarde.

   retrasar = _____

6. _____ En mi cultura el padre ayuda con el trabajo de la casa y el **cuidado de los hijos**.

   cuidado de los hijos = _____

2-2 Los papeles y obligaciones.

A. ¿Qué papel y qué obligaciones tienen las madres, los padres y los abuelos? Pon las siguientes palabras y expresiones en la categoría apropiada. (¡OJO! Es posible ponerlas en dos o tres categorías).

cuidar de los hijos	hacer el trabajo de la casa
establecer las reglas de la casa	trabajar en la oficina
ser ama de casa	hacer la limpieza de la casa
dedicarse a sus aficiones	educar a los hijos
llevar a los niños a la guardería infantil	trabajar por horas
tener la autoridad	proteger el honor familiar
pasar mucho tiempo con los hijos	dar afecto

EL PAPEL DE LAS MADRES	EL PAPEL DE LOS PADRES	EL PAPEL DE LOS ABUELOS

B. ¿Qué papel o qué obligaciones quieres tener cuando te cases? ¿Qué obligaciones quieres compartir con tu esposo/a?

_____

_____

2-3 ¿Recuerdas? Contesta las siguientes preguntas según la información de tu libro de texto sobre la familia.

1. ¿Cómo ha transformado la vida moderna a las familias hispanas? Da un ejemplo específico.

_____

2. ¿Cómo ha cambiado el papel del hombre y la mujer? ¿Hay alguna diferencia ahora en comparación con el pasado? Da un ejemplo específico.

_____

3. ¿A qué se dedica la nueva generación de jubilados?

_____

4. Explica: "No existe la familia hispana".

_____

_____

A escuchar

2-4 La familia de Lucía. Lucía, una venezolana de 35 años, habla de su familia y la familia de sus padres.

A. Escucha la conversación, marcando con una **M** las experiencias de la madre de Lucía y con una **L** las de Lucía. Usa **ML** para las experiencias que las dos tienen en común.

1. _____ tuvo 5 hijos

2. _____ se casó a los 26 años

3. _____ estudió para obtener una maestría

4. _____ es ama de casa

5. _____ hace las tareas domésticas

6. _____ vive separada de la familia

7. _____ es profesional

8. _____ se casó a los 19 años

B. Inferencias. Escucha la conversación otra vez y marca con una **X** las conclusiones lógicas sobre la familia actual de Lucía.

1. _____ Es más pequeña que una familia tradicional.

2. _____ Su esposo ayuda mucho con las tareas domésticas.

3. _____ Comparten el cuidado de la abuela.

4. _____ Tienen grandes reuniones familiares todos los domingos.

5. _____ Lucía siente nostalgia por el contacto familiar del pasado.

Gramática

Impersonal/Passive Se to Express a Nonspecific Agent of an Action

2-5 Las tareas domésticas. Escoge la forma singular o plural de los verbos indicados para describir las tareas domésticas que se hacen en un sábado típico. Marca con un círculo la forma correcta.

1. Se barre / Se barren el piso.

2. Se lava / Se lavan los platos.

3. Se comparte / Se comparten todas las tareas domésticas.

4. Se saca / Se sacan la basura.

5. Se arregla / Se arreglan todos los cuartos.

6. Se limpia / Se limpian el baño.

2-6 La tradición familiar. Indica qué se hace para celebrar cada una de las siguientes tradiciones. Escribe la letra de la respuesta más lógica.

1. El Día de Acción de Gracias _____
2. Un cumpleaños _____
3. Una graduación _____
4. El 4 de julio _____
5. El Año Nuevo _____
6. Una fiesta sorpresa _____

a. se participa en una ceremonia
b. se come pavo
c. se miran desfiles
d. se escriben resoluciones
e. se apagan las luces
f. se sirve torta con velas encima

2-7 Las costumbres familiares del pasado. En general, ¿cómo era la vida en el pasado? Forma oraciones completas usando la forma correcta del imperfecto del verbo y **se** impersonal/pasivo.

> **MODELO**
>
> considerar / el papel más importante del padre/ ganar dinero.
> **En el pasado, se consideraba que el papel más importante del padre era ganar dinero.**

1. restringir (*restrict*) / la libertad de la mujer para trabajar fuera de casa

   _____

2. reconocer (*recognize*) / las contribuciones de los abuelos a la vida familiar diaria

   _____

3. no aceptar / el divorcio como solución a los problemas entre las parejas

   _____

4. dar / más responsabilidades a los hijos en las tareas del hogar

   _____

5. dedicar / más tiempo a las actividades familiares

   _____

6. darle importancia / al mantenimiento del honor familiar

   _____

2-8 Las reglas de casa. En cada familia, los padres les imponen obligaciones a los hijos. Completa las siguientes oraciones con **se** usando la forma singular o plural del verbo, según el caso.

1. Se _____ (respetar) la autoridad de los padres en todo momento.

2. Se _____ (hacer) las tareas domésticas asignadas cuando lo piden los padres.

3. Se _____ (deber) terminar toda la tarea antes de salir.

4. Se _____ (aceptar) el castigo al romper las reglas.

5. Menciona dos obligaciones adicionales de tu propia familia:

   _____

   _____

Nombre: _____ Fecha: _____ Clase: _____

2-9 El tono impersonal. Has preparado un reportaje para tu clase de español sobre cómo se celebra la fiesta de cumpleaños en Estados Unidos. El problema es que tu profesor/a había pedido que usaras **se** para hacerlo en un tono más impersonal. Escribe los verbos subrayados usando **se** con la forma apropiada del verbo.

En Estados Unidos para celebrar el cumpleaños **1. organizamos** fiestas en casa de amigos o de familiares. Normalmente, **2. comemos** un almuerzo o una cena que generalmente incluye la comida favorita del/de la festejado/a. Después de comer, **3. repartimos** pastel y helado para todos. Cuando es el cumpleaños de un/a niño/a normalmente **4. incluimos** varios juegos como parte de la fiesta, pero en el caso de los adultos **5. preferimos** charlar un rato o tomar una copa. Al final, **6. damos** los regalos, la parte favorita de todos.

1. _____
2. _____
3. _____
4. _____
5. _____
6. _____

2-10 Los estereotipos

A. Expresa estos estereotipos comunes usando una variedad de expresiones impersonales como: **se piensa, se considera, se cree, se describe, se comenta, se discute,** etc.

MODELO

Los italianos son buenos cocineros.
Se dice que los italianos son buenos cocineros.

1. Los franceses son románticos.

_____

2. Para los estadounidenses es más importante el trabajo que la familia.

_____

3. Los mexicanos son alegres.

_____

4. La cultura canadiense es muy similar a la cultura estadounidense.

_____

B. Expresa tu opinión sobre dos de los estereotipos mencionados en la actividad anterior. ¿Corresponde el estereotipo a la realidad? Explica tu respuesta.

_____
_____
_____

2-11 ¡Explica, por favor! Patricia, una estudiante de intercambio de México, quiere entender más sobre las siguientes tradiciones de los estudiantes estadounidenses. Descríbele qué se hace para cada una. Puedes utilizar los verbos de abajo.

asistir a	ir	celebrar	gritar	volver	beber	comer

MODELO

Senior Prom: Se cena en un restaurante elegante y luego se va a un baile formal.

1. A Sweet Sixteen Party: _____

2. A tailgate party: _____

3. A pep rally: _____

4. Senior Skip Day: _____

5. Homecoming: _____

Redacción

2-12 Un resumen. Tienes que preparar un resumen para tu clase de sociología sobre los cambios en la dinámica de tu familia después de empezar tus estudios universitarios. Escribe un párrafo contestando las siguientes preguntas: ¿Cómo son tus relaciones familiares ahora que eres estudiante universitario/a? ¿Cómo han cambiado tu papel y tus obligaciones con respecto al pasado?

_____

_____

_____

_____

_____

_____

_____

_____

Nombre: _____ Fecha: _____ Clase: _____

2-13 Pedir y dar información. El Departamento de Psicología de tu universidad está haciendo un estudio sobre las costumbres familiares de los estudiantes. El entrevistador *(interviewer)* les pide información a dos estudiantes: una estudiante universitaria típica y una estudiante no tradicional de edad más avanzada.

A. Escucha la conversación, marcando con un **1** las expresiones que oyes en la primera parte de la entrevista y con un **2** las expresiones de la segunda parte. Nota la diferencia entre el uso de tú y usted. Si se usa la misma expresión en las dos partes, escribe **1 2**.

1. _____ Quiero saber si…
2. _____ Dime…
3. _____ ¿Me puede decir…?
4. _____ Yo opino que…
5. _____ Con mucho gusto.
6. _____ La verdad es que…
7. _____ Otra pregunta…
8. _____ ¿Me puedes decir… ?
9. _____ Lo siento, pero no lo sé.
10. _____ Permíteme explicar…

B. Escucha la conversación otra vez y apunta tres diferencias entre la estudiante 1 y la estudiante 2.

Estudiante 1   Estudiante 2

_____   _____

_____   _____

_____   _____

TEMA 2 Entre amigos

Vocabulario del tema

2-14 La amistad. Selecciona la definición que corresponde a cada palabra.

1. _____ la salud
2. _____ la red
3. _____ duradera
4. _____ soledad
5. _____ amistad
6. _____ seres humanos

a. la relación entre amigos
b. describe algo que existe u ocurre por un largo tiempo
c. conjunto de personas que habitan el planeta Tierra
d. fortaleza y vitalidad del cuerpo de una persona
e. aislamiento de otras personas
f. conjunto de conexiones entre varios elementos

2-15 Las relaciones amistosas.

A. ¿Por qué elegimos a nuestros amigos? Marca los factores que consideras importantes.

1. _____ la atracción física
2. _____ la aceptación mutua
3. _____ la ayuda mutua con problemas o conflictos
4. _____ la compensación de deficiencias
5. _____ el condicionamiento genético (el ADN)

B. ¿Qué efectos positivos asocias con la amistad?

1. _____ un buen estado de salud
2. _____ la longevidad
3. _____ un estado de ánimo positivo en la presencia de los amigos
4. _____ divertirse con personas con aficiones similares
5. _____ tener suficiente confianza para decir "no" a otra persona

C. Usa las ideas de arriba para describir una de tus amistades. ¿Por qué crees que esta persona es tu amigo/a? ¿Qué efectos positivos tiene esta amistad en tu vida?

_____

_____

_____

_____

_____

_____

2-16 Las relaciones amorosas. Identifica los sinónimos de las palabras en **negrita** de las oraciones siguientes.

1. En las relaciones amorosas es importante ser **fiel** al/a la novio/a, es decir, es importante ser honesto en todo momento.

   a. leal   **b.** sentimental   **c.** deshonroso

2. El **noviazgo** de Carlos y Julia duró dos meses antes de su matrimonio.

   a. el período de separación antes de un divorcio

   b. estar prometido/a a para casarse

   c. la ceremonia de matrimonio

3. Marta es una chica muy **lanzada,** ella siempre toma la iniciativa.

   a. atrevida   **b.** tímida   **c.** inocente

4. Juan es un hombre que demuestra mucho su **cariño.** Por ejemplo, cuando está con su novia le gusta hacer manitas, besarla y abrazarla.

   a. amistad   **b.** violencia   **c.** afecto

2-17 La primera cita.

A. De la lista de actividades a continuación marca con una **X** las que crees que son apropiadas en una primera cita.

   ❏ hacer manitas   ❏ presentarlo/la a los padres

   ❏ pasar la noche fuera de casa   ❏ ser romántico/a

   ❏ flirtear   ❏ besarse

   ❏ hablar por teléfono al día siguiente   ❏ pagar la cuenta a medias en el restaurante

B. ¿Eres tímido/a o lanzado/a? Explica por qué.

_____

_____

A escuchar

2-18 Romances chapados a la antigua (old-fashioned romances)**.** Escucha a Rosario del Sarto, una argentina de 65 años, hablar de su noviazgo y matrimonio.

A. Escribe un número (1, 2, 3, 4, 5) para indicar el orden cronológico de eventos.

   a. _____ Javier visitaba a Rosario en casa.

   b. _____ Javier y Rosario se casaron.

   c. _____ Javier besó a Rosario.

   d. _____ Rosario conoció a Javier.

   e. _____ Su familia y amigos sabían que Rosario y Javier iban a casarse.

B. Escucha otra vez a Rosario. Menciona dos diferencias entre la experiencia de Rosario y un noviazgo típico de hoy.

1. _____

2. _____

Gramática

Preterit and Imperfect in Contrast

2-19 ¿Pretérito o imperfecto? Indica si cada frase usa el pretérito **(P)** o el imperfecto **(I)**, o los dos **(D)**, y explica por qué.

> **MODELO**
>
> Ayer estudié por cuatro horas.
> P Completed action in the past

1. Era muy temprano y había pocas personas en la calle.

_____

2. Conocí a mi mejor amigo en la escuela secundaria.

_____

3. De niña, siempre iba a la casa de mi amiga Cici los sábados.

_____

4. Miraba mi programa de televisión favorito cuando mi madre me llamó.

_____

5. Todos los años, mis abuelos iban a Hawaii para celebrar su aniversario.

_____

6. La casa de mi niñez era muy pequeña y azul, con un patio grande.

_____

7. ¡Hablé con mi novia por teléfono por dos horas ayer!

_____

8. Paco corría muy rápidamente cuando, de repente, se cayó.

_____

2-20 Una amiga inolvidable. Todos recordamos muy bien cuándo conocimos por primera vez a nuestros mejores amigos. Completa el siguiente párrafo con el pretérito o el imperfecto, según el caso.

Yo **1.** _____ (tenía/tuve) 8 años cuando **2.** _____ (conocía/conocí) a mi mejor amiga, Amanda. Ella **3.** _____ (era/fue) muy bonita y simpática. Siempre **4.** _____ (hacíamos/hicimos) todo juntas, como ir al cine o ir al centro comercial. Todo eso **5.** _____ (cambiaba/cambió) cuando teníamos 15 años y conocimos a Mark, el chico más guapo de la clase. Todavía recuerdo aquel día muy bien. **6.** _____ (Hacía/Hizo) mucho frío y **7.** _____ (eran/fueron) las ocho de la mañana, la hora de salir para la escuela. Yo **8.** _____ (iba/fui) a la casa de Amanda porque siempre **9.** _____ (caminábamos/caminamos) juntas. ¡Qué sorpresa cuando la **10.** _____ (veía/vi) caminando con Mark! Después de aquel día, dejamos de ser amigas íntimas.

2-21 Un día frenético. Luisa tuvo muchas interrupciones cuando se preparaba para salir con un chico muy especial. Completa las oraciones para explicar qué le pasó.

MODELO

planear la cita con el chico / tocar a la puerta su vecina
Planeaba la cita con el chico cuando tocó a la puerta su vecina.

1. buscar su vestido favorito / rompérsele el zapato

_____

2. pedir consejos a su mejor amiga / llamar su madre por teléfono

_____

3. ducharse / oír un ruido espantoso

_____

4. salir de la casa para encontrarse con un amigo / empezar a llover

_____

2-22 Cambio de planes. Antonio tenía muchos planes para el verano pasado pero todo cambió cuando conoció a Marta. Explica estos cambios siguiendo el modelo.

MODELO

viajar con su familia por un mes
Antonio iba a viajar con su familia por un mes pero no lo hizo.

1. jugar en un equipo de fútbol con sus amigos

_____

2. trabajar en una oficina

_____

3. tomar una clase

_____

4. visitar a sus abuelos

_____

2-23 Momentos importantes. ¿Cuántos años tenías en estos momentos importantes de tu vida?

> **MODELO**
>
> graduarse de la escuela secundaria
> **Tenía 18 años cuando me gradué de la escuela secundaria.**

1. mudarse de casa por primera vez

_____

2. sacar el carnet de conducir

_____

3. tener la primera cita con un/a chico/a

_____

4. besar por primera vez a un/a chico/a

_____

2-24 ¡Qué romántico! Escribe un párrafo en el que narras el noviazgo de una de las parejas de la lista de abajo. ¡Es necesario usar la imaginación para inventar los detalles! Comienza tu narración con información de fondo (año, edad de las personas, lugar, etc.) y luego narra la acción. Incluye eventos completos, acciones repetidas, etc., usando correctamente el imperfecto y el pretérito.

Romeo y Julieta	Beyonce y Jay-Z
Adán y Eva	Prince William y Kate Middleton
Pocahontas y John Smith	Beauty and the Beast

_____

_____

_____

_____

_____

_____

_____

Nombre: _____ Fecha: _____ Clase: _____

Comparatives

2-25 Un viaje. Tienes que elegir entre ir a Costa Rica o a Cancún en tus próximas vacaciones. Usando la información de los folletos turísticos y las indicaciones, escribe oraciones comparando los dos lugares con **más, menos, tan, tanto, tanta, tantos, tantas**.

> **MODELO**
>
> divertirse
> **En Cancún me divierto más que en Costa Rica porque hay discotecas.**

1. tranquilidad

_____

_____

2. playas

_____

_____

3. hacer ejercicios

_____

_____

4. descansar

_____

_____

5. Tu decisión: ¿Vas a Costa Rica o a Cancún? ¿Por qué?

_____

_____

2-26 ¡Así son los amigos! Piensa en dos de tus amigos y escribe sus nombres abajo.

Amigo/a #1 _____

Amigo/a #2 _____

Ahora, escribe dos comparaciones de igualdad y dos de desigualdad sobre estas dos personas.

> **MODELO**
>
> Amy es tan cómica como Zach. (igualdad)
> Amy es más ambiciosa que Zach. (desigualdad)

Comparaciones de **igualdad**

1. _____

2. _____

Comparaciones de **desigualdad**

1. _____

2. _____

Redacción

2-27 Una anécdota amorosa. Este mes la revista popular *Más* tiene una sección especial sobre las primeras citas e invita a los lectores a mandar testimonios sobre sus primeras citas. Responde con tu propia experiencia personal. Usa el pretérito y el imperfecto para narrar la historia.

_____

_____

_____

_____

_____

_____

_____

_____

_____

A escuchar

2-28 Contar anécdotas. Rafael le cuenta a su amigo Fernando lo que pasó cuando se enamoró de una chica que no hablaba español.

A. Marca con una **R** las expresiones que usa Rafael para contar la anécdota y con una **F** las expresiones que usa Fernando para reaccionar. Marca con un **Ø** las expresiones que no escuchas.

1. _____ ¡Fue horrible!

2. _____ Y entonces…

3. _____ ¡No me digas!

4. _____ Escucha, te voy a contar…

5. _____ ¿Y qué pasó después?

6. _____ Fue la primera vez que…

7. _____ ¿Sí? ¡No te lo puedo creer!

8. _____ ¡Fue increíble!

B. Escucha otra vez para encontrar las respuestas y para comprender mejor la anécdota. Después, escribe una pregunta para Rafael sobre su relación con la chica después del día de la anécdota.

_____

_____

TEMA 3 Así nos divertimos

Vocabulario del tema

2-29 El tiempo libre. Un reportero está entrevistando a cuatro estudiantes universitarios sobre qué hacen en su tiempo libre.

A. Termina las oraciones con la expresión apropiada de la lista.

Jack: "Es muy importante para un estudiante hacer ejercicio para bajar el nivel de estrés. Por eso, durante mi tiempo libre voy al gimnasio a _____ (levantar pesas, dar un paseo, tener una cita)".

Courtney: "Este semestre no tengo mucho tiempo libre porque mis clases son muy difíciles y me paso todo el tiempo estudiando en la biblioteca. Sin embargo, me gusta salir con mis amigos para charlar. Por eso, los fines de semana _____ (salimos a tomar un café, vamos a una reunión familiar, tenemos una cita)".

Lindsay: "Echo de menos a mi familia porque ahora vivo muy lejos. Con el poco tiempo libre que tengo como estudiante me gusta volver a casa para asistir _____ (a clases, al gimnasio, a las reuniones familiares)".

Mark: "Durante el invierno asisto a mis clases y estudio mucho. Además, no salgo mucho porque hace mucho frío. Eso significa que en el verano no quiero _____ (aburrirme, encontrarme, pasarlo bien)".

B. Contesta las siguientes preguntas.

1. ¿Qué haces para reducir el estrés?

_____

_____

2. ¿Qué haces con tus amigos los fines de semana para divertirte?

_____

_____

3. ¿Echas de menos a tu familia? ¿Qué actividades haces con ellos cuando los visitas?

_____

_____

_____

4. ¿Qué haces en verano?

_____

_____

2-30 Asociaciones. Encierra en un círculo qué actividades de la lista asocias con las personas indicadas. Escribe una frase explicando dónde, cuándo o con quién las personas hacen una de las actividades que has marcado.

1. los padres: pasear   pedir dinero prestado

    salir de fiesta   tener reuniones

    _____

    _____

2. los novios: darse un ramo de flores   casarse

    comprarse regalos   hacer aerobic

    _____

    _____

3. los amigos: explicarse un malentendido   dar celos

    salir a tomar una copa   tener una cita

    _____

    _____

4. los jóvenes: tomar café   pagar la cena

    vivir en residencias   regresar a casa en la madrugada
    estudiantiles

    _____

    _____

2-31 ¿Recuerdas? Indica cuáles de las oraciones siguientes asocias con la cultura española (**E**), la mexicana (**M**) o la estadounidense (**EU**) según la información de la lectura de tu libro de texto. Es posible asociar más de una cultura con las ideas.

1. _____ Los domingos por la tarde hay mucha gente en las calles dando un paseo.

2. _____ No es necesario mostrar el carnet de identidad para entrar en los bares.

3. _____ Las discotecas cierran a las cuatro o cinco de la mañana.

4. _____ Los jóvenes normalmente no viven con sus padres cuando asisten a la universidad.

5. _____ Normalmente las familias se reúnen mucho.

6. _____ Los jóvenes lo pasan bien los fines de semana.

Nombre: _____ Fecha: _____ Clase: _____

2-32 Los planes para el sábado. Raúl, un joven mexicano, te va a contar sus planes para el sábado.

A. Escribe el número apropiado (1, 2, 3, 4, 5, 6) bajo las imágenes para indicar el orden cronológico de las actividades de Raúl.

a. _____

b. _____

c. _____

d. _____

e. _____

f. _____

B. Escucha otra vez la descripción para comprobar las respuestas.

Gramática

Direct and Indirect Object Pronouns to Talk About Previously Mentioned Ideas

2-33 Práctica con los pronombres. Indica el pronombre apropiado con la letra que corresponde.

1. Enrique le compró un ramo de rosas a su novia, Rosario. Se _____ compró para el Día de los Enamorados.
   a. lo   **b.** la   **c.** los   **d.** las

2. María iba a pagar la cuenta en el restaurante italiano, pero sus padres ya _____ pagaron.
   a. lo   **b.** las   **c.** los   **d.** la

3. Hoy recibí la invitación a la fiesta de cumpleaños de Mario. ¿ _____ la mandó a ti también?
   a. Me   **b.** Te   **c.** Se   **d.** Le

4. Mi hermano Juan quiere pedirle un favor a su amigo. _____ _____ va a pedir esta noche.
   a. Se los   **b.** Se la   **c.** Se lo   **d.** Se las

5. Pancho no vio a Lucía esta mañana, pero sí _____ vio esta tarde en el cine.
   a. lo   **b.** la   **c.** le   **d.** les

6. Para su aniversario, Juan le preparó una cena muy romántica a su esposa, Mariana. Él no sabe cocinar para nada, pero ¡ _____ _____ preparó sin la ayuda de nadie!
   a. Se lo   **b.** Se las   **c.** Se los   **d.** Se la

2-34 Una tarjeta para dar gracias. Amelia es una estudiante americana que vive en Costa Rica. El fin de semana pasado su profesor la invitó a pasar el día en casa con su familia. Ahora, Amelia le quiere mandar una tarjeta pero no recuerda bien los pronombres de complemento indirecto. Completa los espacios en blanco con "me", "le" o "les" para ayudarla a completar su mensaje.

Querido Profesor Martín:

1. _____ escribo para contarles que llegué bien a casa. 2. _____ doy las gracias por la invitación para pasar el día en su casa. En particular, 3. _____ agradezco a Ud. su interés en mis estudios aquí en Costa Rica. La verdad es que con su ayuda lo estoy pasando bien y estoy aprendiendo mucho. A mí 4. _____ cayó bien su familia, especialmente sus hijos, porque tenemos más o menos la misma edad. Ellos 5. _____ invitaron a salir la próxima semana y estoy muy emocionada porque tengo nuevos amigos costarricenses. Mil gracias y espero invitarlos a visitar mi casa en el futuro.

Un abrazo,

_____

2-35 Sugerencias. ¿Qué hacen las siguientes personas en estas situaciones? En la primera respuesta, escribe el pronombre de complemento indirecto apropiado, siguiendo el modelo. En la segunda, agrega el pronombre de complemento directo apropiado.

> **MODELO**
> Jaime tiene una cita con una chica a quien quiere impresionar.
> (comprar un ramo de flores)
> Jaime **le** compra un ramo de flores.
> Jaime **se lo** compra.

1. Julieta tiene que hablar con su profesor de español porque no hizo el examen por estar enferma. (contar la verdad)

Julieta _____ cuenta la verdad.

Julieta _____ _____ cuenta.

2. La novia de Antonio lo vio con otra mujer tomando café. (no decir mentiras)

Antonio no _____ dice mentiras.

Antonio no _____ _____ dice.

3. Nosotros no asistimos a la fiesta de Patricia y Margarita el sábado pasado. (pedir perdón)

Nosotros _____ pedimos perdón.

Nosotros _____ _____ pedimos.

4. Tu mejor amigo/a perdió tu camiseta favorita. (comprar una camiseta nueva)

Tu mejor amigo/a _____ compra una camiseta nueva.

Tu mejor amigo/a _____ _____ compra.

5. Tus padres olvidaron tu cumpleaños. (mandar un regalo)

Tus padres _____ mandan un regalo.

Tus padres _____ _____ mandan.

2-36 Malentendidos. Escribe de nuevo las oraciones con los pronombres de complemento directo e indirecto apropiados siguiendo el modelo. El complemento indirecto está entre paréntesis y el directo está en **negrita**.

> **MODELO**
> Mi mejor amiga no dio (a mí) un **regalo** para mi cumpleaños.
> **Mi mejor amiga no me lo dio.**

1. El novio no pagó (a su novia) la **cuenta** en el restaurante.

_____

2. La profesora asignó (a los estudiantes) la **tarea**.

_____

3. Laura pidió (a su amiga) su **vestido** más bonito y no devolvió (a su amiga) el **vestido**.

_____

4. El estudiante no entregó (a su profesor) la **composición** ayer.

_____

2-37 Planes para una cita especial. Jorge quiere salir con una chica muy especial que se llama Lola. Como Jorge tiene muy poca experiencia con las chicas, su mejor amiga, Ana, tiene muchos consejos para él. Lee el siguiente párrafo y completa las oraciones con los pronombres de complemento directo e indirecto apropriados.

Jorge, primero es necesario llamar a Lola. Debes llamar **1.** _____ por lo menos 4 ó 5 días antes de la fecha en que quieres salir. Luego, hay que hacer la reservación en un restaurante elegante. **2.** _____ debes hacer el día antes de la cita. Claro, es recomendable comprarle flores muy bonitas. **3.** _____ _____ debes comprar la mañana de la cita porque tienen que estar frescas. En el restaurante, ¡no te olvides de pagar la cuenta! **4.** _____ tienes que pagar al terminar con el postre y el café. Si la cita va bien, le puedes dar un beso a Lola cuando la cita termine. **5.** _____ _____ debes dar en la mejilla, pues, ¡es solo una primera cita!

2-38 ¡Preparaciones para una fiesta! El Club de Español va a tener una cena mexicana la semana que viene. Explica quién va a hacer cada una de las preparaciones. Usa los pronombres de complemento directo e indirecto apropriados para tomar el lugar de los sustantivos subrayados.

> **MODELO**
> ¿Quién va a hacer el guacamole?
> Michelle lo va a hacer.
> Michelle va a hacerlo.

1. ¿Quién va a mandar las invitaciones a todos los invitados?

Yo _____

2. ¿Quién va a comprar las bebidas?

Tú _____

3. ¿Quién va a servirles la cena a los invitados?

Nosotros _____

4. ¿Quién va a limpiar la cocina y el baño antes de la fiesta?

Enrique y Manolo _____

5. ¿Quién va a abrirles la puerta a las personas que vienen?

Elena _____

2-39 ¡Me tocó la lotería! Imagina que te tocó la lotería y ganaste 3 millones de dólares. Decide a quiénes vas a ayudar con el dinero y cómo los vas a ayudar.

Usa los pronombres de complemento directo e indirecto para expresar tus deseos.

> **MODELO**
>
> A mis padres les doy una casa nueva. Se la doy porque viven en un apartamento muy pequeño y necesitan más espacio.

1. _____

   _____

2. _____

   _____

3. _____

   _____

4. _____

   _____

Redacción

2-40 El día de San Valentín. El 14 de febrero, día de San Valentín, también se conoce como el Día de la Amistad. Vas a mandarle una carta a tu mejor amigo/a (o a tu novio/a) para este día. Haz referencia al acontecimiento más significativo de tu relación y explica por qué esta persona es una parte importante de tu vida. Usa por lo menos dos de las expresiones siguientes en tu carta.

a diferencia de, en contraste con	al fin y al cabo
después de todo	en resumen
igual que	mientras
sin embargo	

Para alguien especial

A escuchar

2-41 Comparar experiencias. Escucha la conversación entre dos personas que tienen un amigo en común.

A. Escribe el número apropiado (1, 2, 3, etc.) para indicar el orden en que se usan las expresiones siguientes. Si no se usa una expresión, escribe Ø.

a. _____ La persona que describes es muy diferente de la que yo conozco.

b. _____ Mi experiencia fue muy parecida.

c. _____ Mi experiencia con Manolo es completamente diferente.

d. _____ La impresión que tengo de él es completamente opuesta.

e. _____ Lo que me pasó fue un poco parecido.

B. Escucha otra vez para responder a estas preguntas según el contexto de la conversación.

1. ¿Quién es Clara?

    a. Una colega de Manolo.

    b. La novia del colega de Manolo.

    c. La novia del ex-compañero de cuarto de Manolo.

2. ¿Qué significa la palabra "dejado" en inglés?

    a. *Honor student*   **b.** *Slob*   **c.** *Roommate*

3. ¿Cuántas personas van a cenar juntas la semana que viene?

    a. 2   **b.** 3   **c.** 4

Más allá de las palabras

Ven a conocer

2-42 Actividades turísticas en Tabasco. Después de leer sobre la Ruta del Cacao en el libro de texto, ¿qué actividades asocias con cada lugar?

ACTIVIDADES

visitar pirámides

comprar artesanías

aprender sobre
   civilizaciones antiguas

observar la elaboración del chocolate

sacar fotos de una iglesia pintoresca

visitar reservas naturales

beber chocolate

LAS HACIENDAS CHOCOLATERAS	RUINAS MAYAS	PUEBLOS Y CIUDADES DE TABASCO

A escuchar

2-43 Un discurso sobre "El milagro del maíz". En tu libro de texto leíste sobre "La ruta del cacao". Ahora vas a aprender más sobre otro producto agrícola mexicano: el maíz. Vas a escuchar un discurso dado durante la ceremonia de inauguración del congreso "El milagro *(miracle)* del maíz". Escucha el discurso y contesta las preguntas siguientes.

A. Orientación. Encierra en un círculo la idea que mejor completa la oración.

1. La persona que da el discurso es…

   a. arqueólogo de las civilizaciones antiguas de Mesoamérica.

   b. profesor de antropología en la UNAM.

   c. agrónomo del Instituto Agrario de Oaxaca.

2. El público al que se dirige el discurso se compone de…

   a. agrónomos y científicos del maíz.

   b. turistas que visitan las ruinas precolombinas.

   c. indígenas mexicanos y centroamericanos.

3. El tono de este discurso es…

  a. formal

  b. informal

B. La idea principal. ¿Cuál es la idea principal del texto? Elige una.

1. El maíz se come mucho en América pero no tanto en otras partes del mundo por razones históricas.

2. El maíz representa un triunfo importantísimo de la cultura antigua mesoamericana.

3. El maíz se prepara de muchas maneras diferentes en la cocina mexicana.

C. Detalles importantes. Contesta las siguientes preguntas.

1. ¿Cuál fue una de las motivaciones principales del primer viaje de Colón?

_____.

2. ¿Cuáles son dos de las plantas americanas que transformaron la cocina europea?

_____.

3. ¿Qué es el teocinte? ¿Cuál es una de las diferencias entre el teocinte y el maíz?

_____.

4. ¿Quiénes dicen, "somos hombres de maíz"?

_____.

5. ¿Cuál será un futuro uso común del maíz?

_____.

D. Atención a los verbos Escucha otra vez el discurso y completa las oraciones siguientes con **se** más la forma apropiada del verbo de la lista que escuchas. Recuerda los usos de **se** estudiados en este capítulo.

cultivar	ilustrar	encontrar	poder

1. Colón llegó a un continente desconocido donde _____ varias plantas comestibles que no existían en Europa.

2. Se llama teocinte y no _____ comer su mazorca porque es pequeñísima.

3. El maíz llegó a cultivarse en el norte del continente, en lo que es hoy Canadá, y también en el sur, donde _____ en los pueblos antiguos de Argentina y Chile.

4. El papel fundamental del maíz en la cultura mesoamericana _____ con el dicho "somos hombres de maíz".

El escritor tiene la palabra

2-44 Las técnicas poéticas. Los poetas usan varios métodos o técnicas para comunicar el tema de un poema. En el libro de texto, exploraste las implicaciones de la técnica fundamental del poema: la metáfora del plato como planeta. Ahora vas a explorar otras técnicas típicas de Pablo Neruda en sus odas.

El sonido: En "Oda al plato", Pablo Neruda no usa como técnica poética la rima (la repetición de sonidos similares al final de cada verso). Sin embargo, hay varios ejemplos de repetición de sonidos, los cuales crean la musicalidad del poema. Lean los versos siguientes del poema en voz alta para escuchar la repetición. ¿Qué sonidos se repiten en los versos indicados?

1. versos 1-4 _____ a. -ma

2. versos 23-26 _____ b. pla-

3. versos 28-29 _____ c. v-

Las imágenes: La poesía de Pablo Neruda es sumamente visual. En "Oda al plato", las palabras crean varias ilustraciones en la imaginación del lector. Estudia los versos 5-14 y en el espacio abajo dibuja la escena que las palabras crean en tu mente.

La hipérbole: La hipérbole es el uso de la exageración para crear efectos poéticos. En "Oda al plato", Neruda exagera la relevancia del simple plato para expresar la idea de que los objetos más comunes dan sentido profundo a la vida humana. Completa la lista con dos ejemplos adicionales de hipérbole y su explicación.

1. "hermosura redonda de diadema" (v. 42). El plato de una cocina típica es redondo pero no tiene la belleza, la elegancia ni el valor de una diadema.

2. _____

3. _____

2-45 Mi diario literario. Escribe tu reacción personal al poema. Considera las siguientes preguntas:

- Un resumen del tema: en tus propias palabras, explica el tema que Pablo Neruda comunica en "Oda al plato".

- Dificultades: ¿Hay partes del poema que no entendiste muy bien? Explica cuáles son y por qué crees que te resultan problemáticas.

- Reacción personal: ¿Te gusta el poema? ¿Por qué? ¿Piensas que la descripción hiperbólica de los platos es justificable? ¿Encuentras sentido profundo en los objetos domésticos?

_____

_____

_____

_____

_____

_____

Para escribir mejor

Los homófonos

Los homófonos son dos consonantes distintas que tienen el mismo sonido. En esta sección estudiarás tres grupos de homófonos: **ll** y **y**; **b** y **v**; **s**, **c** y **z**. Al hacer las actividades, practica tu pronunciación repitiendo en voz alta las palabras.

I. ll y y:

2-46 Práctica. Completa las palabras siguientes con **ll** o **y,** según el caso.

1. m a _____ o r e s
2. _____ a m a r s e
3. i n c l u _____ e
4. b r i _____ a n t e
5. _____ o v e r
6. e n s a _____ o

Cuidado: Escribir mal la palabra puede causar confusión. Mira el ejemplo siguiente:

calló = tercera persona singular del verbo callar que significa no hablar

cayó = tercera persona singular del verbo caer que significa perder el equilibrio

Nombre: _____ Fecha: _____ Clase: _____

II. b y v:

2-47 Práctica. Completa las palabras siguientes con **b** o **v,** según el caso.

1. a _____ u r r i r s e   **2.** c o _____ r a r

3. c u l t i _____ a r   **4.** d i s o l _____ e r

5. o _____ s e s i o n a r s e   **6.** p o _____ l a c i ó n

Cuidado: A veces saber lo que viene después y antes de la **b** o la **v** ayuda con la ortografía. Observa las reglas siguientes:

1. Antes de **l** y **r** siempre se escribe **b.**

EJEMPLOS: **obl**igación, ham**br**e

2. Después de **m** siempre se escribe **b.** Después de **n** siempre se escribe **v.**

EJEMPLOS: ta**mb**ién, co**nv**ertir

3. Se usa **b** con las siguientes raíces: **bene-, bien-, biblio- bio-.** Se usa **b** también con los prefijos siguientes: **ab-, abs-, bi-, bis-, biz-, ob-, sub-.** Después del prefijo **ad-** siempre se usa **v.**

EJEMPLOS: **biblio**teca, **ab**urrirse, **adv**erso.

2-48 Práctica. Completa las siguientes palabras e indica qué regla se aplica de las tres anteriores.

1. b a i l a _____ l e   Regla = _____

2. c o n _____ e r s a c i ó n   Regla = _____

3. a d _____ e r t i r   Regla = _____

4. _____ i o l o g í a   Regla = _____

III. s, z y c:

2-49 Práctica. Completa las palabras siguientes con **s, z** o **c.**

1. n a _____ c o   **2.** m u d a r _____ e

3. f a r m a _____ i a   **4.** p a _____ e a r

5. r e _____ a r   **6.** d e s c o n o _____ i d o

7. f r a c a _____ o   **8.** r e c h a _____ o

Cuidado: Escribir mal la palabra puede causar confusión. Nota la diferencia entre las siguientes palabras:

ca**s**ar = Unir en matrimonio.

ca**z**ar = Salir al campo a matar a animales.

2-50 Práctica. Escribe el homófono de las palabras siguientes.

1. vos = _____

2. risa = _____

3. haz = _____

4. maza = _____

Terminaciones con **s:**	**EJEMPLOS:**
a. – sivo y – siva	impul<u>sivo</u>
b. – sión	obse<u>sión</u>
c. – és, – ense	costarri<u>cense</u>, fran<u>cés</u>
d. – oso y – osa	gracio<u>so/a</u>
e. – ismo	cristian<u>ismo</u>
f. – ista	art<u>ista</u>

Terminaciones y sufijos con **z:**	**EJEMPLOS:**
a. –azo	puñet<u>azo</u>
b. –ez, – eza	timi<u>dez</u>, trist<u>eza</u>

2-51 Práctica. Completa las palabras con **s** o **z** y subraya su terminación o sufijo.

1. n o b l e _____ a   **2.** i n t r u _____ i ó n

3. e s t u d i o _____ o   **4.** c r o n i _____ t a

Los acentos

En el *Capítulo 1* estudiaste las reglas de silabeo y acentuación. En este capítulo aprenderás cómo el acento ortográfico puede cambiar el significado de las palabras.

EJEMPLO: si = *if*   sí = *yes*

2-52 Práctica. Usando tu diccionario, escribe el equivalente en inglés de las siguientes palabras:

1. aun = _____   aún = _____

2. el = _____   él = _____

3. solo = _____   sólo = _____

4. mas = _____   más = _____

5. te = _____   té = _____

6. mi = _____   mí = _____

7. de = _____   dé = _____

8. esta = _____   está = _____

2-53 Práctica. Completa las oraciones siguientes con la palabra apropiada de la lista anterior.

1. _____ padre debe ayudar con el cuidado de los hijos pero _____ no lo hace porque

   trabaja por las noches.

2. A _____ me gustan las familias grandes aunque _____ familia es pequeña.

3. _____ quiero invitar a un _____ .

Para pronunciar mejor

Diphthongs

- Diphthongs are pairs of vowels that are pronounced in one single syllable.

- The combination of vowels *i* and *u* forms a diphthong.

- The combination of either *i* or *u* with one of the following vowels: *a, e, o* are also a diphthong.

- Speakers need to be careful not to pronounce the two vowels in two separate syllables especially in words that are similar in English and when the vowel combination begins with *i* or *u*.

2-54 Repite. Listen to the words and repeat them after the recording. Pay attention to the diphthongs. They all start with *i* or *u*.

1. fiesta
2. patio
3. bien
4. bueno
5. adiós
6. luego
7. siempre
8. estudiante
9. nueve
10. ciudad

2-55 Repite. Listen to the words and repeat them after the recording. Notice that the diphthongs start with *a, e, o*. This pattern is easier to pronounce.

1. seis
2. auto
3. hoy
4. hay
5. aire
6. pausa
7. peine
8. androide
9. Europa
10. reunir

NUESTRA COMUNIDAD BICULTURAL

TEMA

1 Ser bicultural   66

2 Ser bilingüe   74

3 Lenguas en contacto   82

Más allá de las palabras   89

TEMA 1 ## Ser bicultural

Vocabulario del tema

3-1 Una encuesta personal. Contesta estas preguntas sobre los orígenes de tu familia. En tus respuestas usa el vocabulario entre paréntesis y escribe oraciones completas. ¡OJO! Cuidado con las formas de los verbos.

1. ¿De dónde emigraron tus antepasados? (*emigrar*) _____

_____

2. ¿Dónde se establecieron en Estados Unidos? (*establecerse*) _____

_____

3. ¿Cuál es el idioma de tus antepasados? (*idioma*) _____

_____

_____

4. ¿Son bilingües tus abuelos o tus padres? ¿Qué idiomas hablan? (*bilingüe*) _____

_____

_____

5. ¿Comparte tu familia algún valor común con tus antepasados? ¿Cuáles son? (*valores comunes, compartir*) _____

_____

3-2 Diferencias semánticas. En este capítulo se usan varios términos para hablar de personas. ¿Qué definición asocias con cada término?

1. exiliado/a
2. ciudadano/a
3. emigrante
4. español/a
5. inmigrante
6. hispano/a
7. latino/a
8. anglosajón

a. Alguien de España.
b. Una persona que se muda de su país de origen a otro país.
c. Una persona con lazos familiares y culturales en un país hispanohablante.
d. Alguien de ascendencia inglesa.
e. Alguien de un país donde el idioma principal es una lengua romance.
f. Un residente de un país con todos los derechos, como trabajar y votar.
g. Una persona que se muda a otro país por razones políticas.
h. Alguien que entra en un país extranjero para vivir.

3-3 ¿Eres bicultural? El Departamento de Antropología está realizando un estudio sobre cómo se define el biculturalismo. Completa el siguiente formulario con tus opiniones, para poder participar en el estudio.

A. ¿Cómo defines el ser "bicultural"? Marca con una ✔ los rasgos de la siguiente lista que consideras esenciales.

- ❑ ser bilingüe
- ❑ proceder de otro país
- ❑ mantener lazos culturales y/o sociales con el país de origen de la familia
- ❑ tener rasgos físicos diferentes de la mayoría de la población
- ❑ tener elementos de varias razas
- ❑ ¿Otras características? _____

_____

_____

B. ¿Crees que eres bicultural? ¿Por qué?

_____

_____

_____

_____

3-4 ¿Recuerdas? De la siguiente lista de rasgos, ¿cuáles representan semejanzas (**S**) y cuáles representan diferencias (**D**) entre los grupos hispanos, según la lectura *Ser hispano en Estados Unidos?* Para los que representan diferencias, explica a qué grupo/s se refieren.

1. _____ Son refugiados políticos. _____

2. _____ Son personas de color. _____

3. _____ Hablan español. _____

4. _____ Viven dispersados por Estados Unidos. _____

5. _____ Escaparon del régimen de Castro. _____

6. _____ Residen en Nueva York. _____

7. _____ Su religión predominante es la católica. _____

8. Según la información que has leído en tu libro de texto y tu propia opinión, ¿piensas que se puede hablar de una "comunidad hispana"? ¿Por qué? _____

_____

_____

_____

_____

A escuchar

3-5 Choques culturales. Cristina es española y acaba de llegar a Estados Unidos. Ella cree que se ha adaptado bien e incluso ha hecho nuevos amigos estadounidenses. Un día, recibe esta invitación de Kimberly y la acepta. Durante la cena, se entera de una diferencia cultural importante. Escucha la conversación entre Cristina y Kimberly y contesta las preguntas a continuación.

A. Indica si la información es cierta (**C**) o falsa (**F**) según la lectura. Si es falsa, corrígela.

¡FIESTA!

¿Qué? Una cena en casa de Kimberly
¿Cuándo? El viernes 17 de abril a las 7:00.
¿Dónde? 528 E. Benjamin St.
Favor de responder a Kimberly antes del martes 15 de abril.

1. _____ Kimberly está enfadada porque Cristina lleva solo pan y queso.

¿Corrección? _____

_____

2. _____ Cuando Kimberly expresa su enfado, Cristina es indiferente.

¿Corrección? _____

_____

3. _____ Cristina llegó tarde a la fiesta porque esa es la costumbre en España.

¿Corrección? _____

_____

4. _____ Al final, Cristina se va de la fiesta ofendida.

¿Corrección? _____

_____

B. ¿Estás de acuerdo con la reacción de Kimberly? ¿Por qué? _____

_____

_____

_____

Gramática

Introduction to the Subjunctive

3-6 Expresiones de duda o certeza. Clasifica las siguientes expresiones según sean de certeza o de duda.

dudar que	ser evidente que	ser obvio que
ser (im)probable que	no pensar que	negar que
ser dudoso que	ser cierto que	creer que
no ser seguro que	ser (im)posible que	ser seguro que

EXPRESIONES DE DUDA	EXPRESIONES DE CERTEZA

3-7 Así son los estereotipos. Completa el siguiente párrafo sobre los estereotipos con el verbo adecuado en el indicativo o el subjuntivo.

No se puede negar que **1.** _____ (hay/haya) muchos estereotipos

sobre casi cada grupo de personas imaginable. Es cierto que muchos estereotipos

2. _____ (son/sean) negativos, pero hay estereotipos positivos también.

Por ejemplo, un estereotipo común es que los hombres son fuertes físicamente. Ser fuerte es una

característica positiva, sin embargo es una generalización. Es dudoso que todos los hombres

3. _____ (tienen/tengan) mucha fuerza física. Es posible que en algunos

estereotipos **4.** _____ (existe/exista) un grano de verdad, pero es

imposible que **5.** _____ (se aplica/se aplique) a un grupo entero.

3-8 La presencia hispana en Estados Unidos. Un grupo de estudiantes está hablando sobre la presencia hispana en EE. UU. Forma oraciones completas usando las expresiones impersonales dadas y el modo apropiado del verbo.

1. **Kristina:** Es cierto que / las escuelas públicas / ofrecer / programas bilingües.

   _____

2. **John:** Es probable que / los hispanos / tener / un papel más importante en la política.

   _____

3. **Mark:** Es evidente que / todos nosotros / estudiar / español en la escuela primaria.

   _____

4. **Michelle:** Es posible que / la música de salsa / ser / más popular ahora.

   _____

3-9 Tu opinión

A. Acabas de leer una revista hispana publicada en Estados Unidos. Marca si estás de acuerdo o no con las ideas expresadas en la revista.

	Sí	No
1. La inmigración es buena para Estados Unidos.	❏	❏
2. Los inmigrantes deben conservar su lengua y costumbres.	❏	❏
3. Los inmigrantes, legales e ilegales, tienen derecho a servicios médicos.	❏	❏
4. Es necesario limitar la entrada de inmigrantes.	❏	❏
5. El gobierno debe trabajar para mejorar la vida de los inmigrantes.	❏	❏
6. El inglés será el idioma oficial en EE. UU.	❏	❏

B. Ahora, escribe tus opiniones sobre los comentarios anteriores usando (**no**) **pensar que**, (**no**) **creer que**, **ser evidente que**, **ser cierto que**, **dudar que,** etc. cuando sea posible.

1. _____

2. _____

3. _____

4. _____

5. _____

6. _____

3-10 ¿Qué opinas? El artículo de Arturo Fox en tu libro de texto examina ciertas ideas sobre la presencia hispana en los EE. UU. Expresa duda o certeza sobre estas preguntas basadas en su artículo.

MODELO

¿Es cierto que existe una "raza hispana"?
No, no es cierto que exista una "raza hispana".

---

1. ¿Es verdad que muchos cubanos son exiliados políticos?

_____

2. ¿Crees que todos los hispanos son iguales?

_____

3. ¿Es cierto que todos los mexicanos viven en el suroeste de los EE. UU.?

_____

4. ¿Piensas que todos los hispanos tienen rasgos comunes?

_____

3-11 Los estereotipos. Imagina que un grupo de extraterrestres emigra a nuestro planeta. Abajo se describen las características que conocemos sobre ellos. Sin conocerlos individualmente, ¿qué estereotipos puedes formar de ellos y de su civilización? Completa las oraciones usando el subjuntivo o el indicativo según el caso.

A. Los rasgos que conocemos:
- Todos tienen cuatro brazos.
- Los hombres y las mujeres llevan la misma ropa. Solo unos pocos llevan gorras que dicen 9Bm.
- Su piel es de muchos colores pero todos tienen la piel muy traslúcida. Son muy bajos, miden casi 1 metro.
- Nunca se saludan ni se despiden de nadie.
- Duermen 15 horas al día.
- Todos llevan gafas rosadas.

1. Yo pienso que... _____

2. Yo no pienso que... _____

3. Yo creo que... _____

4. Yo no creo que... _____

B. Para pensar. ¿Cuál crees que es el origen de los estereotipos? En tu respuesta explica dos orígenes diferentes e intenta usar (**no**) **creer que** y/o (**no**) **pensar que.**

_____

_____

_____

_____

_____

_____

3-12 Estereotipos comunes sobre los estadounidenses. ¿Cuáles son algunos estereotipos que conoces sobre los estadounidenses? Identifica cuatro y expresa tu opinión sobre ellos, usando expresiones de duda y certeza.

> **MODELO**
>
> Estereotipo: Los estadounidenses son materialistas.
> Mi opinión: No creo que todos los estadounidenses sean materialistas, pero ¡mi mejor amiga es bastante materialista!

1. Estereotipo: _____

Mi opinión: _____

_____

2. Estereotipo: _____

Mi opinión: _____

_____

3. Estereotipo: _____

Mi opinión: _____

_____

4. Estereotipo: _____

Mi opinión: _____

_____

Redacción

3-13 Una carta al editor. Prepara una carta al editor de una revista hispana en la que expreses tus opiniones sobre los aspectos positivos de vivir en un país como Estados Unidos con una población multicultural. En tu carta acuérdate de usar el subjuntivo o el indicativo cuando sean necesarios.

_____

_____

_____

_____

_____

_____

_____

_____

A escuchar

3-14 Expresar tus opiniones. Vas a escuchar un debate sobre la inmigración a Estados Unidos.

A. Escucha el debate e indica las expresiones de opinión que se usan.

_____ No estoy de acuerdo   _____ Por supuesto

_____ En mi opinión   _____ Tienes razón

_____ ¿Qué crees?   _____ Prefiero…

_____ Me parece interesante   _____ ¿Qué te parece?

B. Escucha otra vez y anota dos problemas asociados con la inmigración que se mencionan en el debate.

1. _____

_____

2. _____

_____

TEMA **2** **Ser bilingüe**

Vocabulario del tema

3-15 El bilingüismo. Alex, un estudiante bilingüe, va a describir su experiencia con el aprendizaje del inglés y el español. Completa lo que dice usando la palabra o expresión apropiada de la lista.

hablante	hablar	lengua oficial
dominar	estudio	lengua materna
perfección	gramática	vocabulario
acento extranjero	monolingüe	aprendizaje

1. Mi primera lengua, o mi _____, es el inglés.

   Soy _____ de español también. Por eso soy bilingüe.

2. Empecé mi _____ del español cuando tenía 12 años, o sea, en la

   escuela secundaria.

3. No llegué a _____ muy bien el español hasta los 18 años, cuando

   fui a vivir a México por un año.

4. Lo más difícil para mí al aprender español fue aprender bien la _____

   porque algunas estructuras, como el subjuntivo, son muy diferentes a las del inglés.

5. Muchos hablantes nativos de español me han dicho que hablo bastante bien y que no notan en mi

   pronunciación un _____.

6. ¿Son tus experiencias personales con el aprendizaje del español similares a las de Alex?

   ¿Por qué? _____

   _____

   _____

   _____

   _____

   _____

3-16 ¿Qué crees? Lee las siguientes oraciones. Explica en otras palabras el significado de las palabras y/o expresiones en **negrita**. Luego, indica si la idea es una falacia (**F**), un hecho (**H**) o una creencia (**C**).

1. _____ Solo se puede aprender otra lengua por medio de la **interacción** con la gente.

   interacción = _____

2. _____ Todos los estadounidenses deben **perfeccionar** su habilidad para hablar otra lengua cuando

   son adolescentes.

   perfeccionar = _____

3. _____ La lengua oficial de Estados Unidos es el inglés porque más de la **mitad** de los

   habitantes lo hablan.

   mitad = _____

4. _____ La **población de hispanohablantes** en EE. UU. sigue creciendo cada año.

   población de hispanohablantes = _____

5. _____ En Europa la mayoría de la gente aprende otra lengua antes de la **pubertad**.

   pubertad = _____

6. _____ Para ser bilingüe es necesario hablar las dos lenguas con **precisión**.

   precisión = _____

3-17 Reacciones. En este tema vas a aprender cómo expresar reacciones y emociones. Ahora vas a preparar el vocabulario para hacerlo. Empieza identificando un sinónimo para cada uno de estos verbos.

1. _____ reaccionar con alegría   **a.** me gusta

2. _____ reaccionar con tristeza   **b.** odiar

3. _____ detestar   **c.** alegrarse

4. _____ estar preocupado/a   **d.** sorprenderse

5. _____ reaccionar con sorpresa   **e.** entristecerse

6. _____ me encanta   **f.** preocuparse

A escuchar

3-18 El requisito universitario. Un grupo de estudiantes de la Asamblea Estudiantil (*Student Government*) se reúne para hablar. Escucha la conversación y luego contesta las preguntas.

1. Indica qué oración expresa mejor el propósito principal de la reunión de estudiantes.

   ❏ El propósito de la reunión es eliminar el requisito de estudiar dos años en un país extranjero.

   ❏ El propósito de la reunión es reconsiderar el requisito de estudiar una lengua extranjera durante dos años.

   ❏ El propósito de la reunión es practicar el español en preparación para un examen.

   ❏ El propósito de la reunión es decidir si deben seguir estudiando español o no.

2. Encierra en un círculo la opción que muestra si los grupos están de acuerdo, en desacuerdo o ambos con el requisito.

   a. los profesores: de acuerdo en desacuerdo

   b. los estudiantes de administración de empresas: de acuerdo en desacuerdo

   c. la población general de estudiantes: de acuerdo en desacuerdo

3. Anota una ventaja o una desventaja que presenta cada grupo.

   a. los profesores:

   _____

   b. los estudiantes de administración de empresas:

   _____

   c. la población general de estudiantes:

   _____

4. Al final de la reunión, ¿qué decide hacer la Asamblea Estudiantil?

   _____

   _____

Gramática

Second Use of the Subjunctive: After Expressions of Emotion

3-19 La clasificación. Clasifica las siguientes expresiones según si **A.** la persona es el sujeto, **B.** la persona es el objeto indirecto o **C.** es una expresión impersonal.

es interesante	sentir	entristecerle	sorprenderle
odiar	tener miedo	es increíble	gustarle
es bueno	molestarle	temer	es fantástico
estar contento/a de que	preocuparle	es lamentable	

1. La persona es el sujeto:

_____

2. La persona es el objeto indirecto:

_____

3. Expresiones impersonales:

_____

3-20 Las reacciones maternales. Paquito es un niño un poco travieso, pero está tratando de comportarse mejor. Su mamá le habla de cómo se está comportando recientemente. Completa cada frase lógicamente usando las siguientes expresiones.

estudies más
digas cosas feas a tu hermana
llames más a tus abuelos
te levantes tarde para la escuela
des de comer a los gatos
seas más paciente
salgas con tus amigos hasta la medianoche
ayudes con las tareas domésticas

MODELO

Paquito, me gusta que pases más tiempo con la familia.

1. Me alegro de que… _____

_____

2. Me preocupa que… _____

_____

3. Es malo que… _____

_____

4. Es fantástico que… _____

_____

5. Es una lástima que… _____

_____

6. Estoy contenta de que… _____

_____

3-21 Una tarjeta postal. Nick, un estudiante estadounidense que estudia español en España, le ha escrito esta tarjeta postal a su novia mexicana. Completa su tarjeta con las formas apropiadas de los verbos.

Querida Marta:

Hola, ¿qué tal? Lo estoy pasando muy bien en Madrid pero me entristece que tú **1.** _____ (estar) tan lejos de mí.

Estoy aprendiendo mucho y me encantan la gente y las costumbres de aquí. Sin embargo, temo que todavía no **2.** _____ (hablar) suficiente español para comunicarme de verdad, pero estoy aprendiendo mucho en mis clases. En general, me gusta que mis clases **3.** _____ (ser) tan prácticas, porque uso inmediatamente todo lo que aprendo para hablar con la gente de la calle. Es interesante que la gente aquí **4.** _____ (usar) muchas expresiones diferentes de las que usas tú, ¿será porque el vocabulario de España es diferente del de México? En fin, estoy contento de tener esta oportunidad. Y, ¡ya nos veremos dentro de cinco semanas! Te mando un abrazo fuerte.

Te echo de menos, mi amor,

Nick

3-22 Perspectivas diferentes. ¿Cómo reaccionan estas personas ante esta situación? Escribe cuatro oraciones con expresiones de la lista y los verbos apropiados para indicar la reacción de cada persona.

ser intolerable que	molestarle que	(no) odiar que
tener miedo de que	ser fantástico que	entristecerle que
alegrarse de que	ser interesante que	preocuparle que
ponerle triste	estar contento/a de que	detestar que

1. la mujer hispana: _____

_____

_____

2. la dependienta: _____

_____

_____

3. el cliente: _____

_____

_____

4. y tú: _____

_____

_____

3-23 Mi perspectiva sobre aprender una lengua extranjera. ¿Cuál es tu perspectiva sobre aprender una lengua extranjera? Describe tu opinión, usando *expresiones de emoción* más *el subjuntivo*.

_____

_____

_____

_____

_____

_____

_____

_____

3-24 ¡Qué lío con los compañeros de cuarto! Ana siempre tiene mala suerte con las compañeras de cuarto. Ahora vive con Lupita, una chica que se come la comida de Ana, se pone su ropa sin permiso, nunca limpia el baño ni tampoco lava los platos. Ana le deja una nota a Lupita expresando su frustración. Escribe la nota, usando *expresiones de emoción* más *el subjuntivo*.

Querida Lupita,

Me molesta que… _____

_____

_____

_____

_____

_____. Espero que leas esta nota y trates de mejorar esta

situación.

Gracias,

Ana

Redacción

3-25 La educación bilingüe. Para tu clase de español entrevistaste a Carlos, un hispano que enseña español en una escuela primaria, acerca de su opinión sobre la educación bilingüe. Usando las notas de abajo, escribe tu reacción a sus opiniones. Recuerda usar el subjuntivo o el indicativo cuando sean apropiados.

ASPECTOS POSITIVOS DE LA EDUCACIÓN BILINGÜE	ASPECTOS NEGATIVOS DE LA EDUCACIÓN BILINGÜE
• Los niños se benefician de la perspectiva multicultural. • En el futuro, ellos tendrán más oportunidades de encontrar un buen trabajo. • El estudio de otra lengua ayuda con el aprendizaje de la propia lengua. • Crea una comunidad más fuerte fuera de la escuela porque hay muchos hispanos viviendo allí.	• Muchos niños hispanos no llegan a dominar bien el inglés. • Es difícil encontrar maestros bilingües para dar clases. • Muchos padres no están de acuerdo con la educación bilingüe y eso afecta la actitud de sus hijos. • No hay suficiente tiempo en el plan de estudios.

_____

_____

_____

_____

_____

_____

_____

_____

A escuchar

3-26 Cómo expresar tus sentimientos. Vas a escuchar un diálogo entre Juan Pablo y Julián. Juan Pablo está furioso con Julián.

A. Escucha el diálogo y marca las expresiones de sentimiento que usan los hablantes.

_____ ¡Es el colmo!   _____ ¡Pobrecito!

_____ ¡Lo siento mucho!   _____ ¡Eso es increíble!

_____ Estoy harto de…   _____ ¡Ya no aguanto más!

_____ ¡No me digas!   _____ ¿De verdad?

B. ¿Qué opinas tú? Escribe dos opiniones sobre la situación de Juan Pablo y Julián. Usa expresiones de emoción con el subjuntivo.

1. _____

2. _____

TEMA 3 Lenguas en contacto

Vocabulario del tema

3-27 ¿En qué consiste el espanglish? Lee estas oraciones. Usando el contexto y tu intuición, define de otra forma las palabras y/o expresiones en **negrita**. Luego indica si cada oración es cierta (**C**) o falsa (**F**) según tu opinión.

1. _____ El espanglish es una **mezcla** de inglés y español.

   mezcla = _____

   _____

2. _____ El uso del espanglish no es muy **polémico** porque todos están de acuerdo con su valor lingüístico.

   polémico = _____

   _____

3. _____ No es muy común el uso del espanglish, porque **predomina** el uso del inglés o del español individualmente.

   predomina = _____

   _____

4. _____ El espanglish es el lenguaje de la tecnología, como la **informática**.

   informática = _____

   _____

5. _____ Los estudiantes nunca usan espanglish en su **habla**.

   habla = _____

   _____

3-28 ¿Me puedes ayudar? Marisa está preparando una presentación para su clase de español pero no sabe las definiciones de las siguientes palabras. Identifica la definición correcta de estas palabras.

1. _____ un ataque
2. _____ los detractores
3. _____ degradar
4. _____ los defensores
5. _____ técnico/a
6. _____ la sospecha

a. las personas que están a favor de algo o alguien
b. mostrar falta de respeto hacia algo o alguien
c. agresión o asalto hacia algo o alguien
d. las personas que están en contra de algo o alguien
e. lo opuesto de tener fe en algo
f. describe algo relacionado con la tecnología

3-29 ¿Recuerdas? Marta necesita tu ayuda para organizar las ideas de su presentación. Según el artículo del libro de texto, tu propia opinión y la de otros miembros de tu clase, escribe tres oraciones a favor y tres en contra del uso del espanglish.

A FAVOR	EN CONTRA
_____	_____
_____	_____
_____	_____
_____	_____
_____	_____
_____	_____
_____	_____
_____	_____
_____	_____

A escuchar

3-30 Mi experiencia bicultural. Vas a escuchar a Rosa, una joven guatemalteca, hablar de su experiencia en dos países.

A. Escucha a Rosa y marca con una **X** sus experiencias.

a. _____ Hablaba español en casa cuando era joven.

b. _____ Sus padres hablan inglés.

c. _____ Estudió la escuela secundaria en Estados Unidos.

d. _____ Visita Parkersburg, Virginia Occidental, todos los veranos.

e. _____ Su madre detesta el espanglish.

B. Escucha otra vez y escribe el equivalente en inglés de las siguientes palabras en espanglish.

a. checar _____

b. lonche _____

c. tiquet _____

d. taipear _____

Gramática

Third Use of the Subjunctive: After Expressions of Advice and Recommendation

3-31 ¡De viaje! Emily va a ir de vacaciones a México, y cada miembro de su familia tiene recomendaciones para ella. Identifica el verbo usado para sugerir y lo que cada persona sugiere.

> **MODELO**
> Su padre le recomienda que lleve una fotocopia de todos sus documentos.
> **Verbo usado para sugerir:** Recomendar
> **Sugerencia:** Llevar una fotocopia de sus documentos

1. Su madre quiere que llame a la familia con frecuencia.

   Verbo usado para sugerir: _____

   Sugerencia: _____

2. Su hermano le aconseja que no olvide su pasaporte.

   Verbo usado para sugerir: _____

   Sugerencia: _____

3. Su padre le ruega que siempre tenga cuidado.

   Verbo usado para sugerir: _____

   Sugerencia: _____

4. Su hermano le pide que saque muchas fotografías.

   Verbo usado para sugerir: _____

   Sugerencia: _____

5. ¡Su sobrino desea que compre muchos regalitos para él!

   Verbo usado para sugerir: _____

   Sugerencia: _____

3-32 ¡Daniel el flojo! Patrick es un estudiante modelo en su clase de español. Desafortunadamente, su compañero de clase, Daniel, es un estudiante muy flojo (*lazy*). Patrick decide hablar con Daniel para motivarlo un poco. Completa las siguientes recomendaciones con el verbo adecuado.

1. Daniel, aconsejo que te (lees/leas) el texto cada noche.
2. No quiero que (copias/copies) mi tarea.
3. (Insisto en/Insista en) que siempre hables español en clase.
4. La profesora desea que (hacemos/hagamos) la tarea todos los días. ¡Es necesario hacerla!
5. (Recomiendo/Recomiende) que tomes la clase en serio.
6. (Es/Sea) importante que participes activamente en las actividades en clase.

3-33 ¿Qué hago? Algunos estudiantes tienen problemas en la clase de español y van a hablar con su instructor/a para pedir ayuda. Tú eres su instructor/a y tienes que responder a las preguntas usando el verbo dado en la forma apropiada.

1. "No me gusta hablar español en clase porque soy muy tímido".

   Es necesario que _____

2. "No puedo hacer la tarea porque he perdido el libro de texto".

   Insisto en que _____

3. "No hice el examen ayer porque estaba enferma".

   Permito que _____

4. "No entiendo lo que Ud. dice cuando habla español".

   Es importante que _____

3-34 El estudio del español. Hillary ya terminó su último semestre de español, pero no sabe si debe continuar sus estudios de la lengua. Por eso ha pedido la opinión de varias personas. Completa las oraciones para saber cómo respondieron y después explica las razones posibles.

1. Sus profesores previos de español (le sugerir / que / seguir) _____

   con sus estudios de español porque _____

   _____.

2. Su mejor amiga (preferir / que / no estudiar) _____

   más español porque _____

   _____.

3. Sus padres (desear / que / viajar) _____

   a un país hispano porque _____

   _____.

4. Sus amigos hispanos (querer / que / hablar) _____

   bien el español porque _____

   _____.

3-35 Una visita al campus. Jessie, una estudiante de la escuela preparatoria, está visitando el campus de tu universidad. Ella quiere saber qué es necesario hacer para tener éxito si decide asistir a tu universidad. Ofrécele tus consejos, usando algunos de los siguientes verbos y el subjuntivo.

aconsejar	sugerir	es importante	recomendar	es aconsejable	prohibir

MODELO

Recomiendo que vayas a las horas de oficina de tus profesores.

1. _____
2. _____
3. _____
4. _____
5. _____

3-36 ¡Qué mala semana! Parece que todos tus amigos tienen problemas esta semana. Escribe consejos para cada una de las siguientes personas, usando *expresiones de sugerencia* y *el subjuntivo*.

MODELO

Anna: Mi cuarto está muy desorganizado.
Recomendación: Es necesario que dediques tiempo este fin de semana a organizarlo.

1. Megan: Mi novio flirtea con otras chicas.

_____

_____

2. Victor: Estoy muy enfermo.

_____

_____

3. Di: Tengo malas notas en todas mis clases.

_____

_____

4. Rory: No puedo despertarme para mi clase a las 8:00 de la mañana.

_____

_____

3-37 Los problemas de los famosos. Piensa en tres personas famosas que conoces y escribe una sugerencia para cada una, usando el subjuntivo. ¡Sé creativo!

> **MODELO**
>
> **Nombre:** Homer Simpson
> **Sugerencia:** ¡Te recomiendo que vayas al gimnasio con más frecuencia!

1. Nombre: _____

   Sugerencia: _____

   _____

2. Nombre: _____

   Sugerencia: _____

   _____

3. Nombre: _____

   Sugerencia: _____

   _____

3-38 Un resumen del subjuntivo. Acabas de recibir un correo electrónico de una estudiante. Llena los espacios con la forma apropiada del verbo. Recuerda usar el subjuntivo después de expresiones de duda y de emoción.

✉ Situación difícil   ▾▣ _ ◻ ✕

Para: consultorio@universidad.com
De: Enamorada
Ref: Situación difícil

Querido/a amigo/a del consultorio:

Te escribo sobre un problema con mi novio porque la verdad 1. _____

(ser) que no sé qué hacer. Yo soy estadounidense y él es hispano, pero personalmente no

creo que eso nos 2. _____ (causar) problemas. Pienso que nosotros

3. _____ (llevarnos) bien. Bueno, todo eso cambió anoche porque nos

peleamos por primera vez. Te cuento lo que pasó. Fuimos juntos a una fiesta a la que

también vinieron varios de sus amigos. Lo estábamos pasando muy bien pero la cosa

cambió cuando yo bailé con uno de sus amigos. De repente mi novio se puso furioso.

Estoy segura de que su reacción 4. _____ (tener que ver) con los celos.

Ahora no me habla y me entristece mucho que no me 5. _____ (decir) ni

una palabra. Llevamos seis meses juntos y temo que no 6. _____ (tener) un futuro.

¿Qué puedo hacer?

Gracias,

Enamorada

Redacción

3-39 El consultorio cultural. Trabajas como voluntario/a en un consultorio cultural y acabas de recibir el correo electrónico de la actividad 3-38. Escribe una respuesta para *Enamorada* y su novio dándoles recomendaciones para resolver su problema.

✉ **RE: Situación difícil**　　　　　　　　　　　　　　　　▾▣ ▁▢ ✕

　　Para: Enamorada
　　De: consultorio@universidad.com
　　Ref: RE: Situación difícil

_____
_____
_____
_____
_____
_____
_____
_____
_____
_____
_____
_____

A escuchar

3-40 Pedir y dar consejos. Vas a escuchar un diálogo entre la madre de un niño que va a empezar el primer grado y un instructor de la escuela.

A. Escucha el diálogo e indica con una **M** las frases que usa la madre, con una **I** las frases que usa el instructor y con una **Ø** las frases que no escuchas.

_____ ¿Qué debo hacer…?　　　　　　_____ ¿Qué le parece?

_____ La otra sugerencia es que…　　_____ No sé qué voy a hacer.

_____ ¿Ha pensado en…?　　　　　　_____ ¿Qué me recomienda?

_____ Le digo que sí.　　　　　　　　_____ ¿Por qué no…?

B. Escribe una recomendación para Andrés y otra para la madre de Andrés. Usa dos de los siguientes verbos y expresiones: sugerir, aconsejar, ser importante, ser necesario.

_____

_____

Más allá de las palabras

Ven a conocer

3-41 Definiciones. Recuerda El Álamo y lo que aprendiste en tu libro de texto para escribir una definición o elaboración de los siguientes conceptos. Puedes volver a consultar el texto si es necesario.

la misión _____

_____

los coahuiltecos _____

_____

1821 _____

_____

la esclavitud _____

_____

Lone Star Republic _____

_____

la fachada _____

_____

A escuchar

3-42 Un testimonio. Escucha el testimonio de María y contesta las preguntas. Puedes escuchar el texto más de una vez.

A. El tono. ¿Cómo es el tono del testimonio de María? Marca todos los adjetivos apropiados.

❏ triste   ❏ alegre   ❏ serio

❏ cómico   ❏ temeroso   ❏ orgulloso

B. Ideas principales. Escribe una oración explicando la idea principal del testimonio.

Yo pienso que... _____

_____

_____

C. Los detalles importantes. Identifica si las siguientes oraciones son ciertas (**C**) o falsas (**F**). Si son falsas, corrígelas incluyendo ejemplos específicos para apoyar tu corrección.

1. _____ María se considera estadounidense.

   ¿Corrección? _____

2. _____ En la escuela secundaria el hecho de que era bilingüe no le afectó.

   ¿Corrección? _____

3. _____ En la universidad, María ayudaba a sus amigos con su tarea de español.

   ¿Corrección? _____

4. _____ En la universidad, los amigos de María respetaban el hecho de que era bilingüe.

   ¿Corrección? _____

5. _____ Ser bilingüe no ha ayudado a María a conseguir un buen trabajo.

   ¿Corrección? _____

D. Aplicación. En su testimonio María explica un problema que tiene ahora de adulta.

1. Describe su problema: _____

   _____

2. Ahora, escribe tres recomendaciones para ayudar a María a resolver su problema. Recuerda usar el subjuntivo o el indicativo, según el caso.

   _____

   _____

   _____

E. Atención a los verbos. Vas a escuchar algunas oraciones del testimonio. Identifica si los verbos de la cláusula subordinada están en el subjuntivo o el indicativo.

Oración 1:	subjuntivo	indicativo
Oración 2:	subjuntivo	indicativo
Oración 3:	subjuntivo	indicativo
Oración 4:	subjuntivo	indicativo

Redacción

3-43 Un nuevo comité. La diversidad y el multiculturalismo han sido temas muy importantes y polémicos en el ambiente universitario. Por eso tu universidad ha formado un comité para crear un ambiente más diverso y multicultural. El comité ha publicado este anuncio para encontrar representantes estudiantiles.

> El Comité Universitario para la Diversidad busca representantes estudiantiles interesados en crear un ambiente multicultural en nuestro campus. Es importante que los participantes sean personas bilingües, biculturales o que tengan experiencia en el estudio de otras lenguas y culturas. Para ser considerado, escribe un breve ensayo respondiendo a las preguntas siguientes:
>
> 1. ¿Qué experiencia personal tienes con otras culturas o lenguas?
> 2. ¿Por qué crees que es importante la diversidad en nuestra universidad?
> 3. ¿Qué recomendaciones específicas tienes para alcanzar los objetivos del comité?

Responde al anuncio con tu propio ensayo. Recuerda usar el subjuntivo cuando sea necesario e incorporar algunas de las siguientes expresiones.

a diferencia de / en contraste con	después de todo
en general	en resumen
igual que…	por lo tanto
por un lado… por otro lado	sin embargo

Estimado/a director/a del comité multicultural:

_____

_____

_____

_____

_____

_____

_____

_____

_____

_____

_____

Le saluda atentamente,

El escritor tiene la palabra

3-44 Las técnicas discursivas. El discurso es una obra literaria con un fin muy particular. En esta sección tendrás la oportunidad de aprender más sobre el discurso y aplicar tus conocimientos al discurso de Alonso S. Perales de tu libro de texto.

El orador: La persona que pronuncia el discurso en vivo o la voz que escuchamos al leer un discurso como texto.

El público: Las personas que escuchan el discurso en vivo o los lectores que lo leen.

La evidencia: Los datos y ejemplos que el orador usa para ilustrar su argumento y lograr su propósito. A veces el orador usa la distorsión o la exageración para reforzar sus ideas.

El propósito del orador: El orador pronuncia el discurso para informar, convencer, inspirar y/o motivar a su público.

1. En 1923, en San Antonio, Texas, ¿quiénes eran los miembros del público de este discurso?

   _____

2. Examina la evidencia del discurso en tu libro de texto.

   a. Párrafo uno: Según Perales, ¿qué tipo de persona abunda en Texas?

   _____

   b. Párrafo tres: Según Perales, ¿qué aprenden los anglo-americanos en el norte y en el este?

   _____

   c. Párrafo tres: ¿Qué ejemplos de personas o grupos de personas notables hay en la historia? (menciona dos)

   _____

3. ¿Notas alguna distorsión o exageración en esta evidencia? Explica tu respuesta.

   _____

4. ¿ Cuál fue el propósito específico de Perales al presentar la evidencia? ¿Informar? (¿Sobre qué?) ¿Convencer? (¿Sobre qué?) ¿Inspirar? (¿A quiénes?) ¿Provocar? (¿Qué acción?)

   _____

5. ¿Te identificas con el público que escuchó este discurso en 1923? ¿Crees que tu reacción al discurso es similar o diferente a la del público original?

   _____

   _____

   _____

3-45 Mi diario literario. Escribe tu reacción personal al discurso. Considera las siguientes preguntas:

- Un pequeño resumen: En tu opinión, ¿cuál es la idea más importante del discurso?

- Dificultades: ¿Hay partes del discurso que no entendiste bien? Explica cuáles son y por qué crees que te han resultado problemáticas.

- Reacción personal: ¿Descubriste algo nuevo en el discurso? ¿Hay algo en el discurso que te sorprendió?

_____

_____

_____

_____

_____

_____

_____

_____

_____

_____

_____

Para escribir mejor

Los triptongos

En el *Capítulo 1* estudiaste el silabeo y los diptongos. En este capítulo aprenderás qué son los triptongos y cómo dividir las sílabas de las palabras que los contienen. Al hacer las actividades practica tu pronunciación repitiendo en voz alta las palabras.

Un **triptongo** es la combinación de tres vocales, una fuerte (**a, e, o**) entre dos débiles (**i, u**), que se pronuncia como una sola sílaba. Las combinaciones posibles son: **iei, iai, uei, uau, uai, iau.**

EJEMPLO: **guau**

La **y** puede tener valor de vocal. Por eso, cuando está después de una vocal fuerte y antes de una débil forma un triptongo.

EJEMPLOS: ur-u-g**uay**, b**uey**

Las palabras con una vocal débil entre dos fuertes no forman triptongos.

EJEMPLO: al-ca-h**ue**te

3-46 Práctica

A. Subraya los triptongos en las siguientes palabras. Es posible que no todas las palabras tengan triptongos.

1. ahuecamiento   2. Paraguay

3. buey   4. miau

B. Divide las palabras de la parte A en sílabas.

1. _____

2. _____

3. _____

4. _____

La letra *g*

El sonido de la letra **g** cambia según la vocal que la sigue. Saber estas variaciones te ayudará con la pronunciación y la ortografía. Al leer las reglas y hacer la actividad, practica tu pronunciación repitiendo en voz alta las palabras.

1. Antes de las vocales **a, o, u** el sonido de **g** es suave.

     EJEMPLOS: madru**ga**da, len**gua**

2. Con las vocales **e, i** es necesario agregar **u** para mantener el sonido suave.

     EJEMPLOS: **gue**rra, **gui**ón

Nota la diferencia en el sonido si no se agrega **u.** En estos ejemplos el sonido es similar a la **j** de José:

     EJEMPLOS: **gi**ra, exi**ge**ncia

3. En las combinaciones **gue, gui** la **u** no se pronuncia.

     EJEMPLOS: meren**gue**, á**gui**la

Para pronunciar la **u** en estas combinaciones es necesario poner ¨. Este signo se llama **diéresis.** Compara la pronunciación de los ejemplos siguientes con los anteriores.

     EJEMPLOS: bilin**güe**, lin**güi**sta

3-47 Práctica. Completa las palabras siguientes con **g** y las vocales necesarias. No olvides el uso de **ü.**

1. c o m p a _____ _____ n a r   2. e n t r e _____ _____ r

3. g _____ _____ r d a r   4. v e r _____ _____ _____ n z a

5. c e _____ _____ _____ r a   6. _____ _____ s t o

Más sobre la letra *g*

La letra **g** siempre se usa:

1. en raíces con **g:**
   a. geo-, legi- y ges-   EJEMPLOS: <u>g</u>eología, <u>g</u>esto
   b. gen-   EJEMPLO: <u>g</u>eneración

2. en las terminaciones de los verbos:
   a. –ger y –gir   EJEMPLOS: esco<u>g</u>er, sur<u>g</u>ir
   b. –gerar y –gerir   EJEMPLOS: su<u>g</u>erir, exa<u>g</u>erar

3-48 Práctica. Completa las palabras con **g** y la vocal apropiada y subraya la raíz o la terminación.

1. _____ _____ n e r a r   2. p r o t e _____ _____ r

3. e x a _____ _____ r a r   4. _____ _____ o m e t r í a

Para pronunciar mejor

Linking

1. In Spanish, words are linked to one another with no interruption of the sound flow other than breathing pauses.

2. Linking words causes a final consonant from one word to combine with the following vowel e.g., *español* y *francés* is pronounced **españo <u>li</u> francés.**

3. Linking words causes identical vowels to collapse into one sound, e. g. *va a hablar* is pronounced **v<u>a</u>blar.**

4. Linking words causes non-identical vowels to combine across words, e. g., *mi amigo* is pronounced **m<u>ia</u>migo**

3-49 Repite. Listen to the recording and repeat. Pay attention to linking across word boundaries!

1. las ciencias y las matemáticas
2. la secretaria y el profesor
3. los animales están en el zoológico
4. este árbol es alto
5. José espera a Ana en el carro

6. mi amigo es argentino
7. mis amigas son uruguayas
8. el amigo de Antonio es oculista
9. él habla español
10. ella habla español

3-50 Repite. Listen to these riddles (*adivinanzas*) and repeat. Pay attention to linking across word boundaries!

1.

Tiene ojos y no ve,

tiene agua y no la bebe,

tiene carne y no la come

tiene barba y no es hombre.

(El coco)

2.

Su cabeza es amarilla,

siguiendo al sol, gira y gira,

muchos comen sus pepitas

y dicen que son muy ricas.

(El girasol)

3.

Está en la navaja

y está en el cuaderno,

se cae del árbol

antes del invierno.

(La hoja)

1 Nuestras costumbres   98

2 Nuestras creencias   105

3 Nuestras celebraciones   116

Más allá de las palabras   122

1 Nuestras costumbres

Vocabulario del tema

4-1 Costumbres. Escribe una oración para cada dibujo describiendo la expresión de afecto mostrada y la costumbre representada.

Vocabulario para hablar de expresiones de afecto:		
darse la mano	agarrarse el brazo	darse un beso en la mejilla
darse un abrazo		

Verbos para hablar de las costumbres:		
caminar	saludarse	comer tapas
tomar una bebida en un *pub*	alternar	

1. _____

_____

2. _____

_____

3.

_____

4.

_____

4-2 ¿Recuerdas? Lee las siguientes oraciones. Según la información de la presentación de Tomás y Margarita en tu libro de texto, indica si cada oración es cierta (**C**) o falsa (**F**). Si es falsa, corrígela.

1. _____ En España a los amigos del sexo opuesto normalmente se les dan dos besos para saludarlos.

¿Corrección? _____

2. _____ Cuando dos personas hispanas se besan, en realidad solo se tocan las mejillas.

¿Corrección? _____

3. _____ En España, los niños no acompañan a sus padres a los bares.

¿Corrección? _____

4. _____ En España es común "alternar" o hacer un recorrido por varios bares.

¿Corrección? _____

5. _____ En Venezuela es común que los hijos se independicen al empezar sus estudios universitarios.

¿Corrección? _____

6. _____ En el mundo hispano, una de las diferencias entre un *pub* y un bar es que en un bar solo se pueden comer tapas.

¿Corrección? _____

A escuchar

4-3 Costumbres de todos los días. Vas a escuchar a una persona hablar de la variedad de tortillas en diferentes países.

A. Indica si la información es cierta (**C**) o falsa (**F**) según el texto. Si es falsa, corrígela.

1. _____ Hay mucha variedad de tortillas en el mundo de habla hispana.

¿Corrección? _____

2. _____ El burrito es una comida típica del sur de México.

¿Corrección? _____

3. _____ La arepa es una tortilla de harina de trigo que se come en Venezuela y Colombia.

¿Corrección? _____

4. _____ La tortilla española es de maíz o harina.

¿Corrección? _____

5. _____ La tortilla española se sirve como tapa en los bares.

¿Corrección? _____

B. Según lo que aprendiste, explica por qué la tortilla española sorprende a muchos americanos que van a España.

_____

_____

_____

_____

_____

Gramática

Using Relative Pronouns to Avoid Redundancy

4-4 La fiesta perdida. Marisa asistió a una fiesta anoche pero su amiga Raquel no pudo ir. Ahora, Raquel llama por teléfono a Marisa porque quiere saber todos los detalles de la fiesta. Lee su conversación. Identifica el sustantivo que funciona como el antecedente de la cláusula relativa en cada oración, y escríbelo en el espacio.

> **MODELO**
>
> (1) La fiesta de ayer, que empezó tarde, fue divertida.
>   fiesta.

Marisa: Hola Raquel, ¿cómo estás?

Raquel: Hola Marisa, estoy algo mejor hoy. Oye, ¿qué tal la fiesta?

Marisa: Lo pasamos muy bien, pero te echamos de menos.

Raquel: Quiero saber todo. ¿Qué tal la casa de Marcos?

Marisa: (1) La casa, que está muy cerca, es muy grande.

_____

Raquel: Y ¿qué tal los muchachos que asistieron a la fiesta?

Marisa: (2) Los muchachos, que eran todos amigos de Marcos, eran guapísimos.

_____

Raquel: La comida no estuvo muy buena, ¿verdad?

Marisa: No estuvo mal. (3) El vino que Marcos había traído de España estaba riquísimo.

_____

Raquel: ¿Qué ropa te pusiste?

Marisa: (4) La falda negra que compré la semana pasada.

_____

Raquel: Es una lástima que me haya perdido la fiesta.

Marisa: Bueno, para la próxima estarás mejor.

4-5 Un viaje de fin de curso. Las siguientes oraciones describen el viaje de un grupo de amigos para celebrar el fin de su último año de la escuela secundaria. En cada oración, identifica si la cláusula relativa es restrictiva o no restrictiva.

1. El crucero, que tomamos de Florida a Acapulco, duró doce días.

_____

2. Todas las noches la orquesta tocaba una música que era excepcional.

_____

3. Los otros viajeros, que eran jóvenes de todas partes de Estados Unidos, eran muy divertidos y

simpáticos. _____

4. Me gustó la comida que sirvieron en el restaurante. _____

4-6 Las clases. Unos estudiantes están describiendo sus clases. Completa sus oraciones con **que** o **lo que.**

1. Me gusta la clase de literatura _____ tomé el semestre pasado. Leímos novelas muy interesantes.

2. No entiendo _____ quiere mi profesor de filosofía. Repaso los apuntes de la clase pero siempre hay información adicional en los exámenes.

3. El libro _____ usamos para la clase de matemáticas es muy útil. Me gustan las explicaciones porque son muy claras.

4. El profesor de biología, _____ es de Inglaterra, es muy bueno. Estoy aprendiendo mucho.

4-7 El Cinco de Mayo. Jill escribió un informe para su clase de español sobre la fiesta del Cinco de Mayo. Su profesor le ha devuelto el informe pidiéndole cambios para evitar redundancias. Ayuda a Jill a combinar las siguientes oraciones con pronombres relativos.

1. El Cinco de Mayo se celebra en México y en Estados Unidos. El Cinco de Mayo conmemora el triunfo de los mexicanos sobre los franceses.

   _____

   _____

2. En Texas la gente celebra el Cinco de Mayo con desfiles. Texas tiene una población mexicoamericana muy grande.

   _____

   _____

3. La famosa Batalla de Puebla se conmemora con representaciones teatrales en las plazas mexicanas. La Batalla de Puebla tuvo lugar el 5 de mayo de 1862.

   _____

   _____

4. Como parte de la celebración la gente come mole poblano. El mole poblano es un plato típico de México.

   _____

   _____

4-8 Comparando opiniones. María y Kathleen están charlando sobre su clase de español. Completa su diálogo con el pronombre relativo adecuado: **que** o **lo que**.

María: Kathleen, ¿qué es **1.** _____ te gusta más de la clase de español?

Kathleen: Pues, el Profesor García, **2.** _____ empezó en el departmento este año, es

excelente. Tiene un entusiasmo para enseñar **3.** _____ me gusta mucho.

María: Sí, tienes razón. A mí también me gustan las actividades **4.** _____

hacemos en pareja. Es divertido charlar con mis compañeros de clase.

Kathleen: ¿Qué es **5.** _____ no te gusta de la clase?

María: Eso es fácil. ¡No me gusta nada la tarea **6.** _____ el Profesor García nos da

todos los días!

4-9 ¿Y tú? ¿Qué es lo que te gusta más de tu clase de español? ¿Y qué es lo que no te gusta mucho? Escribe tu opinión, usando las expresiones **lo que** y **que.**

_____

_____

_____

_____

_____

4-10 Mi feria/fiesta favorita. Escribe una breve descripción de una feria que conoces y que te gusta aquí en los EE. UU. Utiliza los pronombres relativos en tu descripción, y algunas de las siguientes expresiones:

desfile	costumbre	disfraz	fuegos artificiales	puesto
broma	bandera	fiesta	llamar a la puerta	plato

En _____ se celebra una feria/fiesta que se llama…

_____

_____

_____

_____

_____

Redacción

4-11 Las excusas. El viernes pasado tuviste un examen de español. No lo hiciste porque era la fiesta de aniversario de tus padres. Hoy es domingo y tienes que escribirle un correo electrónico a tu profesor explicándole lo que pasó. En tu carta, intenta usar las expresiones de la lista y un tono apropiado. Expresiones para dar explicaciones: **porque, puesto que, por eso, por esta razón, a causa de, por motivo de, dado que.**

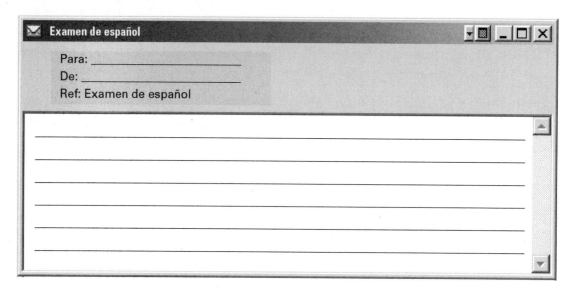

A escuchar

4-12 Dar explicaciones. Vas a escuchar un diálogo entre dos vecinos que tienen problemas.

A. Escucha e indica el orden (del 1 al 6) en que los vecinos usan las expresiones de la lista.

    a. _____ dado que

    b. _____ puesto que

    c. _____ por esa razón

    d. _____ por eso

    e. _____ a causa de

    f. _____ por motivos de

B. Y tú, ¿qué le recomiendas a Rosario? Escribe una recomendación usando el presente del subjuntivo en la cláusula subordinada.

_____

_____

TEMA 2 Nuestras creencias

Vocabulario del tema

4-13 La Noche de las Brujas

A. ¿Qué hacías de niño/a para celebrar este día? Marca con una ✔ las actividades que hacías y después escribe tu ejemplo favorito de cada tradición.

❐ comer caramelos _____

❐ llevar disfraces _____

❐ jugar con otros niños _____

❐ hacer bromas _____

❐ decorar la casa _____

B. ¿Qué significado tiene para ti la Noche de las Brujas? ¿Por qué celebras este día?

_____
_____
_____
_____
_____
_____
_____

4-14 Actitudes respecto al tema de la muerte

A. Para poder considerar las diferentes perspectivas culturales sobre el tema de la muerte debes pensar en tu propia actitud hacia ella. Usa una de estas expresiones para expresar tu opinión sobre cada costumbre relacionada con la muerte. ¡Recuerda usar el subjuntivo cuando sea necesario!

dudar que	es evidente que	es obvio que
es (im)probable que	no pensar que	negar que
es dudoso que	es cierto que	creer que
no es seguro que	es (im)posible que	es seguro que

1. la incineración del cadáver _____
2. la eutanasia _____
3. donar los órganos vitales _____
4. las visitas al cementerio _____
5. los chistes sobre la muerte _____
6. celebrar un entierro con una fiesta _____
7. la comunicación con los muertos _____
8. el más allá _____

B. Elige dos costumbres de la lista de arriba y explica más en detalle tu opinión.

_____
_____
_____
_____
_____

4-15 Las tradiciones del Día de los Muertos. Te interesa saber más sobre las actividades asociadas con la celebración de este día. Lee la información de la página web que aparece en la página siguiente y contesta las preguntas a continuación.

1. ¿Por qué es importante limpiar las tumbas de los familiares difuntos?

_____
_____
_____

2. ¿Por qué pasa la gente la noche del 1 de noviembre en el cementerio?

_____
_____
_____

3. ¿Con qué objetos decoran los altares? ¿Por qué?

_____
_____
_____

4. Después de leer esta breve descripción de las actividades asociadas con el Día de los Muertos, ¿qué otra información quieres saber?

_____
_____
_____

El Día de los Muertos

Tom Owen Edmunds/The Image Bank/Getty Images

❏ En preparación para la celebración y para honrar a los seres queridos difuntos, la gente limpia y adorna las tumbas. También se construyen altares que sirven como ofrendas y recuerdos de sus vidas.

age fotostock/SuperStock

❏ Se decoran los altares para los difuntos con flores, veladoras, calaveras de dulce, pan de muerto, papel con figuras y fotos de los familiares ya muertos. Según la tradición, cada cosa puesta en el altar tiene un significado especial para la familia.

❏ El día 31 de octubre las almas de los niños muertos vuelven a la tierra. Estas almas se van el día 1 de noviembre cuando llegan las almas de los adultos muertos. Sus familiares acuden en masa al cementerio donde pasan la noche para acompañar a los muertos antes de despedirse de ellos el día 2 de noviembre.

Otras páginas de interés:

Los orígenes prehispánicos

Las festividades en Michoacán

Receta para el pan de muerto

©Reuters/CORBIS

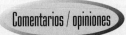

562439

Visitas desde noviembre de 2000.

4-16 ¿Recuerdas?

A. Según la información presentada en la clase sobre las dos perspectivas relacionadas con la muerte, ¿qué palabras de la siguiente lista asocias con cada perspectiva?

conmemorar	evitar	en voz baja
naturalidad	chistes	incómodo
personalizar	antinatural	aceptación
integral	festivo	honor

PERSPECTIVA 1: RITUALIZAR LA MUERTE	PERSPECTIVA 2: LA MUERTE ES TABÚ

B. ¿Con cuál perspectiva te identificas tú? ¿Por qué?

_____

_____

_____

_____

A escuchar

4-17 Una fiesta infantil. Vas a escuchar a una persona hablar de la Noche de las Brujas en Estados Unidos.

A. Escucha a la persona y anota la información indicada.

1. Una práctica que México y Estados Unidos tienen en común: _____

2. Un disfraz típico para los niños estadounidenses: _____

3. Un disfraz típico para las niñas: _____

4. En las casas embrujadas, los niños...

    a. piden caramelos.

    b. gritan y pasan mucho miedo.

5. El nombre del día cuando se conmemora a los muertos en EE. UU.: _____

B. ¿Estás de acuerdo con el narrador cuando dice que la Noche de las Brujas es una fiesta infantil? Explica tu opinión. ¿Celebras tú la Noche de las Brujas?

_____

_____

_____

_____

_____

_____

Gramática

The Imperfect Subjunctive in Noun Clauses

4-18 ¡A repasar las formas! Para conjugar verbos en el imperfecto del subjuntivo, es necesario saber las formas del pretérito. Completa los espacios en blanco con las formas indicadas del pretérito y, luego, el imperfecto del subjuntivo.

MODELO

Infinitivo: charlar
Pretérito (ellos/ustedes): charlaron
Imperfecto del subjuntivo (yo): charlara

---

1. Infinitivo: bailar

    Pretérito (ellos/ustedes): _____

    Imperfecto del subjuntivo (yo): _____

2. Infinitivo: beber

    Pretérito (ellos/ustedes): _____

    Imperfecto del subjuntivo (tú): _____

3. Infinitivo: salir

    Pretérito (ellos/ustedes): _____

    Imperfecto del subjuntivo (ella): _____

4. Infinitivo: hacer

Pretérito (ellos/ustedes): _____

Imperfecto del subjuntivo (yo): _____

5. Infinitivo: ser

Pretérito (ellos/ustedes): _____

Imperfecto del subjuntivo (ellos): _____

6. Infinitivo: estar

Pretérito (ellos/ustedes): _____

Imperfecto del subjuntivo (nosotros): _____

7. Infinitivo: poner

Pretérito (ellos/ustedes): _____

Imperfecto del subjuntivo (él): _____

8. Infinitivo: poder

Pretérito (ellos/ustedes): _____

Imperfecto del subjuntivo (yo): _____

4-19 ¡Sofía la quejona! Anoche, Sofía salió con su novio, Nico. Fueron a la casa de unos amigos de Nico. Sofía lo pasó muy mal allí, y después de una hora salió sola, sin Nico. Al día siguiente, Nico la llamó para ver por qué se fue. Completa cada queja (*complaint*) que Sofía tiene con la forma adecuada del verbo.

1. Me aburrió que tus amigos _____ el fútbol americano en la televisión en vez de charlar.

   a. mirara   **b.** miraras   **c.** miraran   **d.** mirarámos

2. Me molestó que todos _____ tanto.

   a. gritara   **b.** gritaran   **c.** gritaras   **d.** gritáramos

3. No me gustó que la comida _____ tan picante.

   a. fueras   **b.** fuéramos   **c.** fueran   **d.** fuera

4. Me chocó que nosotros no _____ más con tus amigos.

   a. charlara   **b.** charlaras   **c.** charláramos   **d.** charlaran

5. Me irritó que tus amigos _____ Pepsi y no CocaCola.

   a. sirvieran   **b.** sirviéramos   **c.** sirviera   **d.** sirvieras

6. Me sorprendió que no _____ otras chicas allí.

   a. hubiera   **b.** hubieran   **c.** hubieras   **d.** hubiéramos

4-20 ¡Hemos terminado! Nico ha decidido que no puede continuar con Sofía. Él le explica sus razones a su mejor amigo, Jake. Termina cada oración con una de las siguientes frases en el imperfecto del subjuntivo.

nunca estar feliz	no tener paciencia	ser muy crítica
no llevarse bien con mis amigos	no saber divertirse	

MODELO

No me gustó que ella se quejara tanto sobre todo.

1. Me molestó que _____

2. Me preocupó que _____

3. Me irritó que _____

4. Me sorprendió que _____

4-21 Una fiesta horrible. Cuatro compañeros de casa organizaron una fiesta anoche. Desafortunadamente, todo salió mal. Lee los problemas que tuvieron y cómo intentaron evitarlos. Después, completa los espacios con la forma apropiada del pasado del subjuntivo o el indicativo del verbo entre paréntesis.

Joaquín: "Yo les recomendé que (1) _____ *(invitar)* a menos personas. No tenemos mucho espacio en la casa y los vecinos siempre se quejan del ruido con tanta gente".

Eduardo: "Cuando hablé con la banda, dudaba que (2) _____ *(llegar)* a la hora indicada. Me dijeron que tenían otra fiesta antes de la nuestra".

Juan: "La verdad es que nosotros (3) _____ *(no comprar)* mucha comida y no hubo bastante para todos los invitados".

Alberto: "A mí me sorprendió que (4) _____ *(salir)* todo tan mal. Yo propongo organizar otra fiesta para el fin de semana próximo porque ahora sabemos cómo evitar problemas".

4-22 Reacciones. El año pasado unos amigos tuyos visitaron el estado de Michoacán, en México, para participar en la celebración del Día de los Muertos. Ahora uno de ellos te cuenta lo que pasó y su reacción personal. Completa sus oraciones usando el pretérito para el primer verbo y el pasado del subjuntivo para el segundo.

MODELO

sorprenderme / la gente construir altares para los muertos
Me sorprendió que la gente construyera altares para los muertos.

1. a Mark gustarle / las familias limpiar las tumbas

   _____

2. a nosotros entristecernos / los mexicanos hacer burlas de los muertos

   _____

3. ser interesante / participar (Helen) en la decoración de las tumbas en el cementerio

   _____

4. dudar (yo) / los altares ser una buena manera de honrar a los muertos

   _____

4-23 El insomnio. Lucía, la hija de Ana, sufre de insomnio. Para ayudarla a sentirse mejor, Ana le describe todas las cosas que le daban miedo cuando ella era niña. Une una expresión de la sección A con una expresión de la sección B para formar oraciones completas que describan los miedos de Ana cuando era niña.

A. Pon estas expresiones en el imperfecto del indicativo.

B. Pon estas expresiones en el imperfecto del subjuntivo.

Temer que
Dudar que
Tener miedo de que
Pedir que
(No) querer que
(No) gustarle que

haber / monstruos en el armario
pasar / cosas malas en la oscuridad
un cadáver / esconderse debajo de mi cuarto
mis padres / encender las luces
mi hermano / dormir en mi cuarto
mis padres / apagar las luces

MODELO

No me gustaba que aparecieran los fantasmas de noche.

1. _____

2. _____

3. _____

4. _____

5. _____

4-24 Recomendaciones. Estás trabajando como mentor/a para los nuevos estudiantes universitarios. Explícales qué recomendaciones recibiste antes de empezar tus estudios universitarios. Forma oraciones con la lista de personas en la primera columna y las sugerencias de la segunda.

PERSONAS	RECOMENDACIONES
❶ mis padres	① estudiar mucho en la biblioteca
❷ mi mejor amigo/a	② asistir a muchas fiestas para conocer a más personas
❸ mi/s hermano/s	
❹ mis amigos	③ no volver a casa durante los fines de semana
❺ mis maestros de la escuela secundaria	④ visitar a mis profesores durante las horas de oficina
❻ mis abuelos	⑤ vivir en la residencia estudiantil el primer año
❼ ¿otras personas? _____	⑥ no comer la comida de la residencia
_____	⑦ ¿otras sugerencias? _____
	_____

MODELO

Recomendar
Mi hermano me recomendó que fuera a muchas fiestas para conocer a más personas.

1. aconsejar: _____

_____

2. sugerir: _____

_____

3. exigir: _____

_____

4. decir: _____

_____

4-25 Duda. Cuando tus amigos y tú consultaron a una adivina el año pasado, estas son las cosas que les dijo. Completa las oraciones de abajo expresando tus dudas con el pretérito y el pasado del subjuntivo, según el modelo.

MODELO

Cuando la adivina nos dijo que mi amiga encontraría un novio antes de la Navidad yo (dudar)...
dudé que lo encontrara.

Cuando la adivina nos dijo...

1. que sacaríamos buenas notas en la clase de español yo (no creer que)...

_____

2. que mi familia se mudaría de casa antes de terminar el año, mis amigos (negar) la posibilidad de que...

_____

_____

3. que nosotros haríamos un viaje al Caribe durante el verano, mi amigo (dudar)...

_____

_____

4. que mis hermanos se casarían antes de terminar el verano, yo (no pensar que)...

_____

_____

Redacción

4-26 Perspectivas diferentes. En el periódico de tu universidad encuentras esta carta al editor.

> La semana pasada tuve la oportunidad de viajar a Michoacán, México para celebrar el Día de los Muertos. Me considero una persona abierta a otras costumbres e ideas, pero esta fiesta, en mi opinión, fue de muy mal gusto. Me sorprendió mucho la falta de respeto que mostraron los mexicanos hacia los muertos, con sus burlas, y su tratamiento ligero de la muerte, como algo divertido en vez de algo serio, merecedor de nuestro respeto. No les recomiendo asistir a esta celebración.

Según lo que ya sabes sobre la actitud mexicana hacia la muerte y la importancia de la celebración del Día de los Muertos en esta cultura, responde a la carta. En tu respuesta contesta las preguntas a continuación y recuerda las expresiones de acuerdo y desacuerdo de tu libro de texto.

1. ¿Cómo reaccionaste al leer la carta?

2. ¿Cómo explicas la celebración y su significado cultural?

3. ¿Recomiendas que la gente vaya o no a la celebración? ¿Por qué?

_____

_____

_____

_____

_____

_____

_____

Nombre: _____ Fecha: _____ Clase: _____

A escuchar

4-27 Expresar acuerdo y desacuerdo enfáticamente. Vas a escuchar una conversación entre Antonio y Miguel, quienes no se pueden poner de acuerdo sobre qué hacer.

A. Escucha la conversación e indica el orden (del 1 al 6) en que se usan las expresiones de la lista.

a. _____ Lo que dices no tiene ningún sentido.

b. _____ No tienes ninguna razón.

c. _____ Eso es absolutamente falso.

d. _____ Me parece que es una idea malísima.

e. _____ Exactamente, eso mismo pienso yo.

f. _____ Por supuesto que sí.

B. Escucha otra vez y anota dos argumentos que usa Antonio para defender las corridas de toros y dos que usa Miguel para criticarlas.

Antonio (a favor de las corridas): 1. _____

2. _____

Miguel (en contra de las corridas): 1. _____

2. _____

TEMA 3 Nuestras celebraciones

Vocabulario del tema

4-28 Las fiestas de santos. El párrafo de abajo explica las celebraciones religiosas que presenta tu libro de texto. Para repasar el vocabulario, escribe la forma correcta de la palabra apropiada en los espacios en blanco.

tamales	idiosincrasia	asar
días festivos	campesinos	madrugada
canonizar	embarazadas	tumba

Las celebraciones nacionales o **1.** _____ del mundo de habla hispana son numerosas y variadas. Reflejan la **2.** _____ de cada país. Muchas de ellas son fiestas patronales que celebran el santo patrón, o el santo protector, de cierto tipo de personas: por ejemplo, las mujeres **3.** _____ o los **4.** _____ . Los santos son personas que la Iglesia católica ha **5.** _____ por su vida y muerte extraordinarias. Un santo hace milagros y su cadáver se queda incorrupto en la **6.** _____ . La manera en que se celebra a estas figuras varía según la región. Los **7.** _____ son una comida que se prepara durante la fiesta de San Isidro en Oaxaca, México, y en España se **8.** _____ sardinas en la playa la noche de San Juan hasta la **9.** _____ .

4-29 ¿Recuerdas? Las siguientes oraciones narran los eventos más importantes de la vida de San Isidro Labrador. Pon en orden los eventos del 1 al 6.

_____ Aprendió los principios de la religión católica.

_____ Se levantaba muy de madrugada para asistir a misa antes de ir a su trabajo.

_____ Nació en una familia de campesinos pobres.

_____ La iglesia lo canonizó.

_____ Se casó con una campesina.

_____ Lo sepultaron en el año 1130.

Nombre: _____ Fecha: _____ Clase: _____

A escuchar

4-30 La Virgen del Pilar. Vas a escuchar la historia de otra santa católica.

A. Indica si la información es cierta (**C**) o falsa (**F**) de acuerdo al texto. Si es falsa, corrígela.

1. _____ La leyenda de la Virgen del Pilar data del siglo XX.

   ¿Corrección? _____

2. _____ Solamente una persona presenció la aparición de la Virgen del Pilar.

   ¿Corrección? _____

3. _____ La Virgen pidió que Santiago le construyera una iglesia.

   ¿Corrección? _____

4. _____ La aparición de la Virgen ocurrió después de la muerte de María.

   ¿Corrección? _____

5. _____ Un milagro famoso de la Virgen es la restauración de una pierna amputada.

   ¿Corrección? _____

6. _____ La fiesta del Pilar es el 12 de octubre.

   ¿Corrección? _____

B. Escucha otra vez e indica la persona que se asocia con las siguientes acciones: La Virgen del Pilar (**V**), Santiago (**S**) o el hombre de la pierna amputada (**H**).

1. _____ Predicar el evangelio en España.
2. _____ Construir una iglesia.
3. _____ Aparecer sobre un pilar.
4. _____ Soñar que visitaba la basílica.

Gramática

Formal and Informal Commands to Get People to Do Things for You or Others

4-31 ¿Formal o informal? Indica si los siguientes mandatos son (**F**) formales o (**I**) informales.

1. _____ Vaya a los sanfermines.
2. _____ Pon la mesa.
3. _____ No comáis dulces antes de la cena.
4. _____ Pruebe estas sardinas.
5. _____ Mezcle bien todos los ingredientes.
6. _____ ¡Ven a la celebración!

4-32 Una mezcla de mandatos. Selecciona el mandato adecuado para cada contexto.

1. Paquito, ¡ _____ toda la sopa!

   a. coma   **b.** come   **c.** comed   **d.** coman

2. Estudiantes, por favor _____ su tarea para mañana.

   a. complete   **b.** completen   **c.** completa   **d.** completad

Tema 3   Nuestras celebraciones   **117**

3. Amigos, ¡ _____ a mi fiesta de cumpleaños esta noche! (España)

    a. vengan   **b.** ven   **c.** venga   **d.** venid

4. Profesora, _____ esta excusa que tengo del médico.

    a. mirad   **b.** mira   **c.** mire   **d.** miren

4-33 Situaciones. ¿Qué mandato usarías en cada situación? Lee las descripciones y después escribe el verbo en negrita como mandato formal o informal, afirmativo o negativo según el contexto.

1. Bill es un estudiante universitario que vuelve a casa el fin de semana. Su madre lo encuentra fumando un cigarrillo. Le pide **no fumar.**

    No fumar = _____

2. Entras al baño en un restaurante y hay un letrero dirigido a los empleados que dice: Favor de **lavarse las manos.**

    Lavarse las manos: _____

3. En una biblioteca una señora mayor está riéndose mucho y haciendo mucho ruido. Una joven se acerca y le pide **no hacer ruido.**

    No hacer ruido: _____

4. Una niña le ha mentido a su madre. La madre le pide **decir la verdad.**

    Decir la verdad: _____

4-34 Pan de muertos. Tu clase de español está organizando una fiesta para celebrar el Día de los Muertos. Tu profesor/a necesita una receta para el pan de muertos. Llena los espacios en blanco con la forma apropiada de los mandatos para completar la receta. Recuerda que es importante dirigirte a tu profesor/a formalmente.

    1. _____ (mezclar) todos los ingredientes secos menos la harina.

    2. _____ (calentar) la leche, el agua y la mantequilla. _____ (agregar) la mezcla líquida a los ingredientes del Paso 1.

    3. _____ (batirlo) bien.

    4. _____ (añadir) los huevos y harina _____ (mezclarlo) bien, agregando poco a poco toda la harina.

    5. _____ (dejar) la masa hasta que haya crecido el doble de su tamaño.

    6. _____ (formar) las calaveras con la masa.

    7. _____ (dejar) que repose una hora más.

    8. _____ (hornear) a 350 °F durante 40 minutos.

    9. _____ (poner) las decoraciones.

    10. _____ (servirlo) a sus amigos.

Nombre: _____ Fecha: _____ Clase: _____

4-35 Estudiantes problemáticos. Este profesor de la escuela secundaria tiene algunos estudiantes que no se comportan muy bien y que no lo escuchan. Escribe sus órdenes de nuevo, usando mandatos informales y pronombres cuando sea apropiado, para que sus estudiantes se comporten mejor.

1. "Carlos, nunca vienes a clase preparado. **Quiero que siempre hagas la tarea**".

   _____

2. "Marta, siempre sales de la clase cinco minutos antes. **No puedes salir hasta terminar la clase**".

   _____

3. "Ayer vosotros no me disteis la tarea. **Hoy, ponéis la tarea en la mesa antes de salir**".

   _____

4. "John, te pedí escribir la respuesta en la pizarra. **Quiero que vayas a la pizarra ahora mismo**".

   _____

4-36 ¡A Pamplona! Un amigo tuyo va a Pamplona para participar en los sanfermines este verano. Él sabe que estudiaste los sanfermines en tu clase de español, y quiere saber qué debe hacer para disfrutar la experiencia. Tú le das recomendaciones, usando *mandatos informales* y las siguientes expresiones:

despertarse al amanecer	asistir al encierro	probar la comida pamplonesa
mirar el desfile	ir a la corrida de toros	¡(no) correr con los toros!

MODELO

Visita la estatua de San Fermín.

1. _____
2. _____
3. _____
4. _____
5. _____
6. _____

4-37 Consejos útiles. Los estudiantes están nerviosos porque mañana tienen su primer examen de español. ¿Qué consejos les da la profesora para ayudarlos en su preparación? Usando los verbos dados, escribe una recomendación siguiendo el modelo.

MODELO

leer
Lean otra vez el capítulo del libro de texto.

1. estudiar: _____

2. memorizar: _____

3. escribir: _____

4. practicar: _____

4-38 Una situación incómoda. Es el Día de los Enamorados y Lucy llama a su novio para saber cuál es el plan para la noche. Su novio, Luis, le dice que está muy enfermo y que necesita quedarse en casa para dormir. Después, Lucy llama a sus amigas y deciden ir juntas a su restaurante mexicano favorito, La Piñata. Cuando las chicas entran en el restaurante, ¡ven a Luis charlando y bebiendo margaritas con otra chica! ¿Qué debe hacer Lucy? Dale cuatro *mandatos informales*.

MODELO

¡Sal del restaurante inmediatamente!

1. _____

2. _____

3. _____

4. _____

Redacción

4-39 Celebraciones religiosas en tu campus. El periódico de tu universidad va a publicar un suplemento especial que trata sobre la diversidad de religiones que se practican en tu universidad. Escribe un artículo que describa brevemente la importancia de estas celebraciones y las diferentes actividades asociadas con ellas en tu campus universitario.

_____

_____

_____

_____

_____

_____

_____

_____

_____

_____

_____

_____

_____

Nombre: _____ Fecha: _____ Clase: _____

A escuchar

4-40 Expresar compasión, sorpresa y alegría. Vas a escuchar a dos personas describir experiencias que han tenido recientemente.

A. Indica la expresión de compasión, sorpresa o alegría que se usa para las experiencias de la lista. A veces, se usan dos expresiones para reaccionar a una experiencia. Otras expresiones no se usan.

1. _____ Mercedes ha tenido muchos problemas esta semana.

2. _____ El auto de Mercedes se descompuso.

3. _____ Mercedes se perdió su examen final.

4. _____ Gerardo ganó la lotería

    a. ¡Pobre mujer!

    b. ¡Qué desgracia!

    c. Me puedo poner en tu lugar.

    d. ¿De verdad?

    e. ¿En serio?

    f. ¡No me digas!

    g. ¡Cuánto me alegro!

    h. ¡Qué bueno!

    i. ¡Qué bien!

    j. Pues, me alegro mucho.

B. Escucha otra vez para comprobar las respuestas.

Más allá de las palabras

Ven a conocer

4-41 Los Sanfermines

A. Completa el párrafo con la forma correcta de cada palabra o frase de la lista.

aglomeración	poco a poco	fuegos artificiales	rendir
trasladarse	impactar	perderse en la historia	

Los orígenes de la fiesta pamplonesa ya no se conocen porque muchos detalles
1. _____ . Sin embargo, sabemos que la fiesta se celebraba en octubre y que
2. _____ a julio. Otro hecho histórico es la influencia de Ernest Hemingway. Él
regresó a los Sanfermines en varias ocasiones y la fiesta le **3.** _____ tanto que
su novela *The Sun Also Rises* tiene lugar en Pamplona. La ciudad de Pamplona
4. _____ homenaje a Hemingway con la inauguración de un monumento junto
a la plaza de toros. A través de los años, la fiesta ha cambiado **5.** _____ . Una
adición impresionante ha sido el espectáculo de **6.** _____ cada noche en el
Parque de la Ciudadela. La luz y color producen el asombro de todos. El cambio más
negativo ha sido el excesivo número de personas que acuden a la fiesta cada año. Esta
7. _____ es peligrosa y molesta.

B. Con toda la información que tienes sobre los Sanfermines, ¿quieres asistir a esta fiesta? ¿Por qué?

_____

_____

_____

Nombre: _____ Fecha: _____ Clase: _____

4-42 Otra fiesta. Vas a escuchar a una mujer hablar de una fiesta a la que iba cuando era joven.

A. Ideas principales. Indica la idea correcta en cada caso.

1. a. La mujer describe una fiesta española.

   b. La mujer describe una fiesta latinoamericana.

2. a. La historia ocurrió el año pasado.

   b. La historia ocurrió hace muchos años.

3. a. La "vendimia" se refiere al aspecto religioso de la fiesta y a la Virgen del Pilar.

   b. La "vendimia" se refiere a la cosecha de uvas y la producción de vino en la región.

4. a. La experiencia de la mujer en esta fiesta es negativa.

   b. La experiencia de la mujer en esta fiesta es positiva.

B. Detalles importantes. La mujer narra una historia que ocurrió un año en la Fiesta de la Vendimia. Pon las siguientes acciones en orden del 1 al 6, según su historia.

a. _____ Salió rápido de la plaza de toros.

b. _____ Su amiga sugirió entrar en la plaza.

c. _____ Comenzó a caminar hacia el barril.

d. _____ Un novillo le miró a los ojos.

e. _____ Los jóvenes gritaron "vosotras, fuera".

f. _____ Tuvo miedo.

C. Definiciones. ¿Qué significan las siguientes palabras o expresiones en el contexto de la Fiesta de la Vendimia?

1. El encierro

   a. Encerrar a una manada de toros en la plaza de toros.

   b. Correr con los toros en la calle de la ciudad.

2. Los novillos

   a. Los nervios; el estado nervioso que produce estar en la plaza con los toros.

   b. Los toros jóvenes que estaban en la plaza de toros.

3. La valla

   a. Barrera entre la plaza de toros y los espectadores.

   b. Sinónimo de "barril"; recipiente que contiene vino.

D. Aplicación. ¿Es "el encierro" que describe la mujer igual al encierro de los Sanfermines en Pamplona? ¿Qué es similar y qué es diferente?

_____

_____

_____

_____

E. Atención a los verbos. Vas a escuchar algunas oraciones del pasaje. Identifica si los verbos de la cláusula subordinada están en presente o pasado del subjuntivo.

Oración 1: presente del subjuntivo pasado del subjuntivo

Oración 2: presente del subjuntivo pasado del subjuntivo

Oración 3: presente del subjuntivo pasado del subjuntivo

Oración 4: presente del subjuntivo pasado del subjuntivo

El escritor tiene la palabra

4-43 Las técnicas poéticas del barroco. En esta sección, vas a explorar más a fondo el arte poético de Sor Juana Inés de la Cruz. Para responder a las preguntas, debes consultar el poema *En perseguirme, Mundo, ¿qué interesas?* en tu libro de texto.

El barroco. Este término se refiere al estilo literario particular del siglo XVII, cuando escribía Sor Juana. La poesía barroca se caracteriza por su riqueza de metáforas, su abundancia de dobles sentidos y su densidad de técnicas poéticas.

La estructura del soneto. El poema es un soneto, una de las formas poéticas más comunes del siglo XVII. El soneto consiste en dos cuartetos (estrofas de cuatro versos) y dos tercetos (estrofas de tres versos).

La rima. Los versos de un soneto riman (los últimos sonidos de varios versos terminan con los mismos sonidos). Indicamos la rima de un poema con letras: a los versos que riman se les asigna la misma letra. La rima del primer cuarteto es de ABBA (-esas, -ento, -ezas).

1. Indica con letras la rima del segundo cuarteto: _____

   ¿Qué sonidos riman? _____

2. ¿Y en el primer terceto? (letras y sonidos) _____

3. ¿El segundo terceto? (letras y sonidos) _____

El doble sentido y el quiasmo. Los dos últimos versos de cada cuarteto usan una técnica llamada "quiasmo", en que el orden de dos palabras del tercer verso se invierte en el cuarto verso. En el primer cuarteto: bellezas… entendimiento / entendimiento… bellezas. Además, la palabra "bellezas" se usa con un doble sentido: el primer uso tiene un significado espiritual y el segundo tiene un significado material.

1. Explica el quiasmo y el doble sentido del segundo cuarteto. ¿Qué palabras forman el quiasmo? ¿Qué palabra cambia de sentido? ¿Cuáles son los dos significados?

   _____

   _____

El apóstrofe. En casi todo el poema, la autora se describe a sí misma como alguien que valora lo espiritual y lo intelectual sobre lo material. Sin embargo, en el primer verso sabemos que el mundo la persigue. Ese primer verso es un ejemplo de la técnica poética llamada "apóstrofe": la hablante se dirige a alguien o, en este caso, algo: el mundo. En el apóstrofe ella le pregunta al mundo por qué la persigue. Explica el conflicto o la dificultad de la situación: una religiosa con valores espirituales fuertes perseguida por "el mundo".

_____

_____

_____

4-44 Mi diario literario. Escribe en el espacio de abajo tu reacción personal al poema. Considera las siguientes preguntas:

- El tema del poema: en tu opinión, ¿cuál es la idea que Sor Juana quería comunicar?
- Dificultades: ¿Hay partes del poema que no entendiste bien? Explica cuáles son y por qué crees que te han causado problemas.
- Reacción personal: ¿Te gusta el poema? ¿Tienes el mismo conflicto que Sor Juana en tu vida personal? ¿Hay fuerzas que te impiden vivir como tú quieres? ¿Hay influencias que te impiden respetar tus valores?

_____

_____

_____

_____

_____

_____

_____

_____

Para escribir mejor

La letra *h*

La **h** no se pronuncia, como en la palabra *honor* en inglés. Por eso causa problemas de ortografía. Las siguientes reglas te ayudarán a saber cuándo se escribe **h** y cuándo no, para así evitar malentendidos.

1. Con las palabras que tienen diptongos, cuando la primera vocal es **i** o **u** se usa la **h.**
   En este caso no importa si viene el diptongo al principio o en el medio de la palabra.

   EJEMPLOS: **hue**vos, **hie**lo, caca**hue**te

2. La mayoría de los **derivados** (una palabra que viene de otra) y los **compuestos** (las palabras formadas de dos palabras) se escriben con **h** para mantener su ortografía.

   EJEMPLOS: **hu**mano > in**hu**mano
   humedad > **hú**medo

   Hay algunas excepciones a esta regla.

   EJEMPLO: **hú**erfano > **o**rfanato

3. Se usa **h** con los prefijos **hipo-**, **hidro-**, **hemi-**, **hecto-**, **homo-**.

EJEMPLOS: **hipo**cresía, **hidró**lisis, **hemi**sferio, **hecto**grama, **homó**nimo

4. Se usa **h** con los derivados de verbos.

EJEMPLOS: hacer: hay, he, había, habrá, haya,…
honrar: honra, honrará, honre,…

4-45 Práctica. Lee las siguientes oraciones escribiendo o eliminando la **h.**

1. La tarea para esta semana ya está echa pero todavía no e terminado la de la semana siguiente.

2. Es importante como estudiante tener la abilidad de manejar bien el tiempo.

3. La ermosa huésped se fue al ospital después de comer los uevos dañados.

4. La actriz tiene un ueso en la mano.

Cuidado: A veces escribir mal la palabra puede causar confusión. Observa la diferencia entre las palabras siguientes:

abría = imperfecto del verbo *abrir*
habría = imperfecto del verbo *haber*

4-46 Práctica. Escribe el homófono de las siguientes palabras.

1. echo = _____

2. hola = _____

3. asta = _____

4. rehusar = _____

Cuidado: La pronunciación de las palabras **a** y **ha** es igual pero su significado es muy diferente. Para evitar confusión en la escritura es importante recordar sus significados.

- La preposición **a** expresa dirección, movimiento, lugar, distancia, hora o método.

EJEMPLOS: **1.** Vamos **a** la playa para descansar.
2. Bajamos **a**l primer piso.
3. La clase empieza **a** las diez.
4. El edificio está **a** dos cuadras.

- **Ha** viene del verbo haber. Se usa **ha** con el presente perfecto del indicativo antes de un participio.

EJEMPLO: Ella **ha** estudiado por dos horas.

4-47 Práctica. Para completar las siguientes oraciones escribe **a** o **ha,** según el caso.

1. La hija _____ honrado a su madre en el Día de los Muertos.

2. La fiesta de María termina _____ las 11:00.

3. El pueblo _____ celebrado a su santo patrón.

4. Cuando eran niños caminaban _____ la escuela.

El uso de *y* y *e, o* y *u*

Por una cuestión de pronunciación cuando la **y** está delante de **i** o **hi,** cambia a **e.**

EJEMPLOS: Mark **e** Isabel asistieron a la fiesta de la Noche de las Brujas.
Madre **e** hija celebraron su santo ayer.

También por una cuestión de pronunciación cuando la **o** está delante de **o** u **ho,** cambia a **u.**

EJEMPLOS: La fiesta empezará a las siete **u** ocho.
La fiesta del Día de los Muertos es una manera de conmemorar
u honrar a los muertos.

4-48 Práctica

A. Completa las siguientes oraciones con **y** o **e.**

1. El mes próximo los estudiantes viajarán al Caribe para descansar _____ intentar olvidar el

   estrés del fin de curso.

2. Durante su viaje se divertirán _____ descansarán.

B. Completa las siguientes oraciones con **o** o **u.**

1. Los estudiantes no volverán hasta el día siete _____ ocho.

2. No están seguros de si irán a México _____ a Jamaica.

Para pronunciar mejor

p, t, c + a, o, u and *qu + e, i*

- These sounds are never pronounced with the puff of air that characterizes the similar English sounds. In order to avoid the puff of air, you must tense your lips, tongue or velum (the soft area at the top and towards the back of the mouth).

- The puff is more difficult to control in stressed syllables.

- Because of the absence of puff, the sounds represented by **p, t, c + a, o, u** and **qu + e, i** may at times be perceived by your ear as **b, d g + a, o, u** or **gu + e, i.**

- Notice the two spellings ("c" and "qu") for the same consonant sound (/k/), as shown in these examples: **ca**sa, **co**la, a**cu**sar, a**que**l, a**quí**.

4-49 Identificar. Listen to the recording and circle the word you hear. Notice the lack of puff in each case.

1. pan   van

2. boca   poca

3. gol   col

4. toma   doma

5. don   ton

4-50 Repetir. Listen to the recording and pronounce these English/Spanish pairs. You must tense your lips, tongue or velum to pronounce the Spanish word accurately, without puff.

1. *pistol*   pistola

2. *pope*   papa

3. *tennis*   tenis

4. *detail*   detalle

5. *quiet*   quieto

6. *case*   caso

4-51 Repetir. Listen to the recording and repeat. You must tense your tongue or velum to pronounce each word accurately, without puff.

1. tomate

2. total

3. tetera

4. cola

5. coco

6. queso

4-52 Repetir. Repeat each proverb after the recording. Practice each one of them until you can recite them from memory.

1. Quien se casa quiere casa *(Whoever marries wants his/her own house)*

2. El que se casa por todo pasa *(He who marries tolerates and suffers everything)*

3. Un ten con ten para todo está bien *(A give and take is good for everything)*

4-53 Repetir. Repeat each line after the recording, then sing the entire song along with the recording. Be careful to pronounce all the sounds spelled with **p, t, cu** and **ca** without puff.

La cucaracha, la cucaracha

ya no puede caminar

porque no tiene

porque le faltan

las dos patitas de atrás.

NUESTRA HERENCIA INDÍGENA, AFRICANA Y ESPAÑOLA

1 Antes de 1492: La gente
de América   130

2 1492: El encuentro de
dos mundos   139

3 El crisol de tres pueblos   149

Más allá de las palabras   157

TEMA **1** Antes de 1492: la gente de América

Vocabulario del tema

5-1 ¿Cuánto sabes sobre geografía? Vas a poner a prueba tus conocimientos de geografía.

A. Identifica los continentes de Norteamérica, Sudamérica, Asia, África, Europa, Oceanía y Antártida en el mapa. Después, identifica los océanos Atlántico y Pacífico y el mar Mediterráneo.

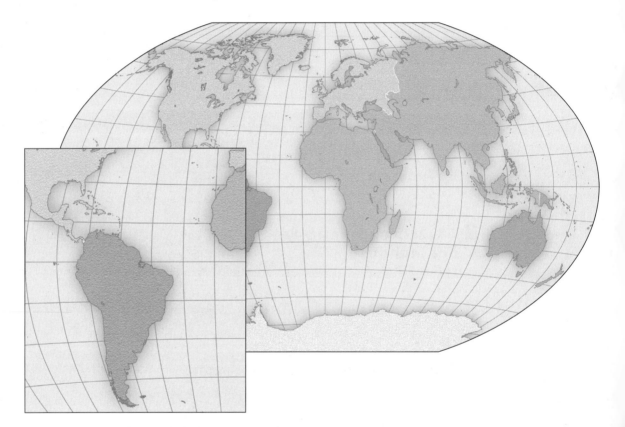

B. Ahora, usando el mapa y tu conocimiento previo completa las siguientes oraciones.

1. Para viajar de Europa a las Américas, Cristóbal Colón cruzó el _____.

2. Los primeros habitantes del continente americano migraron de Asia a _____ por un brazo de tierra llamado Bering.

3. Los europeos exploraron el norte de África cruzando el _____.

4. Los incas eran una civilización indígena de _____.

C. Para saber más sobre las Américas en el año 1492, completa estos pasos usando el mapa de la parte A.

1. Marca España, de donde salió Colón en su viaje al Nuevo Mundo.
2. Marca la ubicación de las tres civilizaciones americanas más avanzadas:
   a. Los aztecas: se establecieron en el Valle Central de México.
   b. Los mayas: su territorio incluía la Península de Yucatán y los países de Guatemala, Belice y partes de Honduras y El Salvador.
   c. Los incas: su reino se extendía desde Perú a partes de Bolivia y Chile.
3. Cuando Colón viajó a las Américas llegó primero al mar Caribe. Márcalo.

5-2 ¿Recuerdas? En años recientes, los arqueólogos han aprendido mucho sobre los primeros habitantes del continente americano. Aquí tienes una lista de ideas erróneas que antes se consideraban ciertas. Explica en cada caso por qué la idea es falsa.

1. La llegada de los indígenas desde Asia al continente americano es relativamente reciente en la historia de la humanidad.

_____

_____

2. El descubrimiento de América ocurrió en 1492.

_____

_____

3. No había mucha variedad entre las tribus indígenas del continente: eran nómadas y sus sociedades no eran complejas.

_____

_____

4. Las sociedades indígenas precolombinas más avanzadas no llegaron a tener la sofisticación de la sociedad europea de la época.

_____

_____

5. Cuando los españoles llegaron a América, el continente estaba escasamente *(sparsely)* poblado.

_____

_____

6. Los indígenas precolombinos no sabían leer, escribir, contar o construir.

_____

_____

A escuchar

5-3 Otras palabras problemáticas. Vas a escuchar a una profesora de historia hablar de la terminología imprecisa que se usa para describir los eventos de 1492.

A. Escucha y selecciona la idea general que expresa la profesora sobre cada término.

1. El término *indios:*

   a. Los indígenas americanos lo usan con orgullo.

   b. Es sinónimo de "americano nativo".

2. El término *América:*

   a. Se refiere a la primera persona que llegó al continente.

   b. Todos lo usan porque no hay alternativa.

3. El término *descubrimiento:*

   a. Expresa el punto de vista europeo.

   b. Pone énfasis en la violencia del momento del primer contacto.

B. Escucha otra vez y responde a las preguntas siguientes.

1. ¿Por qué no usan los indígenas americanos el término "americano nativo"?

   _____

   _____

2. ¿Por qué parece absurdo llamar "América" a todo el continente?

   _____

   _____

3. De los tres términos mencionados para hablar del primer contacto entre europeos e indígenas (descubrimiento, conquista, encuentro), ¿cuál prefieres tú? ¿Por qué?

   _____

   _____

Gramática

The Future to Talk about Plans

5-4 ¡Qué pesados los verbos irregulares! En el tiempo futuro, hay varios verbos irregulares. Para practicarlos, completa las oraciones con las formas de futuro del verbo entre paréntesis.

> **MODELO**
>
> Tú _____ (venir) a nuestra fiesta mañana.
> Tú **vendrás** a nuestra fiesta mañana.

1. Mi profesora _____ (poner) mucha tarea esta semana.

2. _____ (haber) turistas en la luna en el futuro.

3. Nuestro profesor _____ (salir) de vacaciones la próxima semana.

4. Mis compañeros _____ (hacer) toda la tarea hoy.

5. Yo prometo que siempre _____ (decir) la verdad.

6. Mi compañero de apartamento no _____ (poder) manejar esta semana.

7. Tú _____ (saber) más español al final del semestre.

8. Mis compañeros de clase y yo _____ (tener) buenas calificaciones en esta clase.

9. En el futuro yo _____ (querer) tener un carro mejor.

5-5 Las profecías. ¿Cómo será el futuro del mundo? Empareja las expresiones de la Columna A con las expresiones de la Columna B para formar oraciones completas y lógicas.

A	B
1. No habrá. . .	**a.** sus conflictos.
2. Los científicos descubrirán. . .	**b.** pobreza en el mundo.
3. Todos los países del mundo se unirán. . .	**c.** para formar un solo país.
4. La tercera guerra mundial no tendrá lugar. . .	**d.** la cura para el cáncer.
5. Los países de Oriente Medio resolverán. . .	**e.** dentro de treinta años.

5-6 Horóscopo. Completa los espacios con la forma correcta del verbo en el futuro.

CAPRICORNIO

Ud. **1.** _____ (tener) mucho éxito en un proyecto personal este mes. Cuidado, **2.** _____ (sufrir) problemas económicos. Ahora no **3.** _____ (ser) el mejor momento para invertir dinero.

ACUARIO

Ud. **4.** _____ (recibir) mucho dinero. Con él, Ud. y sus amigos **5.** _____ (hacer) un viaje al Caribe.

CÁNCER

Su vida personal **6.** _____ (cambiar) este mes porque **7.** _____ (conocer) a una persona nueva. Al mismo tiempo **8.** _____ (perder) a un viejo amigo.

LEO

Ud. **9.** _____ (sacar) muy malas notas este mes. No se desanime, al final del mes sus padres le **10.** _____ (dar) buenas noticias.

5-7 ¿La vida en otros planetas? Tres amigos acaban de ver la película *Avatar*. Después de verla, ellos charlan sobre la vida en otros planetas. Completa las oraciones con la forma adecuada del verbo en el futuro.

Juanito: Personalmente, creo que en el futuro nosotros **1.** _____ (descubrir) muchos planetas donde habitan los extraterrestres.

Marta: Pero, ¿crees que alguien de nuestra sociedad **2.** _____ (colonizar) estas comunidades de extraterrestres?

Victor: No, no creo. Aprendimos nuestras lecciones del pasado sobre la colonización. Creo que algunos representantes de nuestra sociedad **3.** _____ (viajar) en naves espaciales a otros planetas, y ellos **4.** _____ (establecer) relaciones diplomáticas y amigables con los extraterrestres.

Juanito: Victor, ¡no seas ingenuo! Tú sabes que si los representantes de nuestra sociedad van a otra galaxia, ¡ellos **5.** _____ (tratar) de robar el territorio de sus habitantes, como todos los conquistadores del pasado!

Marta: Ay chicos, ¡ustedes dos nunca **6.** _____ (estar) de acuerdo!

5-8 Metas futuras.

A. Eres un/a padre/madre que vive en la época de los aztecas o los mayas antes del encuentro con los europeos. ¿Cuáles serán tus metas para el futuro de tus hijos?

Mis hijos...

1. (ser) agricultores y siempre (tener) mucha comida

_____.

2. (asistir) a la escuela de entrenamiento para guerreros

_____.

3. (comportarse) bien y (seguir) las leyes de la sociedad

_____.

4. (aprender) las danzas religiosas

_____.

5-9 Mis metas.

A. ¿Qué metas tienes para tu futuro? Marca con una **X** cuatro de las más relevantes.

_____ casarse   _____ tener muchos hijos

_____ graduarse de la universidad   _____ ganar mucho dinero

_____ trabajar muchas horas   _____ viajar por el mundo

_____ comprar una casa grande   _____ vivir cerca de mis padres

B. ¿En qué orden piensas cumplir tus metas? Escribe una lista cronológica, usando verbos en el **futuro**.

1. _____

2. _____

3. _____

4. _____

5-10 Después de graduarnos. Escribe tres predicciones sobre tu vida social, académica, familiar, financiera, etc. y la de tu grupo de amigos después de la graduación. Usa **el futuro** y el sujeto **"nosotros"**.

> **MODELO**
>
> Nosotros conseguiremos los trabajos de nuestros sueños.

1. _____

2. _____

3. _____

5-11 El mundo en el año 3000. ¿Cómo crees que será el mundo en el año 3000? Escribe tus ideas usando verbos en **el futuro.**

> **MODELO**
>
> Todos los carros serán eléctricos y se manejarán automáticamente.
> ¡Nadie tendrá que aprender a manejar!

_____

_____

_____

_____

Redacción

5-12 Una reunión importante. Mañana, Moctezuma, el emperador de los aztecas, y Hernán Cortés, el conquistador de los aztecas, discuten su relación futura y cómo evitar una guerra. Los dos tienen ideas muy diferentes. Moctezuma propone su plan primero y Cortés le responde. Escribe el plan de Moctezuma y la respuesta de Cortés incorporando las expresiones de la lista y otras del *Vocabulario para conversar* de tu libro de texto.

> **Expresiones:**
> ① Le propongo este plan…
> ② Yo le daré… y a cambio Ud. me dará…
> ③ Esto nos beneficiará a los dos porque…
> ④ Piense lo que pasará si…
> ⑤ Mi plan tendrá consecuencias negativas/positivas porque…
> ⑥ Creo que mi plan es acertado porque…

El emperador Moctezuma:

_____
_____
_____
_____
_____
_____
_____
_____

Hernán Cortés:

_____
_____
_____
_____
_____
_____
_____
_____
_____

A escuchar

5-13 Convencer o persuadir. Vas a escuchar una conversación entre un marciano con intenciones hostiles y el presidente de la Organización de las Naciones Unidas (ONU).

A. Escucha la conversación e indica las personas que usan las expresiones siguientes. Identifica al marciano con una **M** y al presidente de la ONU con una **P**.

a. _____ Le propongo este plan…

b. _____ Yo le doy… y a cambio usted me da…

c. _____ Le invito a cenar en un restaurante…

d. _____ Mi plan tendrá consecuencias graves para…

e. _____ Esto nos beneficiará a los dos porque…

f. _____ Piense lo que sucederá si…

g. _____ Admiro su valentía…

B. Escucha otra vez para comprobar tus respuestas.

TEMA 2 — 1492: El encuentro de dos mundos

Vocabulario del tema

5-14 Un viaje al Nuevo Mundo.

A. Serás capitán/capitana de una carabela que saldrá de España para explorar el Nuevo Mundo. Tienes que preparar tu nave con el equipo necesario para el viaje. Por cuestión de espacio, solo puedes llevar contigo cinco objetos. Elige con una ✓ cinco objetos de la lista a continuación:

❐ una espada

❐ un mapa

❐ un mástil de repuesto *(spare)*

❐ una brújula

❐ una vela de repuesto

❐ un traje formal

❐ un reloj de arena

❐ un reloj de sol

❐ un diario

❐ regalos para tu tripulación

B. Justifica tus decisiones explicando para qué sirve el objeto y por qué lo has elegido.

1. _____

_____

2. _____

_____

3. _____

_____

4. _____

_____

5. _____

_____

5-15 Primeras impresiones. En los manuscritos antiguos se encuentran muchas representaciones del primer encuentro entre los indígenas y los hombres de Colón. Describe la escena usando la ilustración, el vocabulario dado y tus propias ideas e interpretaciones.

Vocabulario para hablar de la impresión española de los indígenas: pacífico, guerrero, loro, jabalina, pelo corto, miedo, desnudo, agrado, patatas, maíz, tomates, oro, rey, agricultor, áspero.

_____

_____

_____

_____

Vocabulario para hablar de la impresión indígena de los españoles: espada, barco, collares de cuentas, metal, caballos, guerreros, la religión católica, regalos, miedo, pacífico, pelo rubio, hombres.

_____

_____

_____

_____

5-16 ¿Recuerdas? Identifica los personajes y lugares a continuación según la *miniconferencia* de este capítulo.

1. _____ Cristóbal Colón

2. _____ los hermanos Pinzón

3. _____ Juan de la Cosa

4. _____ la Pinta, la Niña y la Santa María

5. _____ las Canarias

6. _____ las Indias Orientales

7. _____ Amerigo Vespucci

8. _____ Martin Waldseemüller

a. marineros experimentados

b. son islas de España de donde salieron las naves de Colón

c. son las tres carabelas de Colón

d. publicó el primer mapa del Nuevo Mundo en 1507

e. el territorio de India, Indochina y Malasia

f. un explorador que salió de España

g. un piloto y cosmógrafo

h. un explorador florentino

A escuchar

5-17 El mito de Quetzalcóatl. Además de sus profecías, los aztecas también tenían muchos mitos que se basaban en hechos históricos pasados pero que predecían el futuro de su civilización. Ahora vas a escuchar uno de estos mitos, sobre un rey y un dios llamado Quetzalcóatl. Escucha el mito y completa las actividades.

A. Los dibujos muestran los momentos importantes en la vida de Quetzalcóatl. Indica con números del 1 al 6 el orden cronológico de los eventos según el mito. Después escribe una oración que describa la importancia del evento mostrado.

a. _____

b. _____

_____

_____

_____

_____

_____

_____

_____

_____

c. _____

d. _____

_____
_____
_____
_____

e. _____

f. _____

_____
_____
_____
_____

B. ¿Por qué fue importante la figura de Quetzalcóatl cuando llegaron los españoles? En tu opinión, ¿qué consecuencias tuvo eso en cómo los aztecas percibieron su llegada?

_____
_____
_____
_____

Gramática

Future and Present with si-Clauses to Talk about Possibilities or Potential Events

5-18 Identificación. Indica si cada una de las siguientes oraciones debe terminar con A.) una cláusula con "si" que expresa la condición o B.) una cláusula en el futuro que expresa la consecuencia.

> **MODELO**
>
> Si viajo durante mis vacaciones de primavera, _____ B _____

1. No recibirás una buena nota _____

2. Si vamos a salir esta noche, _____

3. Si les gusta la música de salsa, _____

4. No podré ir al concierto _____

5. Te ayudaré _____

5-19 Antes del viaje de Colón. Imagina que puedes escuchar los planes que hacían Colón y su tripulación antes de salir para las Indias. Empareja las expresiones de la Columna A con las expresiones de la Columna B para formar oraciones completas y lógicas.

Columna A	Columna B
1. Podremos determinar la posición del norte, sur, este y oeste	**a.** ellos harán lo que queremos.
2. Si miramos los cuerpos celestes	**b.** si viajamos en tres carabelas.
3. Si tratamos a los indios bien	**c.** mediremos el tiempo.
4. Podremos llevar muchos hombres	**d.** nos podremos orientar.
5. Si utilizamos el reloj de arena	**e.** si usamos la brújula.

1. _____

2. _____

3. _____

4. _____

5. _____

5-20 Jugando a la guerra. Dos hermanos, Nico y Amaro, juegan a la guerra casi todas las tardes después de la escuela. Completa el siguiente diálogo, que ellos tienen en un día típico, con el verbo indicado en la forma de presente o futuro según el contexto.

Nico: ¡Ojo! Tengo muchas armas y si tú **1.** _____ (invadir) mi territorio, ¡las usaré!

Amaro: Pues, yo tengo flechas y un cañón, y si tú usas tus armas, ¡yo te **2.** _____ (atacar) con las mías!

Nico: Bueno, ¡tengo quinientos guerreros que te **3.** _____ (matar) si no te rindes!

Amaro: Si tus guerreros me atacan, ¡mi ejército y yo **4.** _____ (defenderse) hasta la muerte!

Nico: No importa si se defienden, ¡nosotros los **5.** _____ (destruir) !

Amaro: ¡Imposible! ¡Somos los guerreros más fuertes del mundo!

Padre: Chicos, por favor, dejen ese juego; somos una familia pacífica. Además, si no entran en casa a comer ahora mismo, ¡los dos **6.** _____ (morir) de hambre!

5-21 La llegada a "las Indias". La tripulación de Colón se reúne para elaborar un plan después de haber visto tierra por primera vez. Es necesario considerar las opciones posibles para tener éxito en la conquista de la nueva tierra. Conjuga los verbos para conocer sus planes.

1. "Si los indios _____ *(tener)* mucho oro nosotros lo

_____ *(robar)* para mandárselo a los reyes de España".

2. "Si los indios de esta región _____ *(ser)* pacíficos, nuestros

sacerdotes los _____ *(convertir)* fácilmente a la religión católica".

3. "Si los indios _____ *(obedecer)* las normas, nosotros les

_____ *(obsequiar)* con regalos, como collares".

4. "Si los reyes de España _____ *(querer)* saber de la conquista de esta

tierra, Colón _____ *(documentar)* todo en una carta oficial".

5-22 Planes para el fin de semana. María y Ana, dos estudiantes universitarias, están hablando de sus planes para el fin de semana. Completa cada oración con los verbos indicados en el presente o futuro según el contexto.

María: Ana, si vamos al partido de fútbol americano, **1.** _____ (divertirse) mucho, ¿no?

Ana: Sí, pero habrá mucha gente y prefiero hacer algo un poco más tranquilo. Si

2. _____ (asistir) al concierto de guitarra flamenca esta noche, estaremos

tranquilas.

María: Pero ¡me aburren los conciertos de guitarra! Si **3.** _____ (bailar) en la discoteca,

creo que las dos lo pasaremos bien.

Ana: ¡Bailar en la discoteca no es nada tranquilo! Si vamos de compras al centro comercial,

4. _____ (poder) comer algo y mirar las tiendas. ¿Qué te parece?

María: Creo que prefiero tomar una siesta en lugar de (*instead of*) ir al centro comercial. Si yo

5. _____ (tomar) una siesta, ¡por lo menos soñaré (*dream*) en divertirme!

Nombre: _____ Fecha: _____ Clase: _____

5-23 La ruta de los mayas. Tus compañeros y tú deciden ir de viaje a la Península de Yucatán para conocer mejor la civilización maya, y encuentran el siguiente anuncio sobre varias excursiones posibles.

LA RUTA DE LOS MAYAS

©robivamos/iStockphoto

Vengan a México para descubrir por sí mismos las raíces de la famosa civilización maya.

Para planear su viaje les ofrecemos varias opciones:

❑ Hospedaje: en casas de familias, hoteles de ** o de *** estrellas

❑ Transporte local: camiones, coches alquilados o avión privado

❑ Comida: Se puede elegir entre dos o tres comidas diarias incluídas en el precio total.

Además les proponemos varias rutas según sus intereses y la duración de su viaje. Todas las opciones incluyen un guía local gratis.

RUTA 1: Nueve días. Esta ruta explora la parte interior de la Península. Se visitarán las ciudades antiguas de Chichen Itzá, Tikal, Palenque e Itzán.

RUTA 2: Seis días. Esta ruta explora la costa de la Península. Se visitarán las ciudades modernas de Cancún y Cozumel con una excursión a la antigua ciudad maya de Tulum.

RUTA 3: Once días. Esta ruta incluye todas las ciudades de la Ruta 1 y la Ruta 2.

Tus amigos y tú hablan de las opciones según sus preferencias. Completa las oraciones siguiendo el modelo.

MODELO

Joaquín: Yo prefiero tomar el sol. Si nosotros (elegir) la Ruta 2

Joaquín: Yo prefiero tomar el sol. Si nosotros elegimos la Ruta 2 <u>podremos ir a las playas de Cancún y Cozumel.</u>

1. Tú: Yo estoy muy ocupado. Si yo _____ (ir) por once días yo

   _____

2. Marisa y Mateo: A nosotros no nos gustan los autobuses. Si nosotros

   _____ (viajar) en avión local _____

   _____.

3. Marisol: A mí me interesan mucho las ciudades antiguas del interior.

   Si yo _____ (tomar) la Ruta 1 _____

   _____.

4. Álvaro: Yo no tengo mucho dinero. Si nos _____ (quedar) en

   un hotel de tres estrellas _____

   _____.

5-24 El primer encuentro. Al ver las naves de los españoles, los indígenas también se reúnen para hablar de su llegada. Forma oraciones completas explicando las consecuencias posibles de la presencia española.

> **MODELO**
>
> querer hacernos esclavos:
> **Si ellos nos quieren hacer esclavos, nos esconderemos en las montañas.**

1. tener armas: _____

   _____

2. conquistarnos: _____

   _____

3. querer casarse con nuestras mujeres: _____

   _____

4. traer nuevas enfermedades: _____

   _____

5-25 Las vacaciones de primavera. Jimmy quiere viajar a un lugar muy divertido para las vacaciones de primavera este año, pero no puede decidir adónde ir. Sus amigos están explicándole los aspectos positivos de diferentes lugares para ayudarlo con su decisión. Describe las ventajas de cada lugar mencionado, usando *cláusulas con "si"*.

> **MODELO**
>
> **Cancún**
> Si viajas a Cancún, podrás practicar tu español.

1. **Nueva Orleans**

   _____

2. **Nueva York**

   _____

3. **Hollywood**

   _____

4. **París**

   _____

5. **Otro lugar. . .**

   _____

Redacción

5-26 La defensa de los indígenas. Hubo varios personajes históricos que defendieron la cultura y los derechos de los indígenas ante los reyes de España, a la vez que criticaron el trato a los indígenas por parte de los españoles. Uno de ellos fue el padre Bartolomé de las Casas. Adopta la perspectiva de uno de ellos y escribe su defensa ante los reyes. Incorpora algunas de las siguientes expresiones:

las acciones de… son / fueron irracionales / inexcusables, la información que tiene es incompleta, la moralidad de… es muy cuestionable, su argumento no es convincente / es débil

_____

_____

_____

_____

_____

_____

_____

_____

_____

_____

_____

_____

_____

_____

A escuchar

5-27 Acusar y defender. Vas a escuchar una representación de un juicio en el año 1500. Colón está siendo juzgado por los indígenas, por los daños que causó a sus tierras y a sus pueblos. Antes de escuchar, ¿en qué contexto anticipas que estarán los argumentos de la lista? ¿Para defender o acusar a Colón? Marca con un círculo la **A** para acusarlo o la **D** para defenderlo según tu predicción. Después, escucha el juicio y marca con una **X** los argumentos que escuchas.

1. D/A _____ A causa de su ambición personal, los indígenas sufrieron muchísimo.

2. D/A _____ Los indígenas perdieron su religión.

3. D/A _____ Colón consiguió muchas riquezas para España.

4. D/A _____ Muchos indígenas murieron de enfermedades.

5. D/A _____ Colón trajo conocimientos científicos de Europa.

6. D/A _____ Colón estaba siguiendo las órdenes de los Reyes Católicos de España.

7. D/A _____ Los españoles obsequiaron a los indígenas con regalos.

8. D/A _____ Colón era un hombre de Dios.

9. D/A _____ Los viajes de Colón pusieron de manifiesto el espíritu aventurero de la época.

TEMA 3 El crisol de tres pueblos

Vocabulario del tema

5-28 Reacciones diferentes. La conmemoración del *V Centenario* provocó mucha controversia por las diferentes perspectivas sobre la conquista y cómo conmemorarla. Identifica si estas oraciones las diría un defensor (**D**) o un oponente (**O**) a la celebración. Después, define las palabras o expresiones en negrita usando el contexto y tu intuición.

1. _____ "La invasión europea supuso el **genocidio** de millones de indígenas. Es un hecho que debemos criticar, no celebrar".

   genocidio = _____

2. _____ "Es importante hoy, como parte de la celebración, conmemorar las contribuciones africanas a la cultura latinoamericana como los **rituales religiosos,** la música, el baile y las esculturas de madera".

   rituales religiosos = _____

3. _____ "Muchos africanos e indígenas **perecieron** por el mal trato de los españoles. Para mí el *V Centenario* es una manera de recordarlos".

   perecieron = _____

4. _____ "Los países de Latinoamérica han sido independientes por varios **siglos,** pero no debemos olvidar ni celebrar nuestros orígenes violentos y crueles".

   siglos = _____

B. ¿Defiendes la celebración del *V Centenario* o te opones a ella? ¿Por qué?

   _____

   _____

   _____

5-29 Palabras en acción. Busca en tu diccionario el sustantivo correspondiente a cada uno de los siguientes verbos.

> **MODELO**
>
> conmemorar   **conmemoración**

1. oponer   _____
2. reclamar   _____
3. mezclar   _____
4. esclavizar   _____
5. celebrar   _____
6. poblar   _____
7. heredar   _____

5-30 ¿Recuerdas? Lee las siguientes oraciones. Según la lectura *Hispanoamérica y su triple herencia* indica si las siguientes oraciones son ciertas (**C**) o falsas (**F**). Si son falsas, corrígelas.

1. _____ Por los malos tratos de los españoles, un cuarto de la población indígena murió a consecuencia de la Conquista.

   ¿Corrección? _____

2. _____ Los indígenas no sufrieron las enfermedades europeas, como la viruela, porque tenían defensas inmunológicas.

   ¿Corrección? _____

3. _____ Se llevaron más esclavos africanos a Estados Unidos que a Latinoamérica.

   ¿Corrección? _____

4. _____ Los esclavos africanos trabajaban en las plantaciones de azúcar de las islas del Caribe y el norte de Brasil.

   ¿Corrección? _____

5. _____ No se hablan lenguas nativas en Latinoamérica hoy en día.

   ¿Corrección? _____

6. _____ La cultura de Hispanoamérica hoy es una mezcla de las culturas europea, africana e indígena.

   ¿Corrección? _____

A escuchar

5-31 Una entrevista. Eduardo es un estudiante universitario que participa en el Proyecto Regional de Educación para América Latina y el Caribe organizado por la UNESCO. Le ha hecho una entrevista a Jorge Sainz, el director de un instituto de culturas indígenas en Argentina. Escucha su entrevista y contesta las preguntas.

1. Explica cómo el *V Centenario* del descubrimiento de las Américas provocó la idea de crear el instituto.

   _____

   _____

2. Si decidieras asistir al instituto, ¿qué podrías estudiar?

   _____

   _____

3. ¿Qué otras actividades ofrece el instituto? Menciona dos.

   _____

   _____

4. ¿Cómo termina cada año académico? Describe el evento.

   _____

   _____

5. En tu opinión, ¿cuáles serán las consecuencias futuras del instituto?

   _____

   _____

Gramática

The Conditional and Conditional Sentences to Talk About Hypothetical Events

5-32 ¡Qué pesados los verbos irregulares 2! En el tiempo condicional, hay varios verbos irregulares. Son los mismos verbos irregulares que hay en el futuro. Para practicarlos, completa las oraciones con la forma del condicional del verbo entre paréntesis.

En un mundo ideal…

1. nosotros _____ (saber) hablar varias lenguas.

2. yo _____ (poner) mucho esfuerzo en esta clase.

3. no _____ (haber) prejuicios.

4. los estudiantes _____ (salir) de clase temprano.

5. mi compañero de cuarto _____ (hacer) las tareas de la casa.

6. los estudiantes _____ (decir) cosas buenas de los profesores.

7. mi compañero de clase _____ (poder) ayudarme con mis tareas de clase.

8. mis amigos _____ (venir) a visitarme cada fin de semana.

9. tú _____ (tener) buenas calificaciones en todas las clases.

10. los profesores _____ (querer) tener más tiempo para aconsejar a los estudiantes.

5-33 Situaciones hipotéticas. Empareja las expresiones de la Columna A con las expresiones de la Columna B para formar oraciones completas y lógicas, usando cláusulas de "si" con el imperfecto del subjuntivo y el condicional.

Columna A	Columna B
1. Si me tocara la lotería…	a. tendría una fiesta grande con todos mis amigos.
2. Si yo fuera famoso/a…	b. iría a México porque me encanta la comida mexicana.
3. Si pudiera viajar a cualquier país…	c. compraría un Lamborghini rojo.
4. Si me durmiera en la clase de español…	d. viviría en Hollywood y tendría muchas fiestas con todos mis amigos famosos.
5. Si me graduara mañana…	e. mi profesor/a me gritaría "¡Despiértate o te quito puntos de participación!".

1. _____

2. _____

3. _____

4. _____

5. _____

5-34 Los Reyes Católicos. Es el año 1491 y tú tienes la oportunidad de cambiar la historia. Usando la lista de los eventos más importantes del reinado de los Reyes Católicos, contesta la siguiente pregunta: Si fueras rey o reina de España, ¿harías o no las siguientes cosas? ¿Por qué?

- financiar la expedición de Colón
- establecer el dominio europeo sobre el Nuevo Mundo
- convertir a los indígenas al catolicismo
- usar el oro de las Américas para mejorar la economía de España
- extender el reino español por Europa
- hacer de los indígenas súbditos del trono

1. Yo (no) _____

porque _____

2. Yo (no) _____

porque _____

3. Yo (no) _____

porque _____

4. Yo (no) _____

porque _____

5-35 Un mundo ideal. Cada una de las siguientes situaciones representa una condición no real o ideal. Por lo tanto, se expresan con una cláusula con "si" y el imperfecto del subjuntivo. Completa cada cláusula con el verbo indicado en el condicional.

1. Si no hubiera desempleo, los estudiantes (preocuparse) _____ mucho menos

después de la graduación.

2. Si no existieran prejuicios por la orientación sexual, no (ser) _____

un tema tan polémico.

3. Si el crimen desapareciera de las grandes ciudades, más gente (querer) _____ vivir en ellas.

4. Si todos respetaran los derechos de otros, (existir) _____ más cooperación entre

los distintos grupos de personas.

5. Si todos los niños recibieran una educación, cada comunidad (tener) _____ más

posibilidades de éxito.

6. Si el nivel de tolerancia entre diferentes regiones del mundo aumentara, la cantidad de guerras

(disminuir) _____.

5-36 Una civilización de extraterrestres. Durante muchos años los científicos han buscado evidencia de vida en otros planetas. ¿Qué pasaría si encontraran una civilización de extraterrestres? Completa las siguientes oraciones con la forma apropiada del verbo.

1. Si nosotros _____ (descubrir) una civilización de extraterretres, no la

   _____ (destruir).

2. Si la civilización de extraterrestres _____ (tener) avances científicos, nuestro

   mundo _____ (beneficiarse).

3. Nuestro ejército _____ (proteger) a los habitantes de la Tierra si los

   extraterrestres nos _____ (hacer daño).

4. Si los extraterrestres _____ (ser) pacíficos, las dos civilizaciones

   _____ (intercambiar) mucha información.

5-37 La cortesía. ¿Qué dirían las siguientes personas? Usando el condicional, responde a las situaciones con cortesía.

1. John visita a su profesor de español durante las horas de oficina para pedir ayuda porque no

   entiende los usos del condicional.

   (poder) ¿ _____ ?

2. Tú y tu amigo/a están en México estudiando y viviendo con una familia. Quieren ir a una fiesta pero

   su familia quiere mostrarles el museo de arte precolombino.

   (preferir) _____

3. Marta es una joven española. Una pareja mayor estadounidense se le acerca y pregunta si deben

   tomar la calle Vera Cruz o la calle Rúa Mayor para llegar al restaurante italiano. ¿Cómo responde Marta?

   (deber) (la calle Vera Cruz) _____

4. Mañana es el día de repaso para el primer examen de español. La profesora les pregunta a los

   estudiantes si prefieren repasar el condicional o el futuro. Ellos prefieren repasar el futuro.

   (gustar) _____

5-38 ¿Qué harías tú? Eres un explorador español. ¿Qué harías en las circunstancias siguientes?

> **MODELO**
>
> Encuentras una cultura nueva.
> **Yo trataría de aprender su lengua nativa.**

1. Te pierdes por un río desconocido.

_____

2. Una tempestad muy fuerte destruye tus barcos y pierdes toda la comida.

_____

3. Un grupo de indígenas mata a todos tus hombres.

_____

4. Te sientes muy enfermo por una enfermedad desconocida.

_____

5-39 Un mundo diferente. ¿Cómo sería el mundo o tu vida hoy si pasaran las siguientes cosas? Escribe oraciones completas con la forma apropiada de los verbos y recuerda ser creativo/a con tus respuestas.

> **MODELO**
>
> King Kong es presidente de Estados Unidos.
> **Si King Kong fuera presidente de Estados Unidos, hoy yo me iría a otro país.**

1. Llegan extraterrestres a la Casa Blanca.

_____

2. Un virus destruye todas las computadoras del mundo.

_____

3. Los científicos descubren dónde está la fuente de la juventud.

_____

4. Los animales desarrollan la capacidad de hablar.

_____

5. Todos los estudiantes universitarios pueden viajar al espacio.

_____

6. Todo el mundo está obligado a vivir en casas subterráneas.

_____

Redacción

5-40 Una civilización nueva. Mañana el mundo será destruido por las armas nucleares. Hay un lugar donde la gente podrá sobrevivir el ataque pero solo caben 13 personas. Estas 13 personas tendrán la responsabilidad de reconstruir y repoblar el mundo. Las naciones del mundo forman un comité en el cual participas tú para decidir quiénes formarán parte de este grupo. Escribe tu propuesta incluyendo una descripción de las personas que elegirías y por qué.

- Para considerar: presidentes u otros líderes políticos, arquitectos, agricultores, amigos y/o parientes, intelectuales, científicos, etc.

- Recuerda también incluir en tu descripción la edad de las personas y si son hombres o mujeres.

_____

_____

_____

_____

_____

_____

A escuchar

5-41 Iniciar y mantener una discusión. Vas a escuchar un diálogo entre dos familias: una familia española y otra dominicana. Esteban, el hijo de la familia española, y Cristina, la hija de los dominicanos, son novios pero sus padres no aprueban su noviazgo.

A. Escucha el diálogo y marca las expresiones que escuchas.

_____ ¿Qué piensa de… ?	_____ ¿No cree que… ?
_____ Es verdad.	_____ ¿Bueno?
_____ Es exactamente lo que pienso yo.	_____ ¿No te parece un buen tema?
_____ ¿Verdad?	_____ Miren.
_____ Eso mismo pienso yo.	_____ ¿Cuál es su reacción ante…?
_____ Es un tema muy controvertido pero…	_____ Perdone, pero…

B. Escucha otra vez para comprobar las respuestas.

Más allá de las palabras

Ven a conocer

5-42 El Zócalo, México, D.F.

A. Escribe un número del 1 al 6 para indicar el orden de construcción de los siguientes elementos del Zócalo. Si no lo recuerdas, consulta tu libro de texto.

a. _____ los murales del Palacio Nacional

b. _____ el Museo del Templo Mayor

c. _____ la base de la pirámide azteca

d. _____ las fachadas y el campanario de la Catedral Metropolitana

e. _____ la fuente de Pegaso del Palacio Nacional

f. _____ la primera piedra de la Catedral Metropolitana

B. Escribe una breve definición de cada lugar según lo que aprendiste sobre el Zócalo.

1. El Zócalo: _____

_____

2. El Palacio Nacional: _____

_____

3. La Catedral Metropolitana: _____

_____

4. El Palacio del Virrey: _____

_____

5. El Museo del Templo Mayor: _____

_____

6. El Palacio de Moctezuma: _____

_____

A escuchar

5-43 Los retos del futuro. Como parte del proyecto "Amerindia '92" tuvo lugar un Congreso en San José, Costa Rica. Escucha uno de los discursos dados y contesta las preguntas a continuación.

A. Orientación

1. ¿Quién es la persona que da el discurso?
   a. un español que forma parte del proyecto "Amerindia '92"
   b. un indígena de Costa Rica
   c. un representante de un grupo indígena de México

2. ¿Cuál es el propósito del Congreso?
   a. comprender los eventos históricos
   b. considerar los retos futuros de Latinoamérica
   c. a y b

3. ¿Cuál es el propósito del discurso?
   a. motivar al público a solucionar problemas
   b. resumir la historia latinoamericana
   c. culpar *(to blame)* a los opresores del pasado

B. La idea principal. ¿Cuál es la idea principal del discurso?
   a. Los indígenas y los africanoamericanos han sufrido muchas injusticias a lo largo de la historia.
   b. Para solucionar los problemas de Latinoamérica en el futuro, hay que comprender el pasado.

C. Detalles importantes.

1. De la lista a continuación, marca con una **X** las ideas que expresa la persona que da el discurso.
   a. _____ La identidad indígena cambió radicalmente a partir de 1492.
   b. _____ Es importante culpar a individuos del pasado para lograr la justicia en el futuro.
   c. _____ El indígena y el africanoamericano tienen en común la opresión y la esclavitud durante la época colonial.
   d. _____ Los indígenas, los africanos y los descendientes de europeos deben colaborar juntos.
   e. _____ Los problemas del africanoamericano son diferentes y necesitan una solución separada.
   f. _____ La diversidad cultural y racial de Latinoamérica hacen imposible la unidad.

D. Atención a los verbos. Escucha el discurso otra vez y completa las cláusulas con la forma del verbo que escuchas.

1. Si _____ (comprender) el pasado, podemos solucionar nuestros

problemas en el futuro.

2. Si los indígenas, africanos y europeos colaboramos entre nosotros, y si dejamos a un lado nuestros antiguos

prejuicios, _____ (construir) una mejor sociedad para el futuro.

3. Si _____ (haber) menos diversidad en Latinoamérica, la solución

sería más fácil.

4. Si superamos nuestros retos, _____ (haber) consecuencias positivas

para todos.

El escritor tiene la palabra

5-44 Las técnicas literarias. Las cartas son textos literarios porque el autor o la autora las escribe con un propósito específico. Algunos autores de cartas narran una historia desde un punto de vista original y otros tratan de convencer o motivar cierta acción. Todos se dirigen a (*address*) un destinatario específico.

El contexto de la carta de Colón es su disputa con los Reyes Católicos, quienes le han quitado a Colón los títulos de "virrey" y "gobernador" y no han respetado el contrato para repartir (*distribute*) las riquezas y territorios ganados en la conquista.

El contenido de la carta de Colón. ¿Qué hace Cristóbal Colón en su carta? ¿Narra una historia o trata de convencer/motivar?

_____

_____

El destinatario. ¿A quién se dirige Colón en su carta?

_____

_____

La acción deseada. ¿Qué quiere Colón que haga su hijo?

_____

_____

Las estrategias para convencer/motivar. Para motivar a su hijo, ¿qué estrategias usa Colón en la carta? Marca todas las estrategias que recuerdas.

1. _____ Le recuerda a su hijo el mucho amor que le tiene.

2. _____ Le ofrece dinero a su hijo.

3. _____ Describe su inocencia y la culpa (*fault*) de otras personas.

Ahora, piensa en todo lo que sabes de la conquista de América y de Cristóbal Colón. ¿Crees que Colón debía haber ganado (*should have won*) la disputa con los Reyes Católicos? Merecía (*did he deserve*) Colón riquezas y títulos como "gobernador" y "virrey"?

_____

_____

_____

_____

_____

_____

_____

_____

5-45 Mi diario literario. Escribe tu reacción personal a la carta. Considera las siguientes preguntas:

- ¿Te sorprendió la situación de Colón al final de su vida? Explica.

- Dificultades: ¿Hay partes de la carta que no entendiste bien? Explica cuáles son y por qué crees que te han causado problemas.

- Reacción personal: ¿Qué parte de la carta te sorprendió o te interesó más?

_____

_____

_____

_____

_____

_____

_____

_____

Para escribir mejor

Los cognados falsos

Cognados son palabras que se escriben de manera similar en dos idiomas, como inglés y español, y que tienen el mismo significado. Los **cognados falsos** son palabras que se escriben igual, o casi igual, pero tienen diferente significado. Saber estos cognados falsos te ayudará a evitar confusión.

EJEMPLO: En esta unidad aprendiste la palabra <u>actual</u> que tiene un significado muy diferente en español e inglés:

actual = presente

La España <u>actual</u> reconoce sus errores históricos.

actual = verdadero

La <u>verdadera</u> razón por la que los indígenas no quieren participar es por su resentimiento.

5-46 Práctica. Busca las siguientes palabras en un diccionario. Después, escribe una definición de la palabra en español. Para la palabra en inglés escribe la palabra correcta en español, usándola en una oración completa.

1. embarazada: _____

  embarrassed: _____

2. éxito: _____

  exit: _____

3. suceso: _____

  success: _____

4. atender: _____

  to attend: _____

5. mayor: _____

  mayor: _____

6. lectura: _____

  lecture: _____

7. pariente: _____

  parents: _____

8. largo: _____

  large: _____

9. soportar: _____

  to support: _____

Usos de *pero, sino* y *sino que*

Pero, sino y **sino que** significan *but* en inglés. Para saber cuál usar en español es importante entender la relación entre las dos ideas que conectan.

1. Se usa **pero** cuando hay una relación opuesta entre las dos ideas. La primera idea no elimina la posibilidad de la segunda, o sea, las dos pueden ser correctas.

   EJEMPLOS: Luisa es buena estudiante <u>pero</u> está cansada.
   La fiesta empieza a las ocho <u>pero</u> pueden llegar más temprano.

2. Se usa **sino** cuando la primera idea es negativa y la segunda es afirmativa. En este caso ambas ideas son contradictorias.

   EJEMPLOS: La fiesta no empieza a las ocho <u>sino</u> a las diez.
   El libro no es de Marcos <u>sino</u> de Miguel.

3. Se usa **sino que** para expresar la misma relación anterior. La diferencia es que la contradicción ocurre entre dos verbos conjugados.

   EJEMPLOS: No quiero que salgas <u>sino que</u> estudies.
   No es necesario que respondas <u>sino que</u> vengas.

   Observa que al usar dos infinitivos se usa **sino** y no **sino que**.

   EJEMPLOS: No quiero salir **sino** estudiar.
   No es necesario responder **sino** venir.

5-47 Práctica. Completa las oraciones siguientes con **pero, sino** o **sino que**.

1. No me gustaron los personajes de la película _____ los efectos especiales.

2. El profesor de biología es aburrido _____ inteligente.

3. No es que me aburra _____ no tengo tiempo para leer.

4. No nos dijeron que teníamos que participar _____ estar.

Para pronunciar mejor

b/v, d, g + a, o, u; gu + e, i

- **b** and **v** represent exactly the same sound.

- **b/v** sound as in boy (closed b) when they occur as the first sound in a phrase, or after **m** or **n**.

- If **b/v** are not after **m** or **n**, they are pronounced by blowing softly through a narrow opening between your lips (open b). This sound has no English equivalent.

- English **d** is pronounced with the tip of the tongue against the top of the mouth while Spanish **d** in *dolor* requires full contact between the front area of the tongue and the front upper teeth. This sound occurs when it is the first sound in a phrase or after **n** or **l**.

- If not the first sound or after **n** or **l**, Spanish **d** as in *lado* is pronounced approximately as English **th** in *the*.

- Spanish **g** in *gota, guitarra* sounds as in English logo, get (closed g) when it is the first sound in a phrase or after **n**.

- If not the first sound in a phrase or after **n**, Spanish **g** as in *lago*, una *guitarra* is pronounced by avoiding interruption of the air flow (open g). This sound has no English equivalent.

- Note that the **u** in combinations **gui** and **gue** is not pronounced.

5-48 Repite. Listen to the recording and repeat.

1. vaso

2. un vaso

3. el vaso

4. abanico

5. vivir

5-49 Repite. Listen to the recording and repeat.

1. dado

2. un dedo

3. el dedo

4. comida

5. lado

5-50 Repite. Listen to the recording and repeat.

1. lugar

2. gota

3. malagueña

4. seguir

5. un gato

5-51 Dictado. Listen to the recording and write the words you hear.

1. _____

2. _____

3. _____

4. _____

5. _____

6. _____

5-52 Aliteración. Listen to the recording and repeat. Practice until you can recite the phrases fluently.

1. Francisco busca el bosque.

2. Cava el cabo en la cueva.

3. Domingo desnuda el nudo.

4. El legado del hidalgo.

5-53 Proverbios. Listen to the recording and repeat. Practice until you can recite the phrases fluently.

1. Amigos, pocos y buenos.

2. Hijos y dinero, menos cuidados cuando son menos.

3. El que algo quiere, algo le cuesta.

CAPÍTULO 6

TRADICIÓN Y MODERNIDAD (MÉXICO Y ESPAÑA)

TEMA

1 Primeras alianzas   166

2 Gastronomía sin fronteras   176

3 Cine mexicano de hoy sobre la España de ayer   185

Más allá de las palabras   194

TEMA 1 Primeras alianzas

Vocabulario del tema

6-1 ¿Cierto o falso? Explica el significado de las palabras y expresiones en negrita. Luego, indica si la oración es cierta (**C**) o falsa (**F**).

> **MODELO**
>
> ____C____ Los **caciques** obsequiaron a Cortés con regalos.
> caciques = gobernadores de las tribus indígenas

1. _____ La conquista de México fue fácil porque Hernán Cortés sabía hablar **náhuatl** y **maya**.

   náhuatl y maya = _____

2. _____ Antes de mantener relaciones de concubinato, las mujeres indígenas tenían que ser **bautizadas**.

   bautizadas = _____

3. _____ Después de divorciarse de su esposa, Cortés **se volvió a casar** con Marina.

   se volvió a casar = _____

4. _____ Cortés conoció a Malinche cuando los españoles estaban **dando los primeros pasos** en la conquista de México.

   dando los primeros pasos = _____

5. _____ Los indígenas vieron que los españoles **carecían de** mujeres; eran todos hombres.

   carecían de = _____

6. _____ Cortés **repartió** a las concubinas entre sus soldados.

   repartió = _____

6-2 Los protagonistas de la historia.

A. Selecciona la persona de la lista que corresponde a cada descripción.

Moctezuma	Marina
Hernán Cortés	los caciques indígenas
el padre de Malinalli	el fraile
Martín Cortés	Malinalli

1. _____ El nombre cristiano, de bautizo, de la indígena

concubina de Hernán Cortés.

2. _____ Conquistador español de México.

3. _____ Jefe de los aztecas y enemigo común de Cortés y varias

tribus indígenas.

4. _____ Representante de la Iglesia católica que bautizó

a Malinalli y a otras indígenas concubinas.

5. _____ Líderes de las tribus que obsequiaron a los españoles

con regalos: oro, alimentos y veinte doncellas.

6. _____ Hijo de Hernán Cortés y Marina.

7. _____ Gobernador indígena de la ciudad de Painala,

muerto antes de la llegada de Cortés a México.

8. _____ Nombre indígena de la concubina e intérprete de Cortés.

B. Ahora, elige a una persona de la lista, imagina sus cualidades positivas y negativas y descríbelas. ¿Tienes una impresión positiva o negativa de la persona?

_____

_____

_____

_____

_____

_____

_____

A escuchar

6-3 Unos mensajes telefónicos. Olga deja varios mensajes en el contestador automático de Carolina.

A. Escucha los mensajes e indica si la información es cierta (**C**) o falsa (**F**). Si es falsa, corrígela.

1. _____ En su primer mensaje Olga invita a Carolina a ver una película.

   ¿Corrección? _____

2. _____ Olga piensa que Carolina no está muy ocupada ahora.

   ¿Corrección? _____

3. _____ Carolina vio la película con sus amigas.

   ¿Corrección? _____

4. _____ En su segundo mensaje, Olga se enfadó con Carolina.

   ¿Corrección? _____

B. Escucha otra vez la conversación y marca las ideas que expresa Olga sobre la película.

   ❏ A Olga no le gustó la película.

   ❏ En la película, el rey quiere liberarse.

   ❏ La película trata de un líder valiente y virtuoso.

   ❏ Los rebeldes reclamaban la justicia contra el gobierno inglés.

   ❏ A Olga le gustó mucho el final de la película.

C. Explica brevemente otra película que trate un tema similar al de *Braveheart*.

   _____

   _____

   _____

   _____

   _____

Gramática

Preterit and Imperfect Tenses in Contrast

6-4 La civilización azteca. En doscientos años de existencia, los aztecas crearon un gran imperio con una sociedad compleja y estructurada. Usando tus conocimientos de historia y fijándote en las formas verbales, empareja los elementos de las dos columnas.

1. En 1325, los aztecas

2. La escritura

3. El mito de Quetzalcóatl

4. El emperador Moctezuma

5. Los sacerdotes aztecas

6. Las Guerras floridas

7. El náhuatl

8. Las mujeres aztecas

9. Muchos pueblos vecinos

10. Tenochtitlán

a. intentaron resistirse al dominio azteca.

b. realizaban sacrificios humanos para contentar a los dioses.

c. era central en la religión azteca.

d. era la lengua de los aztecas.

e. fue conquistada por los españoles en 1521.

f. permitían a los aztecas capturar enemigos para sacrificarlos.

g. se ocupaban de las tareas domésticas y participaban en el culto y en la agricultura.

h. fundaron Tenochtitlán, la capital del Imperio.

i. vivía en un lujoso palacio comparable a los palacios europeos.

j. era pictórica y se representaba en códices.

6-5 La vida de Hernán Cortés. El conquistador Hernán Cortés es una figura central en la historia de México y de la España del siglo XVI. ¿Qué sabes de su vida?

A. Escribe la forma correcta del verbo entre paréntesis en el pretérito o el imperfecto según el contexto.

Hernán Cortés **1.** _____ (nacer) en Medellín, provincia de Badajoz (España) en 1485. Su padre **2.** _____ (llamarse) Martín Cortés y su madre, Cristina Pizarro. Por parte de madre, Hernán **3.** _____ (ser) primo segundo de Francisco Pizarro, conquistador de Perú. Cortés **4.** _____ (estudiar) brevemente en Salamanca. Cuando **5.** _____ (tener) 26 años **6.** _____ (participar) en la expedición a Cuba liderada por Diego Velázquez. En 1519, Cortés **7.** _____ (partir) de Santiago de Cuba y **8.** _____ (llegar) a la isla de Cozumel, que **9.** _____ (ser) un puerto maya. Ese mismo año Cortés **10.** _____ (continuar) su viaje hacia el interior hasta llegar a Tenochtitlán, capital del imperio azteca.

B. Elige 5 verbos del párrafo anterior y explica la razón por la que usaste el pretérito o el imperfecto en cada caso.

1. _____

2. _____

3. _____

4. _____

5. _____

6-6 El cronista Bernal Díaz del Castillo. Mucho de lo que sabemos sobre la Conquista de México es gracias a Bernal Díaz del Castillo que, en el siglo XVI, escribió una crónica detallada de este evento. Mientras lees su biografía, escoge la forma apropiada de los verbos entre paréntesis.

Bernal Díaz del Castillo **1.** _____ (nacía/nació) en Medina del Campo, España, en 1496. Su familia no **2.** _____ (tenía/tuvo) riquezas y, por eso, él no **3.** _____ (recibía/recibió) una buena educación. En 1514 **4.** _____ (viajaba/viajó) al Nuevo Mundo y **5.** _____ (participaba/participó) en varias expediciones por tierras mexicanas. Cinco años más tarde, **6.** _____ (se unía/ se unió) como soldado a la expedición de Hernán Cortés y **7.** _____ (participaba/ participó) en la conquista del Imperio azteca. También **8.** _____ (formaba/formó) parte de varias expediciones en Guatemala y Honduras. En 1544 **9.** _____ (se casaba/se casó) con Teresa Becerra y **10.** _____ (se instalaba/se instaló) en Santiago de Guatemala. Cuando **11.** _____ (tenía/tuvo) ochenta y cuatro años **12.** _____ (empezaba/empezó) a escribir *Historia verdadera de la conquista de la Nueva España,* en la que **13.** _____ (describía/describió) los hechos principales de la conquista de México. **14.** _____ (Moría/Murió) en Antigua, Guatemala, en 1584.

6-7 Un diario personal. Los antropólogos acaban de encontrar los fragmentos del siguiente diario, escrito por una indígena azteca varios años después de la conquista. Primero, llena los espacios en blanco con el pretérito o imperfecto del verbo entre paréntesis. Después, organiza las oraciones con números del 1 al 6 para indicar su orden cronológico correcto.

a. _____ Yo _____ (tener) 15 años cuando aparecieron los hombres con barba

por primera vez. Recuerdo muy bien que _____ (hacer) mucho calor

aquel día cuando nuestro líder, Moctezuma II, _____ (salir) de la

ciudad de Tenochtitlán y _____ (conocer) a Cortés.

b. _____ Mi pueblo _____ (saber) demasiado tarde que el conquistador

Cortés no era Quetzalcóatl. Como consecuencia muchos indígenas

_____ (morir).

c. _____ Después de su entrada en nuestra ciudad principal, la vida _____ (cambiar)

para siempre. Mi padre me dijo que nosotros _____ (ir) a ser

conquistados por ellos. Todos nosotros _____ (tener) mucho miedo y no

_____ (saber) qué hacer.

d. _____ Mi vida antes de los 15 años era muy diferente. Normalmente _____

(trabajar) en el campo por la mañana y _____ (asistir) a la escuela

por la tarde.

e. _____ Mis padres _____ (venir) a la ciudad de Tenochtitlán antes de que yo

naciera. Cuando vivían en el campo _____ (ser) muy pobres pero con el

trabajo en la ciudad ellos _____ (poder) alcanzar un nivel de vida mejor.

f. _____ Después de la Conquista, yo _____ (volver) al campo para

escaparme del maltrato y de las enfermedades de los españoles.

6-8 Las experiencias de Hernán Cortés. Para entender mejor los verbos que cambian de significado en el pretérito y el imperfecto completa las siguientes oraciones sobre algunos momentos importantes en la conquista de los aztecas.

1. saber

a. Al llegar a la costa del Nuevo Mundo, Cortés no _____ nada de la civilización azteca.

b. Al conocer a los indígenas de la costa, Cortés _____ que ellos tenían miedo de los españoles.

2. conocer

a. Cuando Cortés _____ a Moctezuma II supo sobre la leyenda del dios Quetzalcóatl.

b. Antes de conocer a Moctezuma II, Cortés no _____ la leyenda del dios Quetzalcóatl.

3. poder

   a. Antes de ver la ciudad de Tenochtitlán, Cortés no _____ imaginar su grandeza y riquezas.

   b. Al ver por primera vez la ciudad de Tenochtitlán, Cortés _____ ver su grandeza y riquezas.

4. querer

   a. Cortés _____ convencer a Moctezuma II de abandonar la ciudad, pero Moctezuma no lo escuchó.

   b. Cortés _____ conquistar a los aztecas y llevarse su oro a España.

6-9 Un recuerdo personal. ¿Ocurrió algo en algún momento de tu vida que la cambió para siempre?

A. Primero contesta las siguientes preguntas:

   1. De niño/a, ¿te mudaste de casa? ¿Cómo reaccionaste al cambio?

   _____
   _____

   2. ¿Tenías problemas con alguna clase en particular? ¿Por qué?

   _____
   _____

   3. ¿Cuándo conociste a tu mejor amigo/a? ¿Cómo supiste que iban a ser tan buenos amigos?

   _____
   _____

   4. ¿Hubo otros momentos durante tu niñez que te impactaron mucho? ¿Cuáles fueron?

   _____
   _____

B. Elige uno de los eventos mencionados en la parte A y narra lo que pasó, contestando las siguientes preguntas:

   • ¿Cuántos años tenías?
   • ¿Cómo eras? ¿Cómo eran las otras personas?
   • ¿Qué pasó?
   • ¿Cómo te afectó?

   _____
   _____
   _____
   _____
   _____

6-10 Un viaje inolvidable. Escribe un breve párrafo acerca de un viaje que hiciste recientemente o hace tiempo. Fíjate en los usos del pretérito y del imperfecto cuando incluyas la siguiente información:

- adónde fuiste
- qué edad tenías
- con quién(es) estabas
- cuánto tiempo te quedaste
- qué actividades hiciste
- a quién(es) conociste
- qué tiempo hacía
- cómo te sentías
- cómo lo pasaste

_____

_____

_____

_____

_____

_____

_____

_____

_____

Redacción

6-11 Aliados y enemigos. Considera la lista de personas con las que Hernán Cortés tuvo contacto durante los primeros años de la conquista de México. Escoge tres personas o grupos de personas de la lista: una con la que Cortés tenía una alianza, otra con la que Cortés tenía una relación de enemistad y una con la que Cortés tenía una relación ambigua, en tu opinión. Explica tu selección.

las mujeres indígenas	los caciques indígenas
Moctezuma	Malinche
los soldados españoles	

1. Cortés tenía una alianza con: _____

2. Cortés tenía una relación de enemistad con: _____

3. Cortés tenía una relación ambigua con: _____

Mi explicación:

_____
_____
_____
_____
_____
_____
_____
_____
_____
_____

A escuchar

6-12 Recordar viejos tiempos. Antonio, Lucy y Sebastián están hablando en una reunión de ex alumnos de su escuela secundaria.

A. Escucha la conversación y contesta las preguntas que se hacen a continuación.

1. ¿En qué época se conocieron Lucy Antonio y Sebastián?

_____
_____

2. ¿Qué hicieron Lucy y Antonio con la mochila de Sebastián?

_____
_____

3. ¿Quién es Pilar? ¿Qué dice Antonio de ella?

_____
_____

4. ¿Qué deporte practicaba Sebastián? ¿Por qué ya no lo practica?

_____
_____

5. ¿Qué relación existe entre Lucy y Carlos Lugo? ¿Cómo se describe a Carlos Lugo?

_____
_____

6. ¿Por qué dice Antonio que deben dejar de hablar?

_____
_____

B. Han pasado 15 años y vas a reunirte con tus amigos de la secundaria. Piensa en los amigos y amigas que tenías, en la música que escuchabas, en los momentos inolvidables, etc. Escribe una conversación usando las expresiones del *Vocabulario para conversar: Recordar viejos tiempos.*

_____

_____

_____

_____

_____

_____

_____

_____

_____

_____

TEMA 2 Gastronomía sin fronteras

Vocabulario del tema

6-13 La historia del chocolate. Lee las siguientes oraciones relacionadas con la historia del chocolate. ¿Con qué parte del mundo asocias cada oración? Escribe **E** si asocias la oración con Europa y **M** si la asocias con México.

1. _____ Se ofrecía chocolate líquido para dar la **bienvenida** a los visitantes importantes.

2. _____ No se añadía azúcar y el chocolate tenía un **sabor amargo**.

3. _____ El chocolate en barras con azúcar **alcanzó** popularidad internacional.

4. _____ Se consideraba sospechosa la **semilla** del chocolate por su asociación con los ritos indígenas.

5. _____ Antes del s. XVI, el chocolate no traspasó las **fronteras** de su región de origen.

6. _____ Después de que **surgió** la idea de añadirle azúcar, el chocolate ganó popularidad.

6-14 El chocolate en la sociedad indígena. En la sociedad indígena de México, el chocolate tenía varias funciones: comercial, religiosa, estimuladora y diplomática. Describe por lo menos tres de esas funciones que aprendiste en la *Miniconferencia*.

_____

_____

_____

_____

_____

_____

A escuchar

6-15 La gastronomía y la exploración

A. ¿Cuál es el tema general de la selección? Marca con **X** el mejor resumen del tema.

1. _____ Los conquistadores españoles tenían una dieta en la que faltaban muchas sustancias nutritivas necesarias.

2. _____ Hay fuertes conexiones entre la gastronomía internacional y la época de exploración.

B. Responde a estas preguntas sobre algunos detalles de la selección.

1. ¿Qué especias asiáticas se mencionan? Marca con **X** todos los nombres que escuchas.

a. _____ la canela (*cinnamon*) **d.** _____ el jengibre (*ginger*)

b. _____ la cúrcuma (*turmeric*) **e.** _____ la pimienta negra (*black pepper*)

c. _____ el clavo (*cloves*) **f.** _____ el comino (*cumin*)

2. Se mencionan dos dificultades con la ruta terrestre. ¿En qué orden se mencionan? Escribe "1" y "2" para indicar el orden.

a. _____ terrenos difíciles

b. _____ el Imperio Otomano cerró la ruta en 1453

3. ¿Cierto (**C**) o falso (**F**)?

a. _____ Cristóbal Colón encontró pimienta negra en América.

b. _____ La patata es un alimento de origen americano.

c. _____ La época de exploración influyó en la gastronomía mundial.

6-16 Un intercambio gastronómico. Desde la llegada de los españoles a México en el siglo XVI se ha producido un intercambio de productos culinarios y se han adaptado recetas en ambos lados del Atlántico. Completa las siguientes oraciones con el presente perfecto.

1. La comida de México (cambiar) _____ mucho desde la llegada de los españoles.

2. En la gastronomía mexicana se (integrar) _____ productos como el pollo, el trigo, las zanahorias y las naranjas.

3. Productos venidos de Mesoamérica como el tomate, el maíz o el aguacate (convertirse) _____ en alimentos esenciales en las despensas (*pantries*) de las familias españolas.

4. Las diversas propiedades del chocolate (ser) _____ siempre muy apreciadas, primero por los aztecas y más tarde por los españoles.

6-17 Una fiesta en casa de Ramón. Hoy Ramón da una fiesta en su casa y todo está saliendo muy bien. Hay mucha comida porque todos sus amigos (o casi todos) han traído algo. Di lo que cada persona ha aportado relacionando los elementos de las dos columnas según corresponda.

1. Verónica ha estado cocinando comida mexicana todo el día.

2. Daniel se olvidó de que había una fiesta.

3. A Estefanía le encantan los aperitivos.

4. Sonia y Esteban son mexicanos.

5. Pablo y Diana han pasado por una licorería.

6. A Pedro le encantan los postres.

a. Han comprado las bebidas.

b. Han preparado un delicioso guacamole.

c. Ha llegado tarde y no ha traído nada.

d. Ha encargado una torta de chocolate.

e. Ha hecho unas tapas.

f. Ha traído tostadas, chiles rellenos y unos tamales riquísimos.

6-18 La tortilla española. Tus compañeros de la clase de cocina piensan que la tortilla española es similar a la tortilla mexicana. Tú les has explicado que se trata de dos platos distintos y has preparado una tortilla española para que vean la diferencia. Explícales cómo la has hecho.

©Kuvona/iStockphoto

MODELO

Pelar las patatas y cortarlas en láminas finas.
He pelado las patatas y las he cortado en láminas finas.

1. Pelar una cebolla y cortar en rodajas pequeñas.

_____

2. Freír las patatas y la cebolla en una sartén con aceite caliente.

_____

3. Añadir un poco de sal.

_____

4. Retirar las patatas de la sartén y quitarles el aceite.

_____

5. Batir cuatro huevos en un cuenco y añadirles las patatas y la cebolla.

_____

6. Echar la mezcla en otra sartén con un poco de aceite.

_____

7. Esperar unos minutos y darle la vuelta a la tortilla.

_____

8. Ponerla en un plato para servirla.

_____

6-19 El mejor restaurante del mundo. Recientemente el restaurante *El campero*, ha sido elegido mejor restaurante del mundo. *El Campero* es un restaurante dirigido por tres hermanos muy trabajadores. Explica lo que ha hecho hoy cada uno de ellos, utilizando la lista de abajo y el presente perfecto.

> - elaborar la carta de vinos (*wine list*)
> - crear una nueva receta de pescado
> - participar en una entrevista para una revista de postres
> - comprar las verduras frescas en el mercado
> - supervisar a los nuevos pasteleros
> - visitar una bodega (*winery*)

Joan Roca, cocinero

1. _____

2. _____

Jordi Roca, repostero (*specialist in desserts*)

1. _____

2. _____

Josep Roca, sumiller (*wine steward*)

1. _____

2. _____

6-20 El tomate. ¿Sabías que el tomate es originario de América? Mientras lees este párrafo sobre la historia del tomate, selecciona el tiempo verbal apropiado de los verbos entre paréntesis, fijándote en los marcadores temporales en negrita.

El tomate, o jitomate en México, es probablemente uno de los productos culinarios más importantes del mundo. Su nombre proviene del náhuatl "tomatl". **Hasta el presente** su origen 1. _____ (ha sido/fue) un motivo de controversia (todavía hoy, algunos lo sitúan en Perú, otros en el sur de México). Sin embargo, se sabe con certeza que los aztecas cultivaban ya el tomate en la época prehispánica. **En 1540**, los conquistadores lo 2. _____ (han llevado/llevaron) a España, y desde allí se 3. _____ (ha difundido/difundió) a otros lugares. Sin embargo, en algunos países, como en Gran Bretaña y en sus colonias norteamericanas, no se empezó a consumir tomate hasta mucho más tarde porque la gente pensaba que era un alimento tóxico. **En el siglo XVIII** se 4. _____ (ha abandonado/abandonó) completamente esta falsa creencia y **hoy en día** puede decirse que el tomate 5. _____ (ha transformado/transformó) la cocina de todo el mundo. En España, **desde su introducción hasta el presente**, se 6. _____ (han inventado/inventaron) cientos de recetas que contienen tomate, como el famoso gazpacho.

6-21 Tus hábitos alimenticios. Comenta tus hábitos y preferencias al comer contestando las siguientes preguntas.

1. ¿Qué has desayunado hoy?

   _____

   _____

2. ¿Desayunas todos los días lo mismo?

   _____

   _____

3. ¿Cuándo fue la última vez que fuiste a un restaurante? ¿Quién te acompañó?

   _____

   _____

4. ¿Qué pediste para comer? ¿Y para beber?

   _____

   _____

5. ¿Qué comidas exóticas has probado en tu vida? ¿Qué comidas exóticas no has probado nunca? Escribe "comidas exóticas" en tu buscador preferido de Internet para encontrar ejemplos.

   _____

   _____

6-22 Lejos de tu familia. Este semestre estás en una universidad lejos de tu familia y tus padres quieren saber cómo te van los estudios. Prepara una lista de cinco (5) cosas que has hecho últimamente en tus clases.

> **MODELO**
>
> He escrito dos ensayos para la clase de historia.

1. _____

2. _____

3. _____

4. _____

5. _____

6-23 Un recorrido gastronómico y cultural por Andalucía. Tu familia y tú acaban de hacer un recorrido gastronómico por la región de Andalucía, en el sur de España, y ahora le escribes una postal a tu mejor amigo/a contándole lo que han hecho y cómo lo han pasado. Lee el folleto y escribe sobre lo que has hecho en tu visita.

SABORES DE ANDALUCÍA*

La Alhambra

©typo-graphics/iStockphoto

Precio del recorrido: 750€

DÍA UNO (lunes):
Recogida en el aeropuerto de Sevilla y traslado al hotel en el centro de la ciudad. Visita a la Catedral y a la Giralda. Cena en un típico bar de tapas.

DÍA DOS (martes):
Desayuno en el hotel y traslado a la ciudad de Granada. Visita guiada al magnífico palacio árabe de la Alhambra. Almuerzo en un restaurante tradicional granadino. Tiempo libre para descansar y realizar algunas compras.

DÍA TRES (miércoles):
Desayuno en el hotel y traslado hasta la serranía de Cádiz. Visita de una almazara para conocer el proceso de creación del famoso aceite de oliva español.

DÍA CUATRO (jueves):
Traslado hasta la ruta de los pueblos blancos, para conocer esta peculiar forma de construcción y el estilo de vida de sus habitantes. Parada en Villaluenga del Rosario, pueblecito famoso por sus excelentes quesos de fama internacional.

DÍA CINCO (viernes):
Recogida en el hotel y traslado a la ciudad de Jerez para visitar las famosas bodegas de Osborne. Paseo guiado por la ciudad del Puerto de Santa María. Almuerzo en el restaurante Mediterráneo, para degustar sus excelentes pescaditos fritos.

DÍA SEIS (sábado):
Regreso a Sevilla donde finalizará el recorrido.

*El recorrido incluye alojamiento, transporte, visitas y comidas mencionadas.
No incluye el vuelo de ida y vuelta a su ciudad de origen.

Queridoa amigoa,

Acabamos de pasar una semana fantástica en Andalucía. _____

Primero, hemos visitado... _____

_____

_____

_____

_____

_____

_____

_____

_____

        Un abrazo, _____

Redacción

6-24 La gastronomía sin fronteras. Escoge uno de los productos de la lista de abajo y escribe un párrafo hablando de qué es (una descripción), de dónde es (su origen) y/o dónde y cómo se consume en tu comunidad. Puedes incluir tu opinión personal: ¿te gusta(n)?

bubble tea	espaguetis	pizza
sushi	cerveza	chiles

_____

_____

_____

_____

_____

_____

_____

_____

_____

A escuchar

6-25 Hablar de lo que acaba de pasar. Un grupo de tres amigos universitarios se encuentran para almorzar y para hablar de lo que han hecho durante toda la mañana.

A. Escucha la conversación y trata de contestar las preguntas con bastantes detalles.

1. ¿Por qué tiene problemas María Alejandra con su clase de química?

   _____

   _____

2. ¿Qué examen acaba de tomar Roberto? ¿Cómo le fue? ¿Por qué?

   _____

   _____

3. ¿Qué acaba de hacer Beatriz?

   _____

   _____

4. ¿De dónde viene Roberto?

   _____

   _____

5. ¿Quién ha comido algo ya? ¿Esta persona va a pedir algo más?

   _____

   _____

6. ¿Qué deciden comer todos al final?

   _____

   _____

   _____

B. Empareja los nombres de los tres amigos con sus posibles profesiones. Puede haber más de una respuesta.

María Alejandra	Ciencias
Beatriz	Arquitectura
Roberto	Baile y coreografía
	Química
	Ingeniería

3 Cine mexicano de hoy sobre la España de ayer

Vocabulario del tema

6-26 Curiosidades. Pon las letras en orden para formar las palabras que se definen a continuación.

1. esgureiraf _____

Definición: protegerse de un peligro

2. doanb _____

Definición: grupo o facción en una guerra

3. odanume _____

definición: frecuentemente, habitualmente

4. yaporaes _____

definición: tener apoyo

5. asfatamn _____

definición: espíritu o espectro que aparece por las noches

6. esifochnitas _____

definición: sin gozo o placer; frustrado o descontento

7. rodraba _____

definición: tratar o aproximarse a algún tema

6-27 ¿Quién es quién?

1. Emiliano García Riera

2. el bando republicano

3. Ofelia

4. Francisco Franco

5. el bando nacionalista

6. Guillermo del Toro

7. el fauno

8. Carlos

a. la facción que triunfó en la Guerra Civil española.

b. artista de efectos especiales, guionista y director cinematográfico.

c. personaje de *El laberinto del fauno*, recreación autobiográfica de Del Toro.

d. la facción con ideales socialistas; llamado "los rojos" despectivamente.

e. creación de la imaginación de Ofelia en *El laberinto del fauno*.

f. historiador de cine, tío de Guillermo del Toro.

g. personaje de *El espinazo del diablo*, quien tiene visiones de un fantasma por las noches.

h. general y dictador de España por 40 años en el siglo XX.

A escuchar

6-28 Las mujeres revolucionarias. Escucha la siguiente explicación de una profesora mexicana de historia y contesta las preguntas a continuación.

1. El texto trata de los papeles que jugaron las mujeres en…

   a. la Revolución Mexicana.

   b. la Guerra Civil Española.

   c. la Guerra de Independencia Mexicana.

2. Indica todos los papeles que jugaron las mujeres, de acuerdo con el texto:

   a. soldados

   b. líderes políticas

   c. enfermeras para los heridos

3. Marca la información que se sabe de Adelita:

   a. era una mujer muy valiente

   b. se enamoró de un sargento

   c. era una mujer de la clase noble

4. ¿Qué es un *corrido*?

   a. una batalla

   b. una canción popular mexicana

   c. un héroe

5. ¿Por qué son tan importantes la figura y la leyenda de Adelita?

   _____

   _____

   _____

   _____

Gramática

Prepositions: por, para, de, a, en

6-29 "Los tres amigos". Guillermo del Toro es amigo de otros dos directores mexicanos muy aclamados por la crítica, Alfonso Cuarón y Alejandro González Iñárritu. Después de leer estas oraciones, selecciona de la lista la función de las preposiciones en negrita.

cause / goal / duration / location / recipient / authorship / "upon" / adjetival phrase

> **MODELO**
>
> Los tres amigos son admirados internacionalmente **por** su gran talento.
> <u>por = cause (because of)</u>

1. Los tres directores han sido amigos y compañeros de profesión **por** muchos años.

   _____

2. Los tres han pasado por Hollywood **para** hacer grandes producciones cinematográficas.

   _____

3. Alfonso Cuarón nació **en** la Ciudad de México en 1961, en el seno de una familia acomodada.

   _____

4. **Al** arruinarse el padre (*go bankrupt*), la familia de Alejandro González Iñárritu tuvo que mudarse a un barrio muy pobre de la Ciudad de México.

   _____

5. Cuarón empezó su carrera dirigiendo episodios **para** una serie de televisión muy popular.

   _____

6. *Amores perros* es probablemente la mejor película **de** Alejandro González Iñárritu.

   _____

7. Las películas de Del Toro se clasifican dentro del género fantástico y **de** terror.

   _____

6-30 Gael García Bernal. Lee esta breve biografía sobre el actor mexicano Gael García Bernal y completa con **por** o **para** según el contexto.

Nació en Guadalajara, México, en 1978. Su pasión por la interpretación le llegó muy joven, quizás **1.** _____ ser hijo de actores. A los once años hizo su primer trabajo **2.** _____ la televisión, en la telenovela *Teresa,* donde actuaba también Salma Hayek. Después de participar en otras series mexicanas muy populares, Gael se fue a Londres **3.** _____ estudiar en una prestigiosa escuela de interpretación. Allí conoció al director Alejandro González Iñárritu, que le propuso trabajar **4.** _____ él en su primera gran película, *Amores perros.* Esta película fue un gran éxito y Gael recibió muchos premios **5.** _____ ella. A partir de este momento, y **6.** _____ varios años, Gael viajó **7.** _____ varios países **8.** _____ hacer sus películas. En el 2004, llegó a España **9.** _____ primera vez **10.** _____ actuar en *La mala educación,* del cineasta Pedro Almodóvar. Pero a pesar de su gran éxito profesional, el mayor orgullo de Gael son sus hijos, Lázaro y Libertad, y su novia, la actriz Dolores Fonzi, con quien ha tenido una relación afectiva **11.** _____ mucho tiempo.

6-31 *Blancanieves.* Rosario ha ido al cine a ver la película española *Blancanieves,* y le escribe un correo electrónico a su amigo Raúl para hablarle de la película. Completa esta carta con una de las siguientes expresiones. No repitas ninguna.

por eso	por lo menos	para siempre	por fin	por ejemplo

Hola Raúl,

Te escribo para contarte que después de una larga búsqueda, **1.** _____ he encontrado trabajo en Madrid y **2.** _____ ahora tengo algún dinero. Es de tiempo parcial, pero no me quejo porque **3.** _____ tengo un poco de tiempo libre para hacer cosas interesantes. **4.** _____ , ayer fui al cine con mi amiga Teresa. Fuimos a ver *Blancanieves,* una película española fantástica. La trama de la película se inspira en el famoso cuento de hadas (*fairy tale*) de los hermanos Grimm, pero la película está ambientada en los años 20 en el sur de España, y todo en ella, desde el guión hasta la fotografía, es muy original. Teresa y yo lo tenemos claro: ¡recordaremos esta película **5.** _____!

Recibe un abrazo,

Rosario

6-32 La pelea. El director Alejandro González Iñárritu vive actualmente en Los Ángeles con su esposa María Eladia y sus dos hijos. Alejandro y su esposa se llevan muy bien, pero hoy han tenido una pelea. Usando tu imaginación, responde a estas preguntas sobre las posibles circunstancias de la pelea utilizando algunas de las preposiciones siguientes: **por, para, a(l), de, en.**

> **MODELO**
>
> ¿Por qué se han peleado los esposos? Los esposos se han peleado **por** el nuevo proyecto cinematográfico de Alejandro.

1. ¿Por cuánto tiempo se pelearon? _____

2. ¿En qué momento del día tuvo lugar la pelea? _____

3. ¿Dónde estaban Alejandro y María Eladia cuando se pelearon? _____

4. ¿De quién crees que fue la culpa de la pelea? _____

6-33 Un viaje al D.F.

A. Aurelia hará un viaje de grupo a México, D.F. Completa su itinerario con la preposición apropiada, haciendo los cambios que sean necesarios.

Plaza de las tres culturas

DÍA 1: El desayuno será **1.** _____ las ocho. El grupo saldrá después **2.** _____ el Centro histórico, pasando primero **3.** _____ la Plaza de las Tres Culturas. **4.** _____ dos a siete, todos tendrán tiempo libre **5.** _____ comer e ir de compras.

DÍA 2: El grupo irá **1.** _____ las pirámides de Teotihuacán en autobús después del desayuno. **2.** _____ volver al hotel por la tarde habrá una comida **3.** _____ la mexicana.

DÍA 3: El grupo irá a la zona comercial de la ciudad. Se reunirá **1.** _____ el Zócalo a las seis para volver al hotel.

DÍA 4: Tiempo libre.

B. Ahora tus amigos y tú van de viaje por cuatro días. Tu responsabilidad es planear el itinerario. Primero decide a dónde irán y después escribe tu programa para el viaje. Recuerda el uso correcto de las preposiciones.

DESTINO:

DÍA 1:

_____

_____

DÍA 2:

_____

_____

DÍA 3:

_____

_____

DÍA 4:

_____

_____

6-34 Un inmigrante español en México. Lee la historia de don Fernando y completa los espacios en blanco con *por, para, de, a(l)* o *en.*

Durante la Guerra Civil Española, mi abuelo Fernando luchó **1.** _____ el bando antifranquista. Como consecuencia, **2.** _____ ganar Franco, mi abuelo tuvo que buscar asilo político. Él vino **3.** _____ México en 1939 **4.** _____ empezar de nuevo. **5.** _____ 1940 **6.** _____ 1950, trabajó **7.** _____ un periódico **8.** _____ un buen amigo. Después de ganar suficiente dinero **9.** _____ mantener una familia, él se casó con mi abuela. Mi abuelo Fernando trabajó en un banco **10.** _____ 30 años. Se jubiló y vivió **11.** _____ Monterrey hasta su muerte **12.** _____ 2007.

6-35 Los exiliados españoles en México. Entre los años 1937 y 1942, México acogió a miles de españoles republicanos (no franquistas), que tuvieron que marcharse de España al final de la Guerra Civil cuando su bando fue derrotado.

A. Lee el texto sobre el exilio español y después contesta las preguntas que se plantean.

El gobierno mexicano, que desde el comienzo de la Guerra Civil española apoyó a los republicanos, decidió acoger a miles de españoles que huyeron de su país. Así el presidente de México en aquel momento, Rafael Cárdenas, les ofreció asilo y los ayudó a establecerse en el país. Entre los exiliados españoles se encontraba un gran número de intelectuales–escritores, filósofos, artistas, científicos–y de profesionales altamente cualificados, que se instalaron de forma permanente en el país, contribuyendo de manera significativa al desarrollo cultural, científico y técnico de la sociedad mexicana de la época.

1. ¿Por qué fueron los españoles republicanos a México?

_____

2. ¿Por cuánto tiempo se quedaron en ese país?

_____

B. Además de la guerra, existen otras razones por las que una persona decide dejar su país de origen y establecerse en otro lugar, ¿podrías mencionar algunas?

1. _____

2. _____

3. _____

Redacción

6-36 Guillermo del Toro. Toma nota de la información sobre Guillermo del Toro y después resume en un párrafo esa información en oraciones completas.

1. país de origen:

2. profesión:

3. características típicas de sus películas:

4. un ejemplo de una película:

5. descripción de esa película:

_____

_____

_____

_____

_____

_____

_____

A escuchar

6-37. Coloquialismos de México y España. Escucha la conversación entre Claudia, una joven mexicana y Rodrigo, su amigo español.

A. Contesta las preguntas que aparecen a continuación:

1. ¿Qué actividad planean Claudia y Rodrigo?

_____

_____

2. ¿A qué sitio deciden ir?

_____

_____

3. ¿Quién conoce más a Gastón?

_____

_____

4. ¿Por qué deciden no invitar a Alejandro?

_____

_____

5. ¿Cuál es la decisión final de Rodrigo y Claudia?

_____

_____

B. Escribe el significado de los coloquialismos.

1. ¿Qué onda?   _____

2. un mogollón de…   _____

3. ir de reventón   _____

4. ¡Qué padre!   _____

5. lana   _____

6. pijo   _____

7. ¡Qué guay!   _____

8. órale   _____

Más allá de las palabras

Ven a conocer

6-38 ¿Recuerdas? Varios estudiantes planean sus viajes para las próximas vacaciones. Usando la siguiente lista de sitios de interés y las descripciones, indica adónde deben ir y por qué.

- la ciudad de Oaxaca, México

- la ciudad de Santiago de Compostela, España

- Atzompa, México

- Huatulco, México

- la ruta Monte Albán-Zaachila

1. Alberto: "Me encantan las ciudades con hermosos centros históricos. Me gusta ir andando para ver las casas antiguas, las galerías y la artesanía".

   _____

2. Juan Antonio: "Me gusta mucho estudiar arqueología y específicamente me interesan las culturas indígenas".

   _____

3. Belén: "Quiero ir a la costa del océano Pacífico. En general, prefiero quedarme en los complejos turísticos pero también me importa conservar el medio ambiente y disfrutar la belleza natural".

   _____

4. Arturo: "Soy una persona religiosa y quiero ver la tumba del Apóstol Santiago".

   _____

A escuchar

6-39 Un programa de radio. Vas a escuchar un programa de radio que trata del Camino de Santiago.

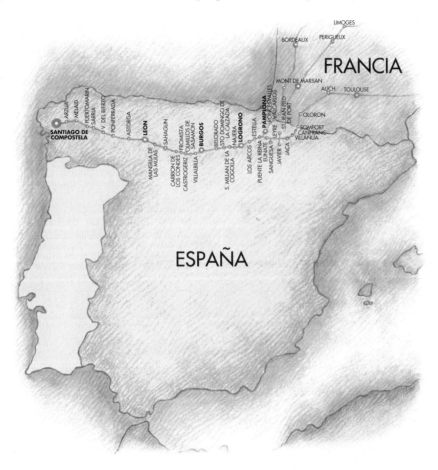

A. Orientación.

1. ¿Dónde tiene lugar el programa de radio?

    a. Madrid, España   **b.** Santiago, España

    c. México D.F.   **d.** Francia

2. ¿Quién es Pedro?

    a. un reportero   **b.** un sevillano que quiere recorrer el camino

    c. un experto del camino   **d.** un residente de Santiago

3. ¿Cuál es el propósito principal del programa?

    a. contar experiencias personales de gente que ha recorrido el camino

    b. quejarse de la cantidad de gente que participa en la peregrinación

    c. discutir los itinerarios del viaje

    d. dar consejos prácticos a gente que quiere recorrer el camino

B. Las ideas principales. Según Pedro, explica dos de los propósitos principales de hacer la peregrinación a Santiago. Sé específico/a en tu respuesta.

_____

_____

_____

C. Detalles importantes.

1. Según Pedro, ¿es mejor recorrer el camino en primavera, verano u otoño? ¿Por qué?

_____

2. ¿Prefiere Pedro hacer la peregrinación a pie o en bici? ¿Por qué?

_____

3. Menciona dos cosas específicas que un viajero necesita llevar.

_____

4. ¿Por qué es importante conseguir una credencial del peregrino?

_____

D. Aplicación. Un/a amigo/a tuyo/a te pide viajar a España en julio para recorrer el Camino de Santiago. ¿Vas o no? ¿Por qué?

_____

_____

_____

E. Atención a los verbos. Vas a escuchar algunas oraciones del programa. Identifica si los verbos están en el pretérito, el imperfecto o el presente perfecto.

Oración 1:	pretérito	imperfecto	presente perfecto
Oración 2:	pretérito	imperfecto	presente perfecto
Oración 3:	pretérito	imperfecto	presente perfecto
Oración 4:	pretérito	imperfecto	presente perfecto

El escritor tiene la palabra

En esta sección tendrás la oportunidad de aprender más sobre las leyendas y aplicar este conocimiento a la leyenda "Los novios" de tu libro de texto.

6-40 Características de las leyendas. Lee las siguientes descripciones y contesta las preguntas.

- El marco escénico de las leyendas es el pasado.

1. Específicamente, ¿cuándo ocurrieron los eventos en "Los novios"? Explica cómo lo sabes usando evidencia específica del texto.

_____

_____

- Los personajes principales de una leyenda normalmente incluyen:

    — un líder, como un rey o presidente

    — un héroe o una heroína

    — un anti-héroe o antagonista, que a veces es una persona o puede ser un grupo de personas

2. En "Los novios" identifica el líder, el nombre del héroe y del anti-héroe. ¿Con cuál te identificas más? ¿Por qué?

_____

_____

- Los temas tratados en una leyenda muchas veces reflejan los valores culturales y sociales más importantes de la cultura. Por eso, una de las funciones importantes de una leyenda es presentar una moraleja. Por ejemplo, la leyenda de Cenicienta (*Cinderella*) muestra la importancia del trabajo duro y nos recuerda que la bondad siempre es recompensada.

3. Pensando en los temas de "Los novios", ¿qué valores culturales y sociales se ven reflejados? Menciona específicamente dos y explica por qué.

_____

_____

_____

- Otra función frecuente de las leyendas es explicar el porqué de la existencia de un rasgo geográfico o de un comportamiento cultural para la gente contemporánea. Por ejemplo, la leyenda de Johnny Appleseed nos explica el porqué de todos los árboles.

4. Explica en tus palabras el porqué de la existencia de los dos volcanes en México, según la leyenda.

_____

_____

_____

6-41 Mi diario literario. Escribe tu reacción personal a la leyenda. Considera las siguientes preguntas:

- Un pequeño resumen: En tu opinión, ¿cuáles son los eventos más importantes ocurridos?
- Dificultades: ¿Hay partes de la leyenda que no entendiste muy bien? Explica cuáles son y por qué crees que te han causado problemas.
- Reacción personal: ¿Te gusta la leyenda? ¿Por qué? ¿Qué aspectos cambiarías? ¿Por qué?

_____
_____
_____
_____
_____
_____
_____
_____
_____
_____
_____

Para escribir mejor

Los cognados y la ortografía

Los **cognados exactos** son palabras que se escriben de manera similar en inglés y español, y que tienen el mismo significado. Los **cognados semi-exactos** son palabras con el mismo significado pero que se escriben de manera diferente. En esta sección vas a aprender cómo escribir algunos de ellos. Al leer las explicaciones y hacer las actividades practica tu pronunciación, repitiendo las palabras en voz alta.

I. Cognados con *c*

- Los cognados que se escriben con *cc* en inglés normalmente se escriben con *c* en español.

  EJEMPLOS: *accent*   acento
                   occur   ocurrir

6-42 Práctica. Escribe las siguientes palabras en español.

1. *accept* = _____

2. *occupied* = _____

3. *preoccupation* = _____

4. *accuse* = _____

5. *succesion* = _____

6. *ecclesiastic* = _____

• Muchos cognados que se escriben con *c* en inglés no llevan esta letra en su equivalente en español.

EJEMPLOS: *sanctuary* santuario

*respe**c**t* respeto

6-43 Práctica. Escribe las siguientes palabras en español.

1. *adjective* = _____

2. *object* = _____

3. *punctual* = _____

4. *respect* = _____

5. *subjunctive* = _____

6. *subject* = _____

• Los cognados que se escriben con *ch* en inglés se escriben con *c* o *q* en español.

EJEMPLOS: *bio**ch**emistry* bio**q**uímica

***ch**aracter* **c**arácter

6-44 Práctica. Escribe las siguientes palabras en español.

1. *archaeology* = _____

2. *psychology* = _____

3. *technique* = _____

4. *architectonic* = _____

5. *machine* = _____

6. *monarchy* = _____

6-45 Repaso. Completa las siguientes oraciones con la palabra apropiada de las actividades anteriores.

1. Es importante ser siempre _____ en las clases porque en los primeros

momentos el profesor explica las tareas.

2. La profesora no _____ las tareas después de las fechas de entrega.

3. En la clase de diseño, los estudiantes han estudiado las contribuciones _____

de los griegos a la construcción de la Casa Blanca.

4. Por tener tanta tarea, los estudiantes siempre están muy _____.

II. Cognados con *p*

Las palabras que se escriben con *pp* en inglés se escriben con solo una *p* en español.

EJEMPLOS: *o**pp**ortunity* o**p**ortunidad

*a**pp**lication* a**p**licación

6-46 Práctica. Escribe las siguientes palabras en español.

1. *appreciation* = _____

2. *to approve* = _____

3. *appearance* = _____

4. *approximation* = _____

III. Cognados con *m, nm* y *n*

Las palabras que se escriben con *mm* y *nn* en inglés se escriben con *m, nm* y *n* en español.

EJEMPLOS: mm – m   mm – nm   nn – n
           communicate   *immigration*   *innocent*
           comunicar   inmigración   inocente

6-47 Práctica. Las siguientes palabras están mal escritas. Escríbelas correctamente.

1. immediato = _____

2. grammática = _____

3. anniversario = _____

4. immortal = _____

5. commité = _____

6. annual = _____

IV. Los cognados con *f*

1. Las palabras que se escriben con *ph* en inglés se escriben con *f* en español.

EJEMPLOS: *philosophy*   filosofía
           pharmacy   farmacia

6-48 Práctica. Completa los siguientes espacios con la palabra en español.

1. Ayer Marta habló con su mejor amiga por _____ (*telephone*).

2. No se puede traducir la _____ (*phrase*) al español.

3. La _____ (*geography*) de Latinoamérica es muy variada.

4. La última _____ (*phase*) del proyecto fue la más difícil de escribir.

V. Más cognados con *f*

2. Las palabras que se escriben con *ff* en inglés se escriben con solo *f* en español.

EJEMPLOS: *suffer*   sufrir
           traffic   tráfico

6-49 Práctica. Escribe las siguientes palabras en español.

1. *affirmative* = _____

2. *caffeine* = _____

3. *offense* = _____

4. *different* = _____

VI. Otros cognados

1. Las terminaciones *–tion* y *–sion* en inglés se escriben normalmente *–ción* o *–sión* en español.

   EJEMPLOS: *reconciliation*   reconcilia**ción**

   comprehension   compren**sión**

2. Las terminaciones *–ent* y *–ant* en inglés se escriben *–ente* o *–ante* en español.

   EJEMPLOS: *dissident*   disid**ente**

   restaurant   restaur**ante**

3. Las palabras que se escriben con *qua* o *que* en inglés se escriben normalmente con *ca* o *cue* en español.

   EJEMPLOS: *questionable*   **cues**tionable

   quantity   **ca**ntidad

4. Las palabras que se escriben con *the* en inglés normalmente se escriben con *te* en español.

   EJEMPLOS: *theory*   **te**oría

   thermal   **te**rmal

5. Las palabras que empiezan con *s* + **consonante** en inglés normalmente se escriben con *es* en español.

   EJEMPLOS: *standard*   **es**tándar

   special   **es**pecial

6-50 Resumen. Un estudiante escribió el siguiente párrafo sobre los sacrificios de los aztecas pero ha escrito mal muchos cognados. Revisa el párrafo, corrigiendo los doce errores de ortografía.

La religión azteca es muy differente de la religión católica por su práctica del sacrificio humano. Su theoría philosófica es que por el sacrificio communican su respeto a sus dioses y ellos dan su protection a los seres humanos. Muchas veces sus víctimas eran personas innocentes pero también tomaban prisioneros de otras tribus de la peripheria. Los aztecas tenían muchos monumentos architectónicos impresionentes y distintivos, entre ellos se incluyen las pirámides donde tenían lugar estos sacrificios. La questión de los sacrificios humanos es difícil de entender sin acceptar las diferencias religiosas.

1. _____   7. _____

2. _____   8. _____

3. _____   9. _____

4. _____   10. _____

5. _____   11. _____

6. _____   12. _____

Para pronunciar mejor

j + a, o, u   g/j + e, i

- These consonants always sound as the **h** in *house*.
- There is no rule to determine whether to write **g** or **j** when the vowels **e, i** follow.
- ATTENTION: Learners may mistakenly pronounce **ge**, **gi**, as the soft sounds spelled in Spanish as **gue**, **gui**, or as in the English words *gentle, agitate*. Learners may also mistakenly sound out **j** as in the English word *joke*.

6-51 Repite. Listen to the recording and repeat each word after you hear it. Notice the pronunciation of **ge** vs. **gue** and **gi** vs. **gui**.

1. gente
2. Miguel
3. gitano
4. guita
5. género
6. liguero
7. ligero
8. agitar
9. Guillermo
10. mujer
11. ajo
12. judía
13. relojes
14. Julia
15. oreja

6-52 Dictado. Listen to the recording and write the word you hear.

1. _____
2. _____
3. _____
4. _____
5. _____
6. _____
7. _____
8. _____

6-53 Trabalenguas. Repeat after you hear this tongue twister. Repeat it until you can recite the tongue twister without stopping.

Juanjo y Juana

les dijeron a los hijos de Josefina

que dejaran de jugar

en los jardines del Jeneralife.

IDEOLOGÍAS DE NUESTRA SOCIEDAD (PAÍSES DEL CARIBE)

TEMA

1 Nuestras ideologías   204

2 Música y sociedad   214

3 Nuestra identidad política   223

Más allá de las palabras   234

TEMA **1** Nuestras ideologías

Vocabulario del tema

7-1 Cuba ayer y hoy. Marca con un círculo la frase que completa cada oración según tus conocimientos de la historia de Cuba.

1. Ha transcurrido **más de medio siglo/más de una década** desde la Revolución cubana.

2. La Revolución cubana ha logrado **avances sociales/una economía fuerte**.

3. Los ciudadanos cubanos **no tienen/tienen cubiertas** las necesidades básicas.

4. El bloqueo económico **ha debilitado/no ha debilitado** el gobierno cubano.

5. EE. UU. invadió la isla en 1961 y provocó **el derrocamiento del gobierno comunista/un derramamiento de sangre**.

6. Un avance sociopolítico del gobierno comunista ha sido **una prensa libre/la protección de los derechos civiles de las minorías**.

7-2 ¿Recuerdas?

A. Responde a las preguntas según la información sobre Cuba que has leído en tu libro de texto.

1. ¿Cómo se llama el líder actual de Cuba?

   _____

   _____

2. ¿Cómo se llamaba el dictador que gobernó antes de la Revolución cubana?

   _____

   _____

3. ¿Cuáles son dos consecuencias positivas de la Revolución cubana?

   _____

   _____

4. ¿Cuáles son dos aspectos de la sociedad cubana que reciben mucha crítica en los países democráticos?
   a. _____

   b. _____

5. ¿Cuál fue el resultado de la invasión estadounidense de la Bahía de Cochinos en 1961?

   _____

   _____

6. ¿Qué efecto ha tenido el bloqueo económico?

   _____

   _____

B. ¿Cuál es tu predicción para el futuro de Cuba? ¿Qué pasará en los próximos diez años?

_____

_____

_____

_____

_____

_____

_____

7-3 Verbos importantes. En este capítulo se repasan varios usos del subjuntivo. Escribe los verbos siguientes en la categoría apropiada.

ser dudoso	insistir en	molestar	ser verdad
sentir	ser evidente	aconsejar	ser obvio
creer	no creer	ser seguro	sugerir
preocuparse	ser triste	ser mejor	ser una lástima
estar claro	querer	ser cierto	parecer interesante
ser imposible	recomendar	tener miedo de	ser buena idea

DUDA	CONSEJO	EMOCIÓN	CERTEZA

A escuchar

7-4 Una noticia cubana. Escucha esta noticia de un programa de radio de Cuba. Después, completa los pasos a continuación.

A. Completa las oraciones con la información del texto.

1. El viernes pasado se graduaron _____.

2. Una de las metas sociales de la Revolución cubana fue _____

_____.

3. El programa de formación de enfermeros empezó con el propósito de _____

_____.

4. Muchos de los graduados son _____ y participar en el programa les dará

_____.

B. ¿Es favorable el tono de la noticia hacia el régimen de Castro? ¿Cómo lo sabes? _____

_____

_____

_____

_____

Gramática

Another Look at the Subjunctive in Noun Clauses

7-5 Opiniones. Las siguientes oraciones expresan las ideas políticas de varios cubanos exiliados en Miami.

A. Para cada oración, identifica la cláusula principal y la cláusula subordinada según el modelo. Después identifica si la oración expresa certeza, duda, recomendación o juicio/emoción.

> **MODELO**
>
> Yo creo que al morir Castro se establecerá una democracia en Cuba.
> cláusula principal = **yo creo**
> cláusula subordinada = **que al morir Castro se establecerá una democracia en Cuba**
> ¿Qué expresa? = **certeza**

1. Mi esposo y yo queremos que la dictadura se acabe.

   cláusula principal = _____

   cláusula subordinada = _____

   ¿Qué expresa? _____

2. Es imposible que el gobierno de Cuba mejore la economía.

   cláusula principal = _____

   cláusula subordinada = _____

   ¿Qué expresa? _____

3. A los cubanos en Miami nos preocupa que el gobierno cubano no nos permita volver a la isla.

   cláusula principal = _____

   cláusula subordinada = _____

   ¿Qué expresa? _____

4. Es cierto que en los últimos años siguen viniendo a EE. UU. refugiados políticos.

   cláusula principal = _____

   cláusula subordinada = _____

   ¿Qué expresa? _____

B. ¿Cuál de las oraciones anteriores no lleva subjuntivo? ¿Por qué?

   Oración número _____ porque _____.

7-6 Cubanos famosos en Estados Unidos. Muchos cubanoamericanos han desarrollado carreras exitosas en Estados Unidos. Relaciona los personajes del primer grupo con sus dudas, recomendaciones y emociones en el segundo.

1. Narciso Rodríguez (diseñador de moda) desea que…

2. Marco Rubio (político) recomienda que…

3. Cristina García (escritora) está contenta de que…

4. Andy García (actor) se alegró de que…

5. Soledad O'Brien (presentadora de noticias) duda que…

6. Willy Chirino (músico) lamenta que…

7. Nilo Cruz (autor de obras de teatro) espera que…

a. el gobierno americano mantenga su política de embargo contra Cuba.

b. su noticiero sea visto en Cuba.

c. el gobierno cubano no le permita dar un concierto en la isla.

d. sus novelas sean traducidas a varios idiomas.

e. sus colecciones sean admiradas por las mujeres más elegantes.

f. su obra *Ana en los Trópicos* sea representada en Broadway.

g. su papel en *El Padrino* le diera tanta popularidad.

7-7 Soñando en cubano. Rosalía le escribe un correo electrónico a su amiga Sofía acerca de un libro que acaba de leer. Mientras lees su mensaje, escoge la forma apropiada de los verbos entre paréntesis.

Hola Sofía,

Te escribo para hablarte de una novela que quiero que 1. _____ (lees/leas).

Se llama *Soñando en cubano* y es de la escritora Cristina García. Yo acabo de leerla en mi clase

de literatura y creo que 2. _____ (es/sea) interesantísima. La historia

comienza justo después de la Revolución, cuando Lourdes decide escaparse a Estados Unidos

porque no desea que su hija Pilar 3. _____ (crece/crezca) en un ambiente de

opresión. Pero la vida en el exilio tampoco resulta fácil. Lourdes trabaja muy duro y Pilar está

triste de que su familia no 4. _____ (puede/pueda) viajar a Cuba para visitar

a su abuela Celia. Por otra parte, las condiciones de vida de Celia en la isla son igualmente

muy difíciles, y aunque ella apoya completamente el régimen de Castro y no quiere abandonar

su país, espera que se 5. _____ (produce/produzca) un cambio y que el

futuro 6. _____ (es/sea) mejor. En definitiva, es un libro entretenido y muy

recomendable para comprender mejor la historia reciente de Cuba. Yo sé que tú siempre

7. _____ (estás/estés) muy ocupada y dudo que 8. _____

(tienes/tengas) mucho tiempo para leer, pero estoy segura de que este libro te

9. _____ (va/vaya) a encantar, ya verás.

Hasta pronto,

Rosalía

7-8 Un extranjero en La Habana

A. Fernando acaba de llegar a La Habana como estudiante y le pregunta a la gente qué sitios debe visitar. Completa las siguientes oraciones con la forma apropiada del verbo.

1. "Yo te aconsejo que _____ (visitar) la parte vieja de la ciudad ya que su aspecto es claramente colonial".

2. "Yo siempre les recomiendo a los recién llegados que _____ (ir) a Santiago de Cuba y _____ (visitar) el Castillo del Morro y su Museo de Piratería".

3. "Nos parece importante que los extranjeros _____ (ver) la verdadera vida cubana, por eso les recomendamos que _____ (pasear) por los barrios de la ciudad y que _____ (evitar) las zonas turísticas".

4. "Yo le sugiero que _____ (caminar) por el bulevar del Malecón porque el paseo da a las playas y a los rascacielos".

B. Un amigo tuyo está pensando visitar La Habana. ¿Recomiendas que vaya o no? ¿Por qué?

Plaza de la Revolución

©Bettmann/CORBIS

_____

_____

_____

_____

7-9 Perspectivas históricas. ¿Cómo reaccionaron estas personas cuando Castro subió al poder? Completa las siguientes oraciones según el modelo.

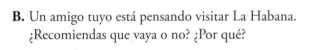

MODELO

la clase alta cubana / tener miedo de que…
La clase alta cubana tenía miedo de que el gobierno tomara sus posesiones.

1. Al presidente John F. Kennedy / no gustarle que…

_____

2. El gobierno de la Unión Soviética / estar contento de que…

_____

3. Los estadounidenses / preocuparse de que…

_____

4. La gente pobre de Cuba / alegrarse de que…

_____

7-10 Hacia el futuro. ¿Cómo crees tú que será el futuro de la isla? Expresa tu certeza o tus dudas con respecto a estas posibilidades usando expresiones como: **ser (im)posible que, ser (im)probable que, (no) creer que, (no) pensar que, ser dudoso que, (no) ser cierto que,** etc.

> **MODELO**
> EE. UU. pondrá fin al bloqueo económico.
> **Es dudoso que EE. UU. ponga fin al bloqueo económico.**

1. Vendrán a Miami más refugiados políticos cubanos.

_____

2. Con Raúl Castro habrá cambios políticos radicales.

_____

3. El gobierno de Cuba organizará elecciones para elegir a un nuevo presidente.

_____

4. Los prisioneros políticos serán liberados.

_____

5. Con la muerte de Fidel Castro, Cuba se convertirá en una democracia.

_____

Nombre: _____ Fecha: _____ Clase: _____

7-11 Una reseña. Completa este artículo publicado al día siguiente del último concierto de Gloria Estefan en Miami. Completa los espacios con la forma correcta del verbo.

Gloria Estefan, hoy y siempre

Una vez más Gloria Estefan ha demostrado que su música nunca pasa de moda. Al iniciar el concierto Gloria le pidió a su público que la 1. _____ (acompañar) con las palmas y que 2. _____ (cantar) con ella. La respuesta del público no se hizo esperar. Al ritmo de la música que nos llevó treinta años atrás, Gloria cantó en inglés y en español y era evidente que la gente 3. _____ (estar) muy emocionada. A los que crecimos oyendo la música que hizo famosa a Gloria nos pareció fabuloso que ella y su orquesta 4. _____ (cantar) la canción "Conga", que la hizo popular cuando aún no tenía 20 años. Al terminar cada canción las personas insistían en que 5. _____ (continuar). Me pareció increíble que Gloria no 6. _____ (detenerse) durante la primera hora del concierto y que 7. _____ (bailar) con la misma energía que siempre ha tenido. Es evidente que su estado físico 8. _____ (ser) fenomenal.

En su carrera artística de más de treinta años, Gloria ha vendido más de 70 millones de discos y no hay duda de que la gente 9. _____ (continuar) apoyando su talento. En 1990, después de un grave accidente, todos teníamos miedo de que la carrera de la cubana 10. _____ (llegar) a su fin. Fue sorprendente que 11. _____ (regresar) a los escenarios y que 12. _____ (grabar) un nuevo disco al año siguiente. Con esa motivación que la caracteriza y con nuevos planes de escribir un libro y hacerse actriz, es posible que Gloria 13. _____ (alcanzar) los 100 años llenando estadios con miles de personas que, como en la noche de hoy, insisten en que Gloria 14. _____ (ser) lo mejor de Cuba.

7-12 Tu último concierto. Escribe una reseña breve del último concierto al que asististe. Incluye tus propias reacciones y emociones, además de las de tus amigos y del público en general.

_____
_____
_____
_____
_____
_____
_____

Redacción

7-13 ¿Cuba libre? Un grupo de países democráticos ha creado un comité para establecer un diálogo con el gobierno cubano sobre el futuro de la isla.

VOCABULARIO ÚTIL

justificarse	violaciones	sanciones
debilitar	derrotar	generar
derramamiento de sangre	incremento	tensión

A. Eres un/a representante de un país democrático y tu tarea es preparar una lista de objetivos para el futuro de Cuba. Escribe un párrafo con por lo menos tres recomendaciones y explica por qué son importantes.

_____

_____

_____

_____

B. Eres el/la representante cubano/a en el comité. Trabajas para el gobierno. Escribe un párrafo con una lista de tus propios objetivos para el futuro de Cuba, incluyendo por lo menos tres y explicando el porqué de los mismos.

_____

_____

_____

_____

_____

A escuchar

7-14 Tener una discusión acalorada. Ramiro y Mónica son estudiantes universitarios de tercer año. Han sido amigos desde la secundaria y tienen un problema debido al trabajo de Mónica como publicista y a la candidatura de Ramiro al senado estudiantil. Escucha la conversación y completa las actividades que aparecen a continuación.

A. ¿Quién lo hizo? Lee las siguientes oraciones y escribe el nombre indicado.

1. _____ le hizo publicidad al adversario de la otra persona.

2. _____ le dice a la otra persona que es muy insegura.

3. _____ es la persona que se siente traicionada.

4. _____ se va a lanzar al senado estudiantil.

5. _____ se enojó cuando vio el logotipo de la empresa de la otra persona en la publicidad de su adversario.

6. _____ creía que esta oportunidad era un excelente negocio.

7. _____ es la persona que se sintió traicionada hace 4 años.

8. _____ cree que la otra persona no es honesta y que debe madurar.

B. A reflexionar. Contesta las siguientes preguntas.

1. ¿Crees que Mónica hizo lo correcto al hacerle publicidad al adversario de su amigo? Explica.

_____

_____

_____

2. ¿Crees que la reacción de Ramiro es exagerada? Elabora.

_____

_____

_____

3. ¿Por qué se siente traicionado Ramiro? ¿Él está siendo justo o no? Explica.

_____

_____

_____

4. ¿Cómo se defiende Mónica de las acusaciones de Ramiro? Da dos razones.

_____

_____

_____

TEMA 2 Música y sociedad

Vocabulario del tema

7-15 La historia del merengue. Escribe las palabras de la lista en el espacio en blanco correspondiente para completar el párrafo.

raíces	ha conseguido	consolidar
ya que	dictador	barrios
letras	gobernó	

Las **1.** _____ del merengue se encuentran en las áreas rurales de la República Dominicana. En las ciudades, el merengue se asociaba con los **2.** _____ pobres. Sin embargo, hoy en día el merengue es popular entre todos los dominicanos **3.** _____ esta música es un elemento necesario en las interacciones sociales de todas las clases. El merengue **4.** _____ esta popularidad gradualmente a través de la historia. Fue el **5.** _____ Rafael Trujillo quien elevó el estatus del merengue al usarlo para **6.** _____ su poder. Durante los años en que Trujillo **7.** _____ el país, las orquestas tenían la obligación de tocar merengue y las **8.** _____ de las canciones celebraban las "virtudes" del dictador.

7-16 ¿Recuerdas? Lee estas declaraciones y responde a las preguntas sobre la historia del merengue.

MODELO

El merengue no ha sido siempre universalmente popular. ¿Por qué?
Porque en el pasado se asociaba el merengue con los barrios pobres.

1. Las raíces del merengue no son urbanas. ¿Dónde tiene sus raíces el merengue?

_____

_____

2. El dictador Rafael Trujillo usó el merengue para consolidar su poder. ¿Cómo lo hizo?

_____

_____

3. Hoy en día, la identidad dominicana se asocia con el merengue. ¿Por qué?

_____

_____

4. Rafael Trujillo gobernó la República Dominicana por un largo período. ¿Cuánto tiempo fue dictador de este país?

_____

_____

5. Trujillo daba instrucciones específicas a los compositores de merengue. ¿Qué tipo de letras les encargaba?

_____

_____

A escuchar

7-17 Inmigración dominicana. Escucha la presentación dada por la profesora Tavares y completa las siguientes actividades.

A. Completa el cuadro con la información que falta.

Datos demográficos de Estados Unidos

Año	Habitantes
	4 millones
2008	
2060	

B. Contesta las siguientes preguntas.

1. ¿Cuál es la tasa estimada de crecimiento anual de la población estadounidense en los próximos cincuenta años? _____

2. Según la profesora Tavares, ¿cuántas personas inmigrarán a Estados Unidos en los próximos cincuenta años? _____

3. ¿Qué porcentaje de la población estadounidense es hispana/latina en la actualidad?

_____

4. Para el año 2060, ¿se espera que el porcentaje de la población hispana se duplique, se triplique o se quintuplique? _____

C. Empareja los años de la columna de la izquierda con los números correspondientes.

Población dominicana en Estados Unidos

1. 1960	**a.** alrededor de 1,220,000
2. 1980	**b.** 11,883
3. 2000	**c.** 687,675
4. 2008	**d.** 168,147

D. Completa los datos que faltan sobre algunos inmigrantes dominicanos famosos.

    1. Dos beisbolistas famosos son: _____ y _____ .

    2. _____ escribió las novelas *De cómo las muchachas García perdieron el acento* y *En el tiempo de las mariposas.*

    3. El diseñador _____ también es dominicano.

    4. Johnny Pacheco es considerado el padrino de _____.

Gramática

The Subjunctive in Adjective Clauses

7-18 La gente habla. ¿Qué quería la gente al terminar la dictadura de Trujillo? Lee las siguientes oraciones e identifica el antecedente y después explica si es un antecedente conocido o desconocido.

> **MODELO**
>
> Buscábamos un líder que hiciera reformas democráticas.
>
> ¿Antecedente? = **un líder**
>
> ¿Conocido o no?= **desconocido**

    1. Preferíamos un gobierno que no fuera vulnerable a la corrupción.

        ¿Antecedente? = _____

        ¿Conocido o no? = _____

    2. Nos gustó la estabilidad económica que aportó EE. UU. durante la ocupación.

        ¿Antecedente? = _____

        ¿Conocido o no? = _____

    3. El pueblo quería elecciones que no fueran fraudulentas.

        ¿Antecedente? = _____

        ¿Conocido o no? = _____

    4. La gente apoyaba las reformas que ayudaban a crear trabajos.

        ¿Antecedente? = _____

        ¿Conocido o no? = _____

7-19. "Las Mariposas". Tu amiga Rosa y tú asisten a la presentación en España de un libro de la escritora dominicana Julia Álvarez. Mientras lees el siguiente párrafo, selecciona la forma correcta de los verbos entre paréntesis.

En el tiempo de las mariposas es una novela que **1.** _____ (se basa/se base) en la historia real de las hermanas Mirabal. Estas fueron asesinadas el 25 de noviembre de 1960 por orden de Rafael Leónidas Trujillo, que **2.** _____ (fue/fuera) dictador de la Republica Dominicana por más de treinta años. Pero aquel acontecimiento, que se **3.** _____ (presentó/presentara) en principio como un trágico accidente, contribuyó a despertar la conciencia entre la población, y terminó unos meses más tarde con el asesinato del dictador. Las tres hermanas, Patria, Minerva y María Teresa Mirabal, que **4.** _____ (eran/fueran) defensoras de la libertad y de la justicia, dedicaron gran parte de su corta vida a luchar clandestinamente contra la tiranía de Trujillo. Por su actividad rebelde y sus ideales democráticos, que nunca **5.** _____ (abandonaron/abandonaran), fueron encarceladas y torturadas en varias ocasiones. Si busca un libro que **6.** _____ (es/sea) entretenido y que le **7.** _____ (ayuda/ayude) a comprender mejor la historia reciente de Latinoamérica, les recomendamos esta novela, que ya **8.** _____ (es/sea) un éxito de ventas en varios países.

7-20 De vacaciones. Punta Cana es un lugar muy turístico en la República Dominicana.

A. Lee esta descripción que aparece en un folleto turístico sobre Punta Cana y subraya (*underline*) las cláusulas adjetivas que encuentres.

Punta Cana, que es el nombre que recibe un cabo (*cape*) situado al este de la República Dominicana, es uno de los lugares más turísticos del Caribe. Generalmente, los viajeros llegan al Aeropuerto Internacional Punta Cana, que está situado a tan solo unos 30 kilómetros de la zona hotelera. En Punta Cana existe una gran variedad de hoteles, desde los más modestos, para las personas que quieran gastar poco dinero, hasta los más lujosos, para aquellos que deseen disfrutar de todas las comodidades posibles. Punta Cana ofrece al turista una multitud de playas paradisiacas, aunque quizás la más famosa sea la playa de Bávaro, que sorprende por la belleza de sus aguas transparentes, su arena blanca y fina y sus densos palmerales. Además de tomar el sol y relajarse en la playa, el visitante que lo desee podrá practicar buceo, surf o golf, que son los deportes más populares, y participar en interesantes excursiones. Los restaurantes de Punta Cana, que sirven excelentes mariscos, arroces y carnes, son muy apreciados, al igual que las numerosas discotecas de la zona, que animan la vida nocturna con su música. La República Dominicana tiene un clima tropical que permite disfrutar de temperaturas muy agradables todo el año, así que si está pensando en tomarse unas vacaciones, ¡Punta Cana es el destino ideal!

B. Ahora, escribe algunos detalles sobre un lugar al que te gustaría ir de vacaciones.

1. Quiero ir de vacaciones a un lugar que _____.

2. Deseo alojarme en un hotel que _____.

3. Necesito una habitación que _____.

4. Durante el día, prefiero actividades que _____.

5. Para comer, busco restaurantes que _____.

6. Por la noche, me gustaría ir a lugares que _____.

7-21 Promesas políticas para el futuro. El nuevo candidato presidencial de la República Dominicana está preparando un discurso para presentar su visión del futuro gobierno del país.

A. Conjuga los verbos entre paréntesis y luego marca con una ✔ las tres ideas más importantes que crees que debe incluir.

Yo quiero un gobierno que…

❑ (establecer) _____ programas para promover el turismo.

❑ (eliminar) _____ la corrupción a nivel nacional y local.

❑ (proteger) _____ los intereses del pueblo, especialmente los servicios

médicos para los niños.

❑ (reorganizar) _____ el sistema electoral para evitar que haya fraude.

❑ (promover) _____ la cultura del país, por ejemplo, la importancia del merengue.

❑ (crear) _____ nuevos trabajos para bajar el nivel de desempleo.

B. Explica brevemente el porqué de tu selección.

_____

_____

_____

7-22 La música popular. Varios estudiantes van a ir a un club el fin de semana que viene. Antes de decidir a qué lugar irán, hablan de sus preferencias. Escribe las oraciones con la información dada.

> **MODELO**
> A mí / gustar / las discotecas / estar en el centro
> **A mí me gustan las discotecas que están en el centro.**

1. A Marisa / gustarle las canciones / tocar Juan Luis Guerra

_____

2. Fernando y Luis / querer bailar en un club / tener música *rap* o *hip-hop*

_____

3. Aurelia / buscar una banda / ser local

_____

4. Marcos / querer ir a un sitio / abrirse después de las 11:00 de la noche

_____

7-23 Espectáculos musicales. Te encuentras los siguientes anuncios en el campus de tu universidad. Usando la información y las preferencias de los estudiantes de la actividad 7-22, escribe una recomendación para los estudiantes. Usa los verbos **recomendar, sugerir y aconsejar** y el subjuntivo.

El Club de Ritmos Dominicanos
los invita a. . .
un concurso de merengue

Vengan vestidos para bailar e impresionar el viernes *20 de marzo* a las 10:00 de la noche. El concurso empezará a las 10:30 y durará hasta encontrar a los mejores bailarines de merengue. No es necesario venir con pareja. Entrada: $10.00

STUDIO 54

Presentamos este viernes una explosión de música con las mejores bandas locales de HIP-HOP, RAP y ROCK & ROLL. Las puertas se abrirán a las 12:00 p. m. y la fiesta de baile y música durará hasta la madrugada. Vengan a conocer a los mejores músicos, cantantes y bailarines de nuestra ciudad.

MODELO

Recomiendo que Marisa vaya al Club de Ritmos Dominicanos.

1. Marisa: _____

2. Fernando y Luis: _____

3. Aurelia: _____

4. Marcos: _____

5. Tú: _____

7-24 Tus preferencias musicales. ¿Qué preferencias tienes cuando sales con tus amigos? Describe el tipo de música, el tipo de club y el ambiente que prefieres cuando sales con tus amigos, usando verbos como **buscar, querer, preferir** o **necesitar.**

_____

_____

_____

_____

_____

_____

7-25 Un cantante dominicano. Juan Luis Guerrera es posiblemente el cantante dominicano más conocido internacionalmente.

A. Lee esta breve biografía de Juan Luis Guerra y contesta las preguntas que se presentan a continuación.

Juan Luis Guerra nació en Santo Domingo en 1957. A los diez años comenzó sus estudios de guitarra, que era su instrumento favorito, aunque no fue hasta mucho más tarde cuando decidió convertirse en músico profesional. Para decepción de su padre, que había sido jugador de baloncesto profesional, al pequeño Juan Luis no le gustaban los deportes, y después de la escuela prefería quedarse en casa leyendo y escribiendo. Por eso, soñaba con un trabajo que le permitiera escribir y estar rodeado de libros. En la universidad, estudió filosofía y literatura, aunque para sorpresa de todos, abandonó sus estudios en su segundo año para dedicarse por completo a la música. En 1980 fue a Estados Unidos para estudiar composición. Allí conoció a su esposa y empezó a grabar sus propias canciones. Sus primeros discos lo hicieron muy popular en su país, aunque fue una gira musical en España en 1991, con su grupo Los Cuatro Cuarenta, lo que le dio fama internacional. Su estilo propio es una mezcla de ritmos caribeños, como merengue o bachata, con otras músicas, como jazz o blues. Cuando le preguntan lo que más le gusta de ser músico, siempre responde sin dudar que le encanta viajar y conocer gente nueva.

1. ¿Con qué tipo de carrera soñaba Juan Luis Guerra cuando era niño?

_____.

2. ¿Qué tipo de actividades no le interesaban?

_____.

3. ¿Qué aspecto de su trabajo actual le gusta especialmente?

_____.

4. ¿Qué ritmos definen su estilo musical?

_____.

B. Tu trabajo ideal. Describe el tipo de trabajo que tienes en estos momentos y el que quieres tener en el futuro. ¿Cuáles son las características de cada uno de ellos? Escribe un breve párrafo utilizando la estructura siguiente.

Ahora tengo un trabajo que…, que… y que…
En el futuro quiero un trabajo que…, que… y que…

_____

_____

_____

_____

_____

Redacción

7-26 Las canciones de protesta. En tu libro de texto se incluye la canción "El costo de la vida" de Juan Luis Guerra. ¿Conoces alguna canción que tenga un mensaje político o que sea de protesta? Elige una canción y describe qué critica y por qué.

_____

_____

_____

_____

A escuchar

7-27 Usar gestos para comunicarse.

A. Mira los dibujos siguientes y al escuchar la grabación describe qué comunican los gestos o el lenguaje corporal de estas personas. Puede haber más de una respuesta.

MODELO

1. La mujer está distraída o aburrida.

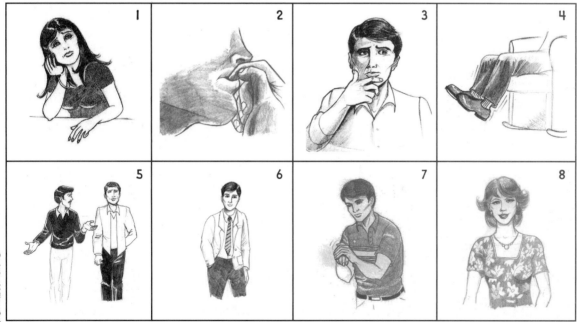

B. Contesta las siguientes preguntas.

1. ¿Cuál es uno de los aspectos más importantes en la comunicación?

   _____

   _____

2. ¿Cuál de los gestos/acciones mencionados puede ser inaceptable en la cultura hispana?

   _____

   _____

3. ¿Quiénes requieren más distancia para sentirse cómodos al hablar, un par de estadounidenses o un par de hispanos? ¿Por qué?

   _____

   _____

4. ¿Qué puede indicar una persona que se frota las manos?

   _____

   _____

Nuestra identidad política

Vocabulario del tema

7-28 La economía de Puerto Rico. Escribe la palabra correcta en cada espacio en blanco para completar el párrafo sobre una decisión económica reciente del gobierno puertorriqueño.

impuestos	equivocada	desempleo	apoyaron	invertirán

Cuando Puerto Rico sufrió una desaceleración económica a partir de 2008, el gobierno puertorriqueño intentó encontrar soluciones. En 2010, decidió elevar la cantidad de **1.** _____ que pagaban las compañías multinacionales con operaciones en la isla. Aunque muchos ciudadanos estaban de acuerdo y **2.** _____ la nueva ley, las multinacionales la consideraban **3.** _____. El argumento en contra es que en el futuro, las multinacionales **4.** _____ menos en la economía y el nivel de **5.** _____ subirá.

7-29 Estás equivocado, Dan. Tu amigo Dan no ha estudiado la historia de Puerto Rico y tiene muchas ideas equivocadas. Tú tienes que corregirle. Escribe la letra que corresponde a la corrección para cada declaración de Dan.

DAN:

1. _____ Puerto Rico es un país del Mar Caribe.

2. _____ Los ciudadanos puertorriqueños llevan pasaporte puertorriqueño.

3. _____ La economía de Puerto Rico es mayormente agraria.

4. _____ La opinión de los puertorriqueños de Estados Unidos es negativa: EE. UU. es un país imperialista y hay que luchar por mantener la autonomía.

5. _____ La cultura puertorriqueña es totalmente hispana.

TÚ:

a. No tienes razón. Los puertorriqueños son ciudadanos de EE. UU. y tienen pasaporte americano.

b. No es verdad. La mayoría quiere mantener la relación de Estado Libre Asociado o convertirse en estado 51.

c. Estás equivocado. La cultura puertorriqueña es híbrida; coexisten tradiciones hispánicas y estadounidenses.

d. No es cierto. Puerto Rico es un Estado Libre Asociado de Estados Unidos.

e. Estás equivocado. Puerto Rico tiene una gran red de industrias químicas, farmacéuticas y biotécnicas.

A escuchar

7-30 Una conversación por teléfono. Escucha la conversación entre Juan y su novia Cristina y contesta las preguntas a continuación.

A. Primero identifica los lugares que se muestran. Después, indica cuándo hicieron Cristina y sus dos amigas las actividades siguientes.

1. _____

2. _____

3. _____

4. _____

5. _____

6. _____

B. Cristina le menciona a Juan sus impresiones y reacciones sobre los sitios visitados. ¿Qué dice específicamente de cada lugar?

1. El Castillo del Morro: _____

_____

2. Los artistas: _____

_____

3. La gente: _____

_____

4. El parque El Yunque: _____

_____

Gramática

One More Look at the Indicative and Subjunctive Moods

7-31 Opiniones. Lee las siguientes oraciones sobre Puerto Rico. Identifica primero si la cláusula es sustantiva o adjetiva y después si habla del presente, del pasado o del futuro.

> **MODELO**
>
> A los españoles les molestó que los puertorriqueños se rebelaran en 1868.
> ¿Cláusula? = __**sustantiva**__
> ¿Tiempo?= __**pasado**__

1. Fue sorprendente que eligieran a Sila M. Calderón como gobernadora de Puerto Rico en 2000.

   ¿Cláusula? = _____

   ¿Tiempo? = _____

2. Muchos turistas quieren visitar el Castillo del Morro que rodea la ciudad de San Juan.

   ¿Cláusula? = _____

   ¿Tiempo? = _____

3. Creo que la renta per cápita de Puerto Rico es la más alta de Latinoamérica.

   ¿Cláusula? = _____

   ¿Tiempo? = _____

4. Muchos habitantes de la isla buscan un gobierno que tenga independencia total de EE. UU.

   ¿Cláusula? = _____

   ¿Tiempo? = _____

5. Es posible que en los próximos años, más puertorriqueños se muden a Nueva York.

   ¿Cláusula? = _____

   ¿Tiempo? = _____

7-32 Un semestre en Puerto Rico. Jordan es un estudiante de Nueva York que está haciendo un semestre de intercambio en una universidad de Puerto Rico. Relaciona las dos columnas para conocer más detalles acerca de su experiencia.

1. Antes de irme, mis profesores me aconsejaron que…
2. Al llegar, encontré una residencia estudiantil que…
3. Los primeros días en Puerto Rico no conocía a nadie que…
4. En mis clases, estoy muy contento de…
5. Por teléfono, mis padres siempre me recomiendan que…
6. Cuando regrese a Nueva York espero que…
7. Cuando me gradúe, deseo…

a. me ayudara con el idioma.
b. aprender tanto sobre la historia de Puerto Rico.
c. estaba muy cerca del campus.
d. no salga demasiado con mis amigos.
e. tomara un curso intensivo de español.
f. encontrar un trabajo en San Juan.
g. mis amigos puertorriqueños me escriban frecuentemente.

7-33 Reacciones. Cuando Jordan y sus compañeros llegaron a Puerto Rico, descubrieron muchos aspectos de la isla que desconocían completamente. Escribe oraciones con la información dada conjugando los verbos en el imperfecto (indicativo o subjuntivo), para conocer las reacciones de estos estudiantes.

1. Estar claro/ la sociedad puertorriqueña/ estar muy dividida políticamente

_____

2. Algunos puertorriqueños/ querer/ obtener la independencia total de Estados Unidos

_____

3. Estar (nosotros) sorprendidos/ en Puerto Rico/haber/ una industria muy desarrollada

_____

4. En un programa de televisión, la secretaria de educación/decir/ la mayoría de los puertorriqueños/ recibir una educación bilingüe

_____

5. Ser increíble/ en el territorio continental de Estados Unidos/ vivir/ casi tantos puertorriqueños como en la isla

_____

7-34 Una puertorriqueña en Nueva York.

A. Lee el párrafo siguiente sobre las experiencias de María, una puertorriqueña que ha vivido varios años en EE. UU. Completa el párrafo con la forma apropiada del verbo entre paréntesis en indicativo, en subjuntivo (presente o imperfecto) o en infinitivo.

Yo vine a EE. UU. hace dos años porque buscaba una universidad que **1.** _____ (ofrecer) un programa de pre medicina. Quiero **2.** _____ (graduarse) en cinco años más y volver a Puerto Rico. Antes de salir de la isla mi madre me pidió que **3.** _____ (mantenerse) fiel a mi cultura hispana, y también me dijo que le preocupaba que yo **4.** _____ (olvidar) mi español. Creo que olvidar la lengua materna **5.** _____ (ser) un problema para la gente puertorriqueña que tiene hijos nacidos en Estados Unidos. Me parece triste que muchos inmigrantes no **6.** _____ (mantener) el idioma, que es una parte tan importante de nuestra cultura. A mí me gusta mucho **7.** _____ (vivir) en Nueva York y si un día vivo en esa ciudad permanentemente espero que mis hijos **8.** _____ (ser) totalmente bilingües y biculturales. Mi esposo es puertorriqueño también y estoy segura de que él **9.** _____ (estar) de acuerdo conmigo. Al terminar mis estudios buscaremos trabajos que nos **10.** _____ (permitir) vivir bien y viajar frecuentemente a la isla para mantenernos en contacto con nuestras tradiciones y nuestra cultura.

B. Escribe tres recomendaciones para ayudar a María a mantenerse fiel a sus orígenes. Usa expresiones como: **ser importante que, recomendar que,** etc. seguidas del subjuntivo.

1. _____

2. _____

3. _____

7-35 Unas vacaciones desastrosas. Unos estudiantes fueron a Puerto Rico de vacaciones. Desafortunadamente todo salió mal. Mira las imágenes y completa las oraciones describiendo lo que les pasó.

1. Fue horrible que...

_____

_____

2. Qué lástima que...

_____

_____

3. Ser malo que...

_____

_____

7-36 Un/a compañero/a de viaje. Has ganado un viaje gratis a Puerto Rico para dos personas. Todos tus amigos quieren acompañarte, pero solo puedes elegir a uno/a. Antes de tomar tu decisión final decides preparar una lista de características importantes.

A. De las siguientes características indica las que son esenciales.

    ❏ ser aventurero/a   ❏ ser extrovertido/a

    ❏ no fumar   ❏ ser guapo/a

    ❏ hablar español   ❏ gustar la playa

    ❏ saber cómo divertirse   ❏ gustar visitar museos

    ¿Otras? _____

    _____

B. Escribe una breve descripción de lo que buscas en tu compañero/a de viaje, usando la lista de características de la Parte A. Usa verbos como **preferir, querer, necesitar, buscar,** etc. y el subjuntivo cuando sea apropiado.

> **MODELO**
>
> **Busco a un compañero de viaje que sea aventurero.**

_____

_____

_____

_____

_____

7-37 El Desfile Nacional Puertorriqueño de Nueva York. Lee este fragmento de un artículo que Nélida Román publicó recientemente en el diario estudiantil de su universidad, y después contesta las preguntas.

> Me gusta decir que soy del pueblo más grande de Puerto Rico: ¡El Bronx! Como boricua nacida y criada en Nueva York, me siento contenta de que mi identidad cultural esté ligada a la de mis padres y mis abuelos, a las tradiciones y valores que ellos trajeron de la isla. Crecí escuchando historias de lugares y personas que ellos dejaron atrás, y amando una tierra que nunca visité hasta que fui adulta.
>
> Como cada año, ayer asistí de nuevo al Desfile Nacional Puertorriqueño de Nueva York, pero en esta ocasión tuve el honor de que me invitaran a desfilar en uno de los carros que llevaba a políticos, periodistas y artistas puertorriqueños muy importantes. ¡Conocer a todas esas personas fue una experiencia increíble! Para los que no conozcan este evento tan significativo, les diré que es un desfile multitudinario que se celebra anualmente desde 1958 para mostrar el orgullo de pertenecer a la comunidad puertorriqueña y para honrar tanto a los puertorriqueños de la isla como a los que, como yo, han nacido o residen fuera de la isla. Después de tantos años, ayer me pareció sorprendente de nuevo que tantas personas puertorriqueñas, pero también de otras culturas, participaran con tanto entusiasmo en el desfile, agitando la bandera de Puerto Rico a lo largo de la Quinta Avenida.

1. ¿De qué se siente contenta Nélida?

   _____

2. ¿De quiénes son las tradiciones y valores con las que Nélida fue educada?

   _____

3. ¿Qué le pareció increíble a Nélida?

   _____

4. ¿Qué le sorprendió ayer durante el desfile?

   _____

5. ¿Por qué crees que fue importante que personas de otras culturas participaran en el desfile?

   _____

7-38 Estados Unidos, país multicultural por excelencia. ¿Qué valores y elementos culturales crees que aportan a nuestro país las personas procedentes de otras culturas? ¿Estás de acuerdo con la gente que opina que para integrarse en la sociedad americana, estas personas deben olvidarse de sus tradiciones y adoptar completamente el modo de vida de este país? Escribe un breve párrafo contestando estas preguntas y utilizando expresiones de opinión, duda, emoción, etc., tales como **(no) creo que, (no) pienso que, (no) dudo que, me alegro de que, me disgusta que, es necesario que, es importante que**, etc.

_____

_____

_____

_____

_____

_____

_____

_____

_____

_____

Redacción

7-39 Un nuevo voto. Como ya sabes, en 2012 los puertorriqueños votaron para decidir su estatus político futuro. Ahora el gobierno ha decidido repetir el voto. Trabajas para los partidarios de una de las opciones (elige una: Estado Libre Asociado, la estadidad o la independencia). Tu trabajo es escribir un texto persuasivo para su página web para convencer a la gente de que tu opción es la mejor. Recuerda usar el subjuntivo cuando sea necesario.

VOCABULARIO ÚTIL		
los derechos	el desempleo	invertir
apoyar	la intervención	justificar
las libertades	los impuestos	gobernar
interactuar	beneficiar	dificultar

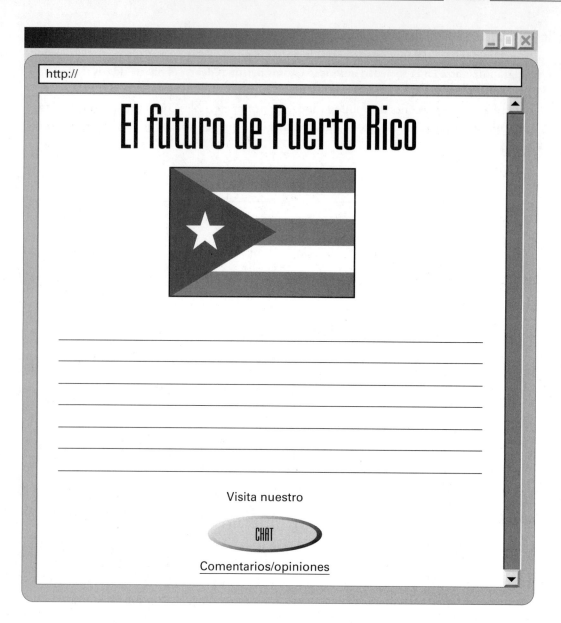

El futuro de Puerto Rico

http://

Visita nuestro

CHAT

Comentarios/opiniones

A escuchar

7-40 Aclarar un malentendido y reaccionar. Sandra y Patricia han sido muy buenas amigas desde que eran niñas. Patricia estaba muy enojada con Sandra e hizo unos comentarios negativos sobre ella. Escucha la conversación y contesta las preguntas que aparecen a continuación.

A.

1. ¿Por qué discuten Sandra y Patricia? _____

_____

2. ¿Quién es Andrés? _____

_____

3. ¿Qué le molestó a Patricia? _____
_____

4. ¿Qué le molestó a Sandra? _____
_____

5. ¿Aclaran el malentendido? ¿Cómo? _____
_____

6. ¿Crees que Patricia va a pasar más tiempo con su amiga Sandra? _____
_____

7. ¿Qué le recomiendas a Sandra que haga? _____
_____

8. ¿Cambia la relación que tienes con tus amigos cuando estás saliendo con alguien?
Explica. _____
_____
_____

B. Describe un malentendido que hayas tenido con alguien y explica cómo lo solucionaste.
_____
_____
_____
_____
_____

Más allá de las palabras

Ven a conocer

7-41 Canaima: Un paraíso terrenal. Marca las oraciones ciertas (**C**) o falsas (**F**) según lo que aprendiste en la lectura de tu libro de texto.

1. _____ Canaima es un parque nacional venezolano.

2. _____ El Salto Ángel y el Salto Sapo son caídas libres de agua en el parque.

3. _____ Todas las opciones para alojamiento son de hoteles de lujo.

4. _____ Es posible pagar extra por un sobrevuelo del Salto Ángel en avión.

5. _____ Las "curiaras" son las personas que trabajan como guías en el parque.

A escuchar

7-42 Una excursión a Venezuela. Has decidido participar en una de las excursiones a Canaima. Escucha la información y después contesta las preguntas a continuación.

A. Orientación.

1. ¿Quién es el narrador?
   a. un guía turístico
   b. un empleado de un hotel
   c. un estudiante estadounidense

2. ¿Dónde da su presentación?
   a. en una clase para niños
   b. en el parque de Canaima, Venezuela
   c. en un autobús en México

3. ¿A quién/es dirige sus comentarios?
   a. a los participantes de la excursión a Canaima
   b. a los productores de petróleo
   c. a un grupo de científicos

4. ¿Cuál es el propósito de su presentación?
   a. enseñar a los niños sobre el medio ambiente
   b. pedir dinero para proteger el parque
   c. orientar a los participantes de la excursión

B. Ideas principales. Marca con una ✔ la información incluida en la presentación.

1. ❏ información personal

2. ❏ información sobre los otros viajeros

3. ❏ una historia breve de los indígenas

4. ❏ información sobre los colonizadores

5. ❏ una historia breve de la dictadura de Juan Vicente Gómez

6. ❏ un resumen de la política y la economía

7. ❏ detalles sobre el parque

8. ❏ recomendaciones para los visitantes

C. Detalles importantes. ¿Son las siguientes oraciones ciertas (**C**) o falsas (**F**)? Si son falsas, corrígelas.

1. _____ La persona que habla es un estudiante de etnobiología.

   ¿Corrección? _____

2. _____ Para los colonizadores españoles fue difícil viajar por el país para ocuparlo.

   ¿Corrección? _____

3. _____ Hoy en día no hay grupos indígenas en el país.

   ¿Corrección? _____

4. _____ El país tiene enormes recursos naturales como el petróleo.

   ¿Corrección? _____

5. _____ El parque no tiene mucha variedad de animales ni de plantas.

   ¿Corrección? _____

6. _____ El Salto Ángel no es muy alto en comparación con las cataratas del Niágara.

   ¿Corrección? _____

D. Aplicación. Al final de su presentación la persona que habla da varias recomendaciones.

1. Escribe dos de sus consejos: _____

   _____

   _____

2. Basándote en lo que sabes del parque, escribe dos recomendaciones más:

   _____

   _____

   _____

E. Atención a los verbos. Completa las siguientes oraciones con el verbo apropiado de la lista en su forma correcta.

ser	tener	graduarme	destruir	dedicarme

1. Espero _____ dentro de dos años y _____ a la conservación de los recursos naturales de mi país.

2. Creo que _____ nuestra responsabilidad proteger el medio ambiente.

3. Es posible que _____ la oportunidad de apreciar estas especies.

4. Pedimos que la gente no _____ más bosques.

El escritor tiene la palabra

En esta sección tendrás la oportunidad de aprender más sobre la poesía y aplicar este conocimiento al poema "Barcarola" de tu libro de texto.

7-43 La estructura de un poema. Lee las definiciones siguientes, que te ayudarán a entender la estructura de un poema. Después, contesta las preguntas sobre el poema de Nicolás Guillén.

Los versos: Son las líneas de un poema.

La estrofa: Es una agrupación de versos que normalmente se separa visualmente.

La rima: Es la repetición de sonidos similares que ocurre al final de los versos. Por ejemplo, las palabras *melón* y *pantalón* repiten el sonido **–lón**.

La métrica: Es el cómputo silábico (el número de sílabas) de los versos. La métrica de un poema puede ser consistente (todos los versos con el mismo cómputo silábico) o los versos pueden tener un cómputo silábico variable.

El verso libre: Es un poema que no tiene rima y tiene una métrica irregular.

1. ¿Cuántas estrofas hay en el poema "Barcarola"? _____

2. ¿Cuántos versos tiene cada estrofa? _____

3. Cuenta las sílabas en cada verso. ¿Tienen las estrofas el mismo cómputo silábico por verso?

   _____

4. En "Barcarola", la repetición de sonidos idénticos al final de varios versos es obvia. En tu opinión, ¿tiene el poema rima? Explica tu respuesta. _____

7-44 La poesía lírica. Este tipo de poesía transmite los sentimientos del autor. El poeta intenta afectar emocionalmente al lector mediante la rima, la métrica, las repeticiones o las imágenes. Por eso no solo es necesario leer el poema, sino también oírlo. Antes de contestar las preguntas a continuación, lee en voz alta el poema "Barcarola".

1. ¿Qué emociones te provoca el poema? Marca todos los adjetivos apropiados:

   ❑ enojo   ❑ confusión

   ❑ felicidad   ❑ tristeza

   ❑ tranquilidad   ❑ descontento

   ❑ preocupación   ❑ humor

2. ¿Qué palabras se repiten en el poema? ¿Contribuye la repetición al efecto emocional del poema?

   _____

3. Este poema evoca una imagen visual. Describe la escena con todos los elementos que visualizas al leer el poema. ¿Tiene esa imagen un efecto emotivo? Explica.

   _____

7-45 Mi diario literario. Escribe tu reacción personal al poema. Teniendo en cuenta lo que ya sabes de la poesía explica las emociones que te ha provocado y qué técnicas usa el poeta para transmitirlas.

_____

_____

_____

_____

_____

_____

_____

_____

_____

_____

_____

7-46 Mi propio poema. En este capítulo has leído sobre un poeta que incorpora en su obra la protesta política y social. Ahora vas a escribir un poema, en la siguiente página, en el que criticas un problema social o político estadounidense. Usarás el formato de un *cinquain,* palabra francesa que significa poema de cinco versos. Para hacerlo, sigue las instrucciones dadas.

Título

Primera línea: Identifica con un sustantivo el problema social o político.

    EJEMPLO: pobreza

Segunda línea: Describe el efecto emocional que tiene el problema con dos adjetivos.

    EJEMPLO: infeliz, inquieto

Tercera línea: Con tres palabras describe una acción futura para resolver el problema. Es necesario que una de las palabras sea un verbo.

    EJEMPLO: crear más trabajos

Cuarta línea: En cuatro palabras describe algo que impide la solución.

    EJEMPLO: la economía está débil

Quinta línea: En una palabra, un sustantivo o un adjetivo, describe la emoción provocada por la solución.

    EJEMPLO: esperanza

Tu poema:

_____

_____

_____

_____

_____

_____

Para escribir mejor

El adjetivo

El **adjetivo** en español modifica al sustantivo para calificarlo o determinarlo. Hay concordancia en género y número entre el adjetivo y el sustantivo.

> EJEMPLOS: un país **aislado**
> las canciones **melodiosas**

La posición del adjetivo

A. Los adjetivos que siguen al sustantivo se llaman **adjetivos calificativos** o **descriptivos.** Indican una calidad particular del sustantivo que lo diferencia de otros miembros del grupo de sustantivos.

> EJEMPLO: la familia **cubana** (vs. la familia venezolana)

1. Normalmente se incluyen en este grupo los adjetivos que se refieren a nacionalidades, grupos sociales o políticos, profesiones, religiones, formas, posiciones y colores.

> EJEMPLOS: la Casa **Blanca**
> el dictador **marxista**
> el padre **católico**

2. También los adjetivos compuestos o modificados por adverbios siguen al sustantivo.

> EJEMPLO: una economía **muy mala**
> una historia **llena de disputas**

B. Los adjetivos que preceden al sustantivo se llaman **adjetivos determinativos** o **restrictivos.**

1. Normalmente se incluyen en este grupo los numerales, los demostrativos, los posesivos, los indefinidos y los adjetivos que expresan respeto.

> EJEMPLOS: **dos** canciones
> **estos** países
> **sus** admiradores
> **algunos** hoteles
> el **distinguido** presidente

C. Hay adjetivos que pueden seguir o preceder al sustantivo pero su significado cambia según su posición.

> EJEMPLOS: el **pobre** niño *(the unfortunate child)*
> el niño **pobre** *(the poor child)*
> la **vieja** amiga *(the long-standing friend)*
> la amiga **vieja** *(the old / elderly friend)*
> una **gran** ciudad *(a great / splendid city)*
> una ciudad **grande** *(a big city)*

Apócope de algunos adjetivos

A. Los adjetivos **bueno, malo, primero, tercero, alguno, ninguno y uno** pierden la **–o** cuando preceden a un sustantivo masculino singular.

> EJEMPLOS: un **buen** presidente (vs. una **buena** presidenta)
> el **tercer** período (vs. la **tercera** época)
> **un** ciudadano (vs. **una** ciudadana)

B. Uno pierde la **–o** delante de un sustantivo masculino.

> EJEMPLOS: **veintiún** intentos (vs. veintiuna tentativas)
> **sesenta y un** dominicanos (vs. sesenta y una dominicanas)

C. Se usa **cien** en vez de **ciento** delante de cualquier sustantivo.

> EJEMPLOS: **cien** catedrales
> **cien** hospitales

También se usa **cien** delante de **mil** y **millones** pero no delante de otros números.

> EJEMPLOS: **cien** mil habitantes (vs. ciento cuatro indios)

D. Con nombres masculinos se usa **San** en vez de **Santo** con la excepción de los nombres que comienzan con **To-** y **Do-**.

> EJEMPLOS: **San** Isidro
> **Santo** Tomás
> **Santo** Domingo

E. Cualquiera pierde la **–a** delante de cualquier sustantivo.

> EJEMPLO: **cualquier** rancho

7-47 Práctica. Escribe la forma correcta del adjetivo según el sustantivo dado.

1. (Santo)

 _____ Domingo

 _____ Cristóbal

 _____ Pablo

2. (cualquiera)

 _____ teoría

 _____ derecho

 _____ habitante

3. (bueno)

 _____ gobierno

 _____ institución

4. (alguno)

 _____ playa

 _____ monumento

 _____ comercios

7-48 Práctica. Escribe con palabras los números siguientes.

1. 100 soldados = _____

2. 155 fortalezas = _____

3. 51 guerras = _____

4. 100,000 residentes = _____

La concordancia con sustantivos que empiezan con *a* o *ha*

En general, los artículos y los adjetivos concuerdan en número y género con el sustantivo al que modifican. Una excepción importante a esta regla son las palabras femeninas singulares que empiezan con **a** o **ha** y que tienen el acento tónico u ortográfico en la primera sílaba. Con estas palabras se usa el artículo masculino para evitar la repetición del sonido **a** pero se usa el adjetivo femenino. En el plural no hay repetición, por eso se usa el artículo femenino plural.

EJEMPLOS:	**el** arma	**un** arma	**las** armas	**unas** armas
	el hacha	**un** hacha	**las** hachas	**unas** hachas
	el águila	**un** águila	**las** águilas	**unas** águilas
	majestuosa	majestuosa	majestuosas	majestuosas

7-49 Práctica. Completa las siguientes oraciones con la forma apropiada del artículo o el adjetivo.

1. _____ (los, las) alas del ave _____ (gigantesco, gigantesca) se rompieron en el accidente.

2. _____ (el, la) aula de la clase de ciencias políticas es _____ (pequeño, pequeña).

3. Según la tradición del Día de los Muertos _____ (los, las) almas de los familiares muertos vuelven el 31 de octubre.

4. _____ (el, la) hacha _____ (viejo, vieja) es de la época de los romanos.

Nombre: _____ Fecha: _____ Clase: _____

Para pronunciar mejor

s z + a, o, u   c + e, i

- These three consonants represent exactly the same **s** sound as in *professor.*
- Students may mistakenly pronounce the **s** sound of *president* or *zip* in words that are similar in both languages and words written with the letter **z.**

7-50 Repite. Listen to the recording and repeat the following English / Spanish pairs.

1. *pose*   pose
2. *reason*   razón
3. *residence*   residencia
4. *president*   presidente
5. *present*   presente
6. *reservation*   reservación
7. *physical*   físico
8. *vocalize*   vocalizar
9. *visit*   visita
10. *music*   música

7-51 Repite. Listen to the recording and repeat.

1. zapato
2. cazar
3. cocina
4. casa
5. caza
6. lápiz
7. lápices
8. necesitar
9. Venezuela
10. zorro

7-52 Repite. Listen to the recording and repeat.

1. Esa cocina necesita un cocinero.

2. El zapato de Celina está en Venezuela.

3. La naturaleza tiene animales de una sola cabeza.

7-53 Trabalenguas. Repeat after you hear this tonge twister. Repeat it until you can recite the tongue twister without stopping.

Incondicionalmente se acondicionó

a las condiciones que le condicionaban,

y bajo esta condición,

consideró la ocasión,

de descondicionarse incondicionalmente

de las condiciones que le condicionaban.

TEMA

1 Qué llevar para viajar   244

2 Viajar y respetar el medio ambiente   253

3 Viajar para servir a la comunidad   263

Más allá de las palabras   271

TEMA 1   Qué llevar para viajar

Vocabulario del tema

8-1 Definiciones. ¿Qué definición asocias con cada término?

1. **Al nacer**, los bebés dependen totalmente de sus padres para protección y sustento.

2. En la dieta de las Américas, el **maíz** es un alimento fundamental.

3. Un proyecto mal pensado será un **fracaso**.

4. Después de las elecciones, el **perdedor** debe conceder la victoria a su rival.

5. El **cerebro** humano es frágil; los huesos del cráneo lo protegen.

   a. con un final desastroso

   b. la parte interior de la cabeza; centro del sistema nervioso humano

   c. cuando comienza la vida

   d. cereal amarillo de origen americano

   e. el opuesto de ganador; persona vencida

8-2 Opiniones. Muchas personas mayores critican la moda de los jóvenes. Lee las opiniones y escribe **M** si la opinión es típica de las personas mayores y **J** si es típica de los jóvenes. Si la opinión puede ser típica de los dos grupos, escribe **MJ**.

1. _____ Odian la moda de llevar pendientes en la nariz.

2. _____ Les molesta la moda de ponerse *grills* en los dientes.

3. _____ Aceptan la costumbre de tener tatuajes.

4. _____ Les gusta la moda masculina de llevar muchas joyas.

8-3 Una figura maya. Usando tu imaginación y el vocabulario, describe quién es la persona de la figura, cómo es y qué lleva puesto.

© National Geographic Society/Corbis

Las partes del cuerpo	Adjetivos	Adornos	Materiales
la piel	plano/a	el puente nasal	la pirita
la cabeza	alargado/a	el sombrero	el jade
la frente	redondo/a	el atuendo	las conchas
los ojos	bizco	el tatuaje	la madera
el cráneo	oscuro/a	las perforaciones	la piel de jaguar
la estatura	bajo/a; mediano/a;	las joyas	las plumas
la nariz	alto/a	la pintura	
los dientes	elegante	el tocado	
los labios		las sandalias	

_____
_____
_____
_____
_____
_____
_____
_____
_____
_____
_____

A escuchar

8-4 Una oferta. Escucha este anuncio de radio y responde a las preguntas.

1. ¿A quién está dirigido el anuncio? Marca todas las respuestas posibles.

   a. ❑ a los hombres que buscan una transformación física

   b. ❑ a las mujeres que tienen que asistir a un evento especial

   c. ❑ a las mujeres que quieren impresionar a un amigo

2. ¿Cuál es la oferta especial?

   a. ❑ un día de belleza

   b. ❑ una boda gratis

   c. ❑ los tatuajes

3. ¿Qué servicios menciona el anuncio?

   a. ❑ masajes

   b. ❑ aplicaciones cosméticas

   c. ❑ perforaciones de las orejas

   d. ❑ consultas con expertos en moda

   e. ❑ selección de ropa y joyas

   f. ❑ peluquería

   g. ❑ uñas postizas

4. Tu mejor amigo/a quiere cambiar su apariencia física completamente. ¿Le recomiendas el salón *Elena* o no? ¿Por qué?

   _____

   _____

   _____

   _____

   _____

Gramática

The Future Tense to Talk About What Will Happen and May Happen

8-5 De viaje. Tu novio/a y tú están planeando unas vacaciones a la Ciudad de Guatemala. Completa las frases sobre tus planes con el verbo más lógico.

1. Antes de ir, _____ la lengua quiché.

   a. estudiaremos   **b.** veremos   **c.** enseñaremos

2. Como hará mucho calor, _____ trajes de baño y pantalones cortos en la maleta.

   a. compraremos   **b.** haremos   **c.** llevaremos

3. Nos encantan el sol y el mar, así que _____ a las playas de Izabal.

   a. iremos   **b.** correremos   **c.** miraremos

4. Para seguir las normas culturales, _____ la siesta cada tarde.

   a. practicaremos   **b.** dormiremos   **c.** traeremos

5. Para pasarlo bien, de noche _____ en los clubes nocturnos.

   a. leeremos   **b.** caminaremos   **c.** bailaremos

6. Cuando vayamos de compras, _____ los mercados al aire libre.

   a. visitaremos   **b.** pagaremos   **c.** limpiaremos

7. Para probar la cocina guatemalteca, _____ en restaurantes típicos.

   a. llegaremos   **b.** veremos   **c.** comeremos

8. Cuando visitemos las ruinas de Tikal, _____ nuestras gafas de sol.

   a. llevaremos   **b.** buscaremos   **c.** haremos

8-6 ¿Qué pasará en tu viaje si...? Estás preparando un viaje y hay muchas cosas que debes tener en cuenta. Piensa qué pasará en tu viaje en las siguientes circunstancias. Empareja la frase de la izquierda con la frase de la derecha.

1. ____ Si no tienes los auriculares   **a.** necesitarás dinero

2. ____ Si olvidas tu pasaporte   **b.** no podrás escuchar música

3. ____ Si no llevas tu ordenador portátil **c.** las llamadas costarán mucho dinero

4. ____ Si pierdes tu tarjeta de crédito   **d.** te prohibirán entrar en el país

5. ____ Si usas tu teléfono móvil   **e.** no te permitirán entrar en el avión

6. ____ Si no tienes tu tarjeta de embarque **f.** no será posible comunicarte por Skype

8-7 ¡Nos ha tocado la lotería! Juan, Olivia y Roberto son tres estudiantes universitarios que necesitan dinero. Ayer decidieron comprar un billete de lotería, prometiendo compartir las ganancias entre los tres. Hoy les han tocado nada menos que 13 millones de dólares, 100 millones de quetzales aproximadamente.

A. En la sección siguiente los amigos hablan de lo que van a hacer con el dinero. Completa su conversación conjugando el futuro de los verbos entre paréntesis.

Juan: ¡Qué suerte! Con mi dinero **1.** _____ (hacer) un viaje alrededor del

mundo. Después **2.** _____ (empezar) mi propio negocio.

Roberto: Si dejo mis estudios ahora mis padres me **3.** _____ (matar). Creo que con

mi dinero les **4.** _____ (ayudar) a pagar la matrícula. Después de

graduarme, si todavía tengo dinero, **5.** _____ (comprar) un coche

deportivo rojo como siempre he querido.

Olivia: Chicos, tranquilos, este fin de semana nosotros **6.** _____ (celebrar) la

ocasión con una gran fiesta para todos nuestros amigos y después **7.** _____

(planear) nuestros respectivos futuros.

Roberto: Estoy de acuerdo.

Juan: Bueno, todavía podemos organizar un viaje para las vacaciones de primavera. Siempre he

querido ir a Guatemala.

Olivia: Me gusta la idea. Nosotros **8.** _____ (ir) al lago Atitlán, **9.** _____ (ver) las

ruinas mayas en Tikal y al final **10.** _____ (pasar) unos días en la playa.

Juan: Perfecto.

B. Imagina que eres Olivia, Juan o Roberto. ¿Qué harás con el dinero? Menciona tres cosas específicas y explica por qué.

_____

_____

_____

_____

_____

_____

_____

_____

_____

_____

8-8 ¿Dónde estarán? Usa el futuro de probabilidad y el verbo "estar" para expresar una conjetura sobre la actividad o la localización de estas personas.

> **MODELO**
>
> Carolina: en la casa de sus padres
> **Carolina estará en la casa de sus padres.**
> Carolina: estudiar en la casa de sus padres
> **Carolina estará estudiando en la casa de sus padres.**

1. los compañeros de la clase de español: escribir una composición en la biblioteca

_____.

2. la hermana de Olivia: llegar al aeropuerto de su viaje a México

_____.

3. Iván: en una playa de Hawai con su familia

_____.

4. Marta y Gustavo: de compras en el centro comercial

_____.

8-9 ¿Quién será? Usa el futuro de probabilidad para expresar conjeturas sobre la persona de la foto. Incluye conjeturas sobre su edad, nacionalidad, profesión, personalidad y vida social.

Kristof Verschueren / Flickr Select / Getty Images

_____

_____

_____

_____

_____

_____

8-10 Si vas a Alaska. Escribe la forma correcta del verbo para expresar una condición posible y su resultado.

1. Si tú _____ (ir) a Alaska en diciembre, _____ (necesitar) guantes.

2. Si nosotros _____ (visitar) las playas de Guatemala, _____ (llevar) gafas de sol.

3. Yo _____ (comprar) una camiseta si _____ (viajar) a Ciudad de Guatemala.

4. Mis padres no _____ (usar) el teléfono móvil si _____ (ir) a una región remota.

8-11 La moda maya. Completa las oraciones con una frase lógica de la lista para explicar la moda maya a uno de tus amigos. Usa el futuro para expresar el resultado de cada condición.

> **MODELO**
>
> Si te pones joyas de jade, seguirás la moda maya.
> seguir la moda maya

tener el perfil plano	vestirte con piel de jaguar
llevar plumas de quetzal	tener el estatus de perdedor
ser una persona atractiva	

1. Si tienes los ojos bizcos, _____.

2. Si llevas un sombrero pequeño, _____.

3. Si eres un hombre importante, _____.

4. Si eres el jefe de la comunidad, _____.

5. Si te pones un puente nasal, _____.

Redacción

8-12 El ideal de belleza. Una revista hispana está preparando una edición especial titulada: *El ideal de belleza a través del tiempo.* Usando la información de tu libro de texto, prepara un artículo en el que compares el ideal de belleza en la cultura maya y en la cultura estadounidense. Considera los puntos siguientes:

- la apariencia física y sus modificaciones cosméticas
- los adornos corporales
- la ropa
- la moda

VOCABULARIO ÚTIL

el tatuaje	remodelar	el perfil
el puente nasal	las uñas postizas	las joyas
las perforaciones	la pintura	la estética

_____

_____

_____

_____

_____

A escuchar

8-13 Los detalles del desfile de modas. Escucha la siguiente conversación entre dos organizadoras de una agencia de moda que están preparando los detalles de un desfile. Después contesta las preguntas que se hacen a continuación.

A. ¿Qué temas se mencionan en la conversación? Marca todas las respuestas posibles.

1. ❏ el número de modelos que van a participar

2. ❏ el dinero que van a recibir los modelos por participar en el desfile

3. ❏ los días exactos en los que va a hacerse el desfile

4. ❏ las colecciones que se van a presentar

5. ❏ los modelos estrella

6. ❏ los asuntos de dinero

B. Los detalles

1. ¿De qué depende que haya 16 ó 24 modelos?

   _____

   _____

2. ¿Cómo se describen los vestidos?

   _____

   _____

3. ¿Qué esperan ver las personas que asisten al desfile?

   _____

   _____

4. ¿A qué se refiere Martha cuando habla del último grito de la moda?

   _____

   _____

5. ¿Crees que el desfile va a ser exitoso? Explica tu respuesta.

   _____

   _____

TEMA **2** Viajar y respetar el medio ambiente

Vocabulario del tema

8-14 Definiciones. ¿Qué definición asocias con cada término?

1. Los ecologistas usan varios criterios para determinar el **grado de** ecología de un viaje.

2. La contaminación del aire y del agua ha tenido un efecto **dañino** en el ecosistema de varias regiones del mundo.

3. El ecoturismo es una **creciente** industria en Centroamérica.

4. El **paisaje** observado en las montañas difiere mucho de lo que se observa en la costa.

5. El turista puede **disfrutar** la diversidad de la flora y la fauna de la región.

    a. que aumenta en volumen o cantidad

    b. expresión que se refiere al nivel de intensidad

    c. sentir satisfacción; tener una experiencia positiva

    d. que tiene un efecto negativo

    e. conjunto de elementos naturales en un lugar determinado

8-15 ¿Dañino o beneficioso? Indica si la acción es dañina (**D**) o beneficiosa (**B**) para el medio ambiente.

1. _____ En muchos lugares del mundo, la diversidad de la flora y la fauna está disminuyendo.

2. _____ En Centroamérica hay un creciente interés en la conservación ecológica.

3. _____ Es imposible visitar un lugar y dejar la naturaleza en un estado inalterado.

4. _____ Gracias al ecoturismo, el grado de conciencia ecológica está aumentando en Centroamérica.

5. _____ Si participamos en programas de protección ecológica podremos disfrutar de la naturaleza por muchos años en el futuro.

8-16 ¿Qué es el ecoturismo? Escribe una definición detallada del ecoturismo (5-6 oraciones). Usa el vocabulario a continuación o el vocabulario de las actividades anteriores.

(la) alternativa	(los) ecoturistas	(el) viaje
(la) ecología	(el) impacto	(el) consumo
(la) protección	conservar	proteger

_____
_____
_____
_____
_____
_____

A escuchar

8-17 Nicaragua, lugar inolvidable.

A. Escucha el siguiente boletín informativo sobre Nicaragua y responde a las preguntas.

1. Aparte de volcanes, ¿qué más pueden encontrar las personas que visitan Nicaragua? _____
_____

2. ¿De dónde vienen los turistas? ¿Por qué visitan Nicaragua? _____
_____

3. ¿Por qué es famosa la isla de Ometepe? _____
_____

4. ¿Qué se dice de la flora y de la fauna? _____
_____

5. ¿Por qué se conoce a Granada como "La Gran Sultana"? _____
_____

B. Los detalles. Escucha la grabación nuevamente y completa las siguientes oraciones.

1. Al visitar Granada, el turista puede _____,

   _____ y _____.

2. Granada está a _____ kilómetros de Managua.

3. La arquitectura de Granada es de tipo _____.

4. Las playas del Pacífico son famosas por _____,

   _____ y _____.

5. Si fueras a Nicaragua, ¿cuál de los lugares mencionados visitarías y por qué?

   _____

   _____

   _____

Gramática

The Conditional to Express Probability, Future within a Past Perspective, and Politeness

8-18 Identificaciones. Estudia el uso del condicional en las oraciones siguientes. Escribe el número de la oración para indicar la clasificación correcta: probabilidad en el pasado (*probability in the past*), futuro en el pasado (*future event in the past*) o cortesía o deseo (*politeness or wish*).

Probabilidad en el pasado: _____

Futuro en el pasado: _____

Cortesía o deseo: _____

1. ¿Podría decirme dónde se encuentra el Parque Nacional de Pico Alto?

2. Esta mañana mis hermanos fueron a hacer una caminata y todavía no han regresado. ¿Se perderían?

3. Esteban dijo que no iría a visitar las ruinas de Copán mañana porque prefería quedarse en Tegucigalpa.

4. Nuestros amigos hondureños nos preguntaron si volveríamos a Honduras el próximo año.

8-19 Amigos perdidos. Tus dos amigos, Juan y Carlos, fueron de vacaciones a las Islas de la Bahía de Honduras. Te dijeron que iban a volver ayer pero todavía no han vuelto. Usa el condicional para expresar conjetura sobre posibles eventos en el pasado que impidieran la llegada de Juan y Carlos.

Utila, Islas de la Bahía. (Honduras)

> **MODELO**
>
> Juan y Carlos / perder la avioneta para salir de Utila
> **Juan y Carlos perderían la avioneta para salir de Utila.**

1. Juan / decidir visitar también las islas de Roatán y Guanaja

   _____

2. Carlos / querer pasar más tiempo haciendo submarinismo

   _____

3. Ellos / alargar las vacaciones

   _____

4. Ellos / estar explorando la costa de Honduras

   _____

Nombre: _____ Fecha: _____ Clase: _____

8-20 Desastres naturales. Mira estos titulares de periódicos centroamericanos que aparecieron publicados antes de la llegada del huracán Mitch a Honduras y Nicaragua y después de los terremotos (*earthquakes*) ocurridos en El Salvador. Indica, haciendo uso del condicional, lo que pronosticaron las siguientes personas según la información de los titulares.

La Nación

Honduras   26 de octubre 1998

El huracán Mitch será la tempestad más

fuerte vista en esta zona en los últimos

cincuenta años. Los turistas empezarán su

evacuación de la costa inmediatamente.

Diario Colatino

El Salvador   14 de febrero de 2001

La economía salvadoreña se verá muy

afectada como consecuencia de los terremotos.

El Diario

Honduras   5 de noviembre 1998

El gobierno hondureño necesitará pedir

dinero para la reconstrucción del país.

El País

Nicaragua   29 de octubre 1998

Mucha gente de zonas rurales se quedará

y preparará sus casas para la tempestad.

MODELO

El gobierno hondureño reportó que _____
los turistas empezarían su evacuación de la costa inmediatamente.

---

1. Los meteorólogos hondureños dijeron que _____

    _____

2. El gobierno salvadoreño afirmó que _____

    _____

3. Los economistas de Honduras dijeron que _____

    _____

4. Los reporteros nicaragüenses reportaron que _____

    _____

8-21 ¡Qué decepción! El año pasado visitaste Centroamérica con tu familia. Ustedes habían planeado muy bien su viaje pero nada salió como esperaban. Indica lo que inicialmente querían hacer y lo que al final hicieron. Usa el imperfecto para el primer verbo y el sujeto *nosotros*.

> **MODELO**
>
> **Decir/ visitar** El Salvador, Honduras y Nicaragua
> Decíamos que visitaríamos El Salvador, Honduras y Nicaragua pero no fue así.

1. Suponer/ conocer todos los parques naturales de la región

    _____

    _____

2. Imaginar/ hacer largas caminatas por las montañas

    _____

    _____

3. Pensar/ comprar artesanías en los pueblos coloniales

    _____

    _____

4. Creer/ disfrutar mucho de las vacaciones

    _____

    _____

5. Estar seguro/ quedarse en hoteles cómodos

    _____

    _____

8-22 Una solicitud. Marta es estudiante de ecología. Quiere hacer una pasantía en un parque de Nicaragua que promueve el ecoturismo y tiene que llenar una solicitud. Completa su solicitud con el condicional para expresar los deseos de Marta.

Parque Nacional de Nicaragua
Managua, Nicaragua

Solicitud de pasantía para el verano de 2011

Llene la solicitud y mándela directamente a la oficina en Managua.

Nombre y apellido: Marta Cisneros
Dirección: 64 Berkely, Nueva York, NY

INFORMACIÓN PERSONAL

Describa sus metas profesionales futuras.

Me (gustar) a. _____ sacar un título en ecología porque me interesa mucho estudiar la relación entre los organismos y el medio ambiente. Después de graduarme (desear) b. _____ trabajar en un parque nacional para educar a la gente sobre la importancia de conservar la naturaleza.

Describa por qué quiere participar en la pasantía.

(Preferir) a. _____ trabajar en Nicaragua por la variedad de flora y fauna que tiene. Además admiro cómo el parque promueve la mejora de la infraestructura del país y estimula la economía. (Querer) b. _____ usar lo aprendido en mis estudios en mi futuro trabajo.

_____

_____

8-23 En la oficina de turismo. Tu amigo Luis y tú acaban de llegar al aeropuerto de Managua, Nicaragua. Van a la oficina de turismo para pedir información sobre el alojamiento y los diferentes lugares turísticos del país. Escribe de nuevo las oraciones siguientes usando el condicional de cortesía con uno de estos verbos: gustar, poder, desear, preferir.

> **MODELO**
>
> Buenos días, **queremos obtener** información acerca de los lugares que se pueden visitar en Nicaragua.
> **Buenos días, nos gustaría obtener información acerca de los lugares que se pueden visitar en Nicaragua.**

1. **Debemos** comprar un mapa del país.

   _____

2. **Nos interesa** conocer la isla de Ometepe. ¿Cómo podemos llegar hasta allí?

   _____

3. **¿Puede** Ud. recomendar un hotel cómodo para nuestra estancia en Granada?

   _____

4. **Queremos** comer en restaurantes de comida típica, no muy caros.

   _____

8-24 Tus vacaciones ideales. Describe cómo serían tus vacaciones ideales en los países centroamericanos del *Tema 2* (Honduras, Nicaragua y El Salvador). Explica tus deseos usando el condicional.

> **MODELO**
>
> **Yo querría visitar los pueblos coloniales.**

_____

_____

_____

_____

_____

_____

Nombre: _____ Fecha: _____ Clase: _____

Redacción

8-25 El ecoturismo. Trabajas para un parque nacional centroamericano. Tu jefe te ha pedido que prepares un folleto informativo sobre ecoturismo. En el folleto, incluye información sobre qué pueden hacer los turistas que visitan el parque para contribuir a su protección.

VOCABULARIO ÚTIL

beneficioso/a	dañino/a	el medio ambiente
la fauna	la flora	la belleza natural
el paisaje	disfrutar	el consumo
el equilibrio ecológico	proteger	conservar

_____

_____

_____

_____

_____

_____

_____

_____

_____

_____

_____

_____

_____

Nombre: _____ Fecha: _____ Clase: _____

A escuchar

8-26 De viaje por Honduras. David y Lina están planeando pasar sus vacaciones en Honduras. Escucha la conversación y contesta las preguntas.

A. ¿Qué lugares mencionan Lina y David? Marca todas las respuestas correctas.

❏ Parque Nacional La Tigra   ❏ San Pablo

❏ Cerro Palenque   ❏ San Pedro Sula

❏ Islas de la Bahía   ❏ la capital de Honduras

❏ la Catedral Primada   ❏ Parque La Leona

B. Contesta las preguntas según lo que escuchaste.

1. ¿Cuántos días se van a quedar en Tegucigalpa?

_____

_____

2. ¿Por qué no se quedan más tiempo en la capital?

_____

_____

3. ¿Por qué sería bueno ir al Cerro Palenque?

_____

_____

4. ¿Cómo piensan llegar Lina y David a Copán?

_____

_____

5. ¿Dónde terminarían las vacaciones?

_____

_____

TEMA 3 Viajar para servir a la comunidad

Vocabulario del tema

8-27 Los ticos. Unos amigos tuyos acaban de volver de un viaje a Costa Rica. Aquí tienes algunas palabras que usaron para describir a los costarricenses.

A. Identifica la definición correcta de cada palabra.

1. genuino/a	**a.** complaciente
2. una sonrisa	**b.** auténtico/a
3. echarte una mano	**c.** una expresión de alegría
4. considerado/a	**d.** lo opuesto de introvertido
5. extrovertido/a	**e.** ofrecerte ayuda

B. Según esta lista de vocabulario, ¿la impresión que tus amigos tuvieron de los costarricenses fue positiva o negativa?

_____

8-28 Las observaciones de Amy y Steve. Marca con una **X** las observaciones que Steve y Amy incluyeron en su sitio de Internet *Eco-Odyssey*.

1. _____ Es importante apuntarse a clases de español antes de venir a Costa Rica.

2. _____ El español que se habla en Costa Rica tiene un sinfín de expresiones únicas.

3. _____ No vale la pena participar en un programa de educación ambiental porque tienes que ir a una región remota.

4. _____ A Amy y a Steve les molesta que los costarricenses siempre hablen en voz alta.

5. _____ Cuando visites Costa Rica, te encontrarás con mucha gente desconocida que quiere sentarse y charlar contigo.

8-29 La bienvenida. Usa un mínimo de 6 palabras y expresiones de la lista para describir la manera en que tu comunidad de amigos recibe a una persona desconocida.

echar una mano	con una sonrisa	ofrecer hospitalidad
expresar amabilidad	ser genuino/a	comprender
charlar	la gente desconocida	ayudar con las dificultades

_____
_____
_____
_____
_____
_____

A escuchar

8-30 Pura vida. Josh pasó un semestre estudiando en un programa de intercambio en Costa Rica. La oficina de programas internacionales le pide que hable con los nuevos solicitantes que participarán en el mismo programa el semestre próximo. Escucha el diálogo y contesta las preguntas a continuación.

A. Indica si las oraciones son ciertas (**C**) o falsas (**F**). Si son falsas, corrígelas.

1. _____ Josh recomienda que los estudiantes vivan en la residencia porque tendrán ayuda de sus amigos.

¿Corrección? _____

2. _____ Según Josh los "ticos" son muy amables y pacientes.

¿Corrección? _____

3. _____ Todas las clases universitarias son muy grandes pero fáciles.

¿Corrección? _____

4. _____ El español hablado en Costa Rica es igual al español hablado en otros países hispanos.

¿Corrección? _____

B. ¿Crees que a Josh le gustó su experiencia en Costa Rica o no? ¿Por qué? Menciona dos comentarios específicos que apoyen tu impresión.

_____

_____

_____

Gramática

Conditions with si (if): Possible future vs. Contrary-to-fact

8-31 Identificación. Lee lo que ha escrito Gloria, una estudiante costarricense. Determina si las oraciones expresan una condición futura posible, una condición improbable o una condición irreal.

1. Si viajara a EE. UU., me gustaría visitar Nueva York.

_____

2. Si yo trabajara en un parque nacional, podría proteger la flora y fauna de mi país.

_____

3. Si me gradúo el próximo año, viajaré a Guatemala.

_____

4. Si tengo tiempo, hoy voy a San José para visitar a mi abuela.

_____

8-32 Unas vacaciones en Costa Rica. Tu amiga Isabel y tú están pensando ir de vacaciones a Costa Rica el próximo verano, aunque el viaje todavía no está completamente decidido. Completa las oraciones correctamente.

1. _____ Iremos a Costa Rica…

2. _____ Si vamos a Cartago…

3. _____ Isabel estudiará español…

4. _____ Si pudiéramos quedarnos todo el verano…

5. _____ También visitaríamos otros países centroamericanos…

   a. las dos haríamos servicio a la comunidad en un hospital o en una escuela.

   b. si tuviéramos más dinero.

   c. si tiene tiempo libre.

   d. si nuestros padres nos dan permiso.

   e. visitaremos la Basílica de Nuestra Señora de los Ángeles.

8-33 Estudiar español en Costa Rica. Las siguientes oraciones tratan de los estudios de español en Costa Rica de varios estudiantes. Complétalas con la forma adecuada del verbo.

1. Mi mejor amiga y yo (estudiar) _____ en Costa Rica el próximo semestre si tuviéramos dinero.

2. Si practico mi español todos los días, (hablar) _____ español como un nativo.

3. Mi profesor de español habla como si (ser) _____ de San José, pero en realidad es del norte del país.

4. Si yo (tomar) _____ más clases de español, me comunicaría fácilmente con mis amigos costarricenses.

5. Yo (estudiar) _____ español más horas cada día si dejara mi clase de ciencias políticas.

8-34 Reacciones. Imagina que vas a viajar a Costa Rica. Aquí tienes una serie de situaciones en las que te podrás encontrar. Usa una expresión de la lista para describir cuál será tu reacción a cada situación.

```
alegrarse
enfadarse
enojarse
entristecerse
estar disgustado/a, escandalizado/a, feliz, furioso/a, gozoso/a
tener vergüenza
```

1. Si me asignan servicio a la comunidad en un hogar de ancianos _____

2. Si tengo que colaborar con estudiantes ticos _____

3. Si trabajo en una clínica para enfermedades graves _____

4. Si mis compañeros americanos no quieren hablar español _____

5. ¿otra situación? _____

8-35 Consecuencias personales. Varios estudiantes se reúnen para tomar café y hablar de sus problemas académicos y personales. Consideran varias hipótesis pero saben que todas son improbables. Completa las oraciones según el modelo.

> **MODELO**
>
> si / (yo) no tener tantos exámenes / (yo) ir a Costa Rica
> **Si no tuviera tantos exámenes iría a Costa Rica.**

1. si / (nosotros) ser ricos / (nosotros) no tener que trabajar tantas horas

_____

2. si / (yo) conocer a la persona de mis sueños / (nosotros) casarnos

_____

3. si / (mis padres) darme un coche / (yo) mudarme a un apartamento

_____

4. si / (el profesor de matemáticas) no darnos tanta tarea / (nosotros) descansar más

_____

5. si / (yo) vivir en el Caribe / (yo) pasar todos los días en la playa

_____

6. ¿Y tú? Si pudieras cambiar cualquier aspecto de tu vida ahora, ¿qué cambiarías? ¿Por qué? ¿Cuáles serían las consecuencias?

_____

_____

_____

_____

8-36 Entrevista a Laura Chinchilla. En el año 2010, Laura Chinchilla fue elegida presidenta de Costa Rica, sustituyendo a su mentor, Óscar Arias. Lee esta entrevista publicada en el diario *La Nación,* en la que Laura Chinchilla explica sus proyectos y su visión política. Completa las oraciones con la forma correcta de los verbos de la lista (condicional o imperfecto del subjuntivo para las condiciones improbables o irreales y presente del indicativo o futuro para las condiciones futuras posibles).

recuperarse	apoyarse	educar
abrir	poder	aumentar
ser	luchar	

Reportero:	Sra. Chinchilla, usted es la primera mujer en convertirse en presidenta de Costa Rica. Si **1.** _____ cambiar la situación de las mujeres en este país, ¿qué haría?
Laura Chinchilla:	Yo **2.** _____ por la igualdad entre hombres y mujeres en el trabajo y **3.** _____ más guarderías estatales para facilitar la incorporación de las mujeres al mundo profesional.
Reportero:	¿Pero usted piensa que esto resolvería el problema de la desigualdad?
Laura Chinchilla:	No completamente, claro. La desigualdad es también un problema de educación y por eso es importante hacer una campaña para concienciar a la sociedad de la necesidad de un cambio. Pienso que si los padres **4.** _____ a los niños y a las niñas de la misma manera, las futuras generaciones crecerán sin este tipo de prejuicios.
Reportero:	Otra de sus prioridades es mejorar la seguridad de los costarricenses. ¿Cómo piensa hacerlo?
Laura Chinchilla:	Bueno, estoy convencida de que si **5.** _____ el número de policías en las calles, nuestras ciudades serán más seguras. Además, es necesario colaborar con los demás países centroamericanos para combatir la violencia que existe en toda la región. Si todos **6.** _____ en la lucha contra el crimen, resolveremos este terrible problema.
Reportero:	Por último, su gobierno se enfrenta en estos momentos a una situación de crisis económica y deuda pública. Usted se ha mostrado muy optimista, y ha dicho que esta situación mejorará en los próximos meses. Pero dígame, ¿subiría los impuestos si la economía no **7.** _____ pronto?
Laura Chinchilla:	Como dije durante la campaña, si esto **8.** _____ completamente necesario, les pediría un esfuerzo a los ciudadanos. Pero creo que primero debemos esperar y ver si las medidas tomadas para estimular la economía dan resultado.
Reportero:	Muchas gracias por su tiempo y su amabilidad, señora Chinchilla.
Laura Chinchilla:	Gracias a usted.

8-37 Servicio a la comunidad. Costa Rica es un destino popular para las personas que desean hacer servicio a la comunidad. Lee el siguiente texto informativo sobre los diversos programas de voluntariado en este país y contesta las preguntas a continuación.

Los programas de **voluntariado en Costa Rica** son muy populares y ofrecen la oportunidad de ampliar conocimientos y desarrollar actividades que aportan grandes beneficios no solo a las comunidades humanas sino también a los grandes espacios naturales del país. Así, existen varias áreas de trabajo en las que se puede colaborar.

- Trabajos sociales: este tipo de trabajos están especialmente valorados, pues muchos están dedicados a proveer cuidados a los niños en guarderías y orfanatos, o a construir centros comunitarios.
- Trabajos de tipo educativo: muchos estudiantes extranjeros trabajan en escuelas desfavorecidas enseñando su propia lengua u otras materias.
- Asistencia sanitaria: los voluntarios también tienen la oportunidad de trabajar en clínicas, hospitales y hogares de ancianos con el objetivo de mejorar las condiciones de salud de muchas personas.
- Trabajo en el área del medio ambiente: las personas interesadas en el cuidado de la naturaleza tienen numerosas oportunidades de trabajar en reservas y parques naturales de Costa Rica protegiendo la diversidad de la fauna y flora del país.

1. Si tuvieras la oportunidad de participar en alguno de estos programas, ¿en cuál participarías? ¿Por qué?

_____

_____

2. ¿Qué tipo de trabajo le recomendarías a tu amigo/a si le gustaran mucho los niños?

_____

_____

3. Si hicieras servicio a la comunidad en un programa de asistencia sanitaria, ¿dónde preferirías trabajar?

_____

_____

4. Si pudieras desarrollar un programa de servicio a la comunidad en tu ciudad, ¿cuál sería más necesario en tu opinión?

_____

_____

Redacción

8-38 Eco-Odyssey. Estas pensando hacer un viaje a Costa Rica. Después de leer la descripción de Steve y Amy en tu libro de texto, decides mandarles un mensaje, con tus propios comentarios. Escribe un mensaje, presentándote y contestando estas preguntas:

- ¿Te interesó la descripción? ¿Por qué?
- Si decides ir a Costa Rica, ¿qué información específica del texto será más útil?
- ¿Qué otra información te interesaría saber?

VOCABULARIO ÚTIL

explorar	la estancia	la esencia
expresar	los locales	gringo
la facilidad	apuntarse	la hospitalidad
el carácter	desconocido/a	echar una mano
dar la bienvenida	orgulloso/a	la amabilidad

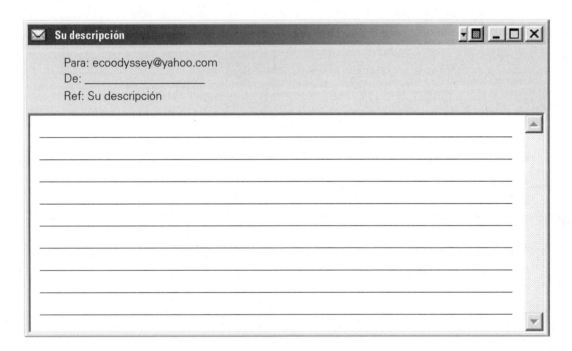

✉ **Su descripción**   ▾ ▣ _ ▢ ✕

Para: ecoodyssey@yahoo.com
De: _____
Ref: Su descripción

A escuchar

8-39 Entrevista de trabajo. Escucha la siguiente entrevista y después contesta las preguntas.

A. Indica si las oraciones son ciertas (**C**) o falsas (**F**). Si son falsas, corrige los errores con el mayor detalle posible.

1. _____ Al señor Martínez no le gusta el trabajo que tiene. _____

_____

2. _____ El señor Martínez menciona solo un lugar donde ha trabajado antes. _____

_____

3. _____ El señor Martínez dice que tiene mucha experiencia nacional e internacional. _____

_____

4. _____ Si lo contrataran, el señor Martínez tendría que trabajar en tres países. _____

_____

5. _____ La decisión se va a tomar en un par de semanas. _____

_____

B. Contesta las siguientes preguntas.

1. ¿Cuál es el puesto para el que se está entrevistando el señor Ramírez? _____

_____

2. ¿Cuál es el cargo *(job)* de la persona que lo entrevista? _____

_____

3. ¿Con qué palabras se describe el señor Martínez? _____

_____

4. ¿Le hacen una oferta interesante? Explica tu respuesta. _____

_____

5. ¿Cuántas entrevistas le faltan al señor Martínez para terminar el proceso? ¿Con quién se va a

entrevistar? _____

_____

Más allá de las palabras

Ven a conocer

8-40 Agente turístico/a. Tienes varios clientes que quieren ir de vacaciones a Panamá. Según sus descripciones indica qué sitios deben visitar.

SITIOS: las esclusas de Gatún, Isla de San Blas, el Valle de Antón, Portobelo

1. "A mi familia y a mí nos interesa visitar una ciudad portuaria. Los niños quieren ver un arrecife de coral. Yo estoy interesado en la historia, por eso será ideal visitar fortalezas coloniales".

   _____

2. "A mi novia y a mí nos encantan el buceo y la natación. Nos gusta además visitar pueblos tradicionales y conocer mejor el arte indígena. No queremos gastar mucho dinero en hoteles, por eso nos quedaremos en hostales más económicos". _____

3. "Soy ingeniero y me interesa el Canal de Panamá. Quiero verlo en funcionamiento".

   _____

4. "Mi amiga y yo no queremos viajar lejos de la ciudad de Panamá. Quizás será mejor visitar algunos pueblos cercanos con temperaturas más frescas, recorrer los mercados, comprar tallas de madera y ver alguna que otra atracción arqueológica". _____

A escuchar

8-41 Un reportaje sobre Panamá. Estás haciendo turismo en Panamá el 14 de diciembre de 1999 y escuchas el siguiente reportaje en la radio. Después de escuchar la información contesta las preguntas a continuación.

A. Orientación. ¿Qué evento especial describe el reportaje?

_____.

B. Las ideas principales. Marca con una ✔ los temas tratados.

❑ una descripción de una fiesta patriótica nacional

❑ información histórica del Canal

❑ información sobre las dificultades de construir el Canal

❑ una descripción de las relaciones entre EE. UU. y Panamá

❑ información sobre la administración del Canal

❑ información sobre cómo funciona el Canal

❑ una consideración de futuras dificultades relacionadas con la modernización del Canal

C. Detalles importantes

1. Marca los eventos históricos importantes que se mencionan.

❏ la conquista de Panamá por los españoles

❏ el intento fracasado de los franceses de construir un canal

❏ la inauguración del canal el 15 de agosto de 1914

❏ la captura del General Manuel Noriega

❏ la firma del Tratado Torrijos-Carter en 1977

❏ la elección de Mireya Moscoso como presidenta

❏ el 31 de diciembre de 1999, el día en que se realizó la transferencia oficial del Canal

2. ¿Quiénes asistieron a la ceremonia en las esclusas de Miraflores?

_____

_____

3. Según el texto, ¿cómo ha sido la relación entre EE. UU. y Panamá?

_____

_____

4. ¿Qué responsabilidades recibe Panamá con la transferencia?

_____

_____

5. ¿Qué cambios habrá en el futuro para el Canal? ¿Por qué?

_____

_____

D. Aplicación. ¿Cuáles serán las consecuencias económicas y políticas si Panamá no responde a las demandas futuras con respecto al uso del Canal? En tu respuesta incluye información del reportaje y/o tus propias ideas.

_____

_____

_____

_____

E. Atención a los verbos. Completa las siguientes oraciones de acuerdo al texto con el vocabulario del recuadro en su forma correcta.

modernizar	ampliar	realizar	haber	poder	celebrar	probar

1. La transferencia completa se _____ el día 31 de diciembre y se _____ con una fiesta nacional.

2. Nosotros _____ que somos competentes para administrar uno de nuestros bienes más valiosos.

3. Si no _____ el Canal _____ grandes problemas en el futuro.

4. Si los ingenieros no _____ la capacidad del Canal, los gigantescos barcos modernos no _____ transitarlo.

El escritor tiene la palabra

En esta sección tendrás la oportunidad de aprender más sobre el cuento como género y aplicar tus conocimientos al cuento *El eclipse* de tu libro de texto.

8-42 El cuento. A continuación se definen algunos términos importantes para hablar de los cuentos. Después de leer las definiciones contesta las preguntas.

Los personajes: Son los individuos que aparecen en un cuento, una novela o una obra de teatro.

El/La protagonista: Es el personaje principal de un cuento.

Personajes secundarios: Son los personajes que sirven de apoyo.

El narrador/La narradora: Es la persona que narra los eventos. El/La narrador/a puede ser:
- un personaje del cuento
- una voz anónima, externa al cuento

El punto de vista: Es la perspectiva que adopta el/la narrador/a. El punto de vista puede ser:
- limitado a las percepciones de uno de los personajes. En este caso, los lectores no saben más que el personaje.
- omnisciente; el narrador comparte más que las percepciones de un personaje y los lectores tienen más información que el protagonista.

El marco escénico: Se refiere al tiempo y el lugar donde transcurre la acción. Básicamente responde a las preguntas "dónde" y "cuándo".

El/La lector/lectora: La persona que lee una obra literaria.

La trama: La serie de eventos y conflictos que tienen lugar.

El tema: La idea central.

1. **PERSONAJES:** ¿Quién es el/la protagonista del cuento? ¿Quiénes son los personajes secundarios?

   _____

   _____

   _____

2. **NARRADOR/A:** Lee la primera oración del cuento. ¿Quién es el narrador?

   ❏ un personaje del cuento

   ❏ una voz anónima, externa al cuento

3. **EL PUNTO DE VISTA:** Lee la primera oración del cuento. ¿Cómo es el punto de vista?

   ❏ limitado a las percepciones de Fray Bartolomé

   ❏ omnisciente con información de varias perspectivas

4. **EL MARCO ESCÉNICO:**

   a. ¿Dónde tienen lugar los eventos? _____

   b. ¿Cuándo ocurren los eventos? _____

5. **LA TRAMA:** El final del cuento (el sacrificio de Fray Bartolomé) es una sorpresa (*surprise*) para los lectores porque...

   a. el punto de vista es limitado y los lectores no saben qué deciden los indígenas en el "pequeño consejo".

   b. los indígenas iban a salvar (*were going to save*) a Fray Bartolomé pero cambiaron su plan en el "pequeño consejo".

   c. _____

6. **EL TEMA:** Selecciona la mejor descripción del tema del cuento.

   ❏ La tendencia humana de subestimar (*underestimate*) y menospreciar (*look down on*) otras culturas y sociedades que no comprendemos.

   ❏ La eficacia (*effectiveness*) inferior de los conocimientos astronómicos comparado con la fe religiosa.

8-43 Mi diario literario. Escribe tu reacción personal al cuento. Considera las siguientes preguntas:

- Dificultades: ¿Hay partes del cuento que no entendiste muy bien? Explica cuáles son y por qué crees que te han causado problemas.

- Reacción personal: ¿Te gusta el cuento? ¿Por qué? ¿Qué aspectos cambiarías? ¿Por qué?

   _____

   _____

   _____

   _____

   _____

Para escribir mejor

El gerundio

El **gerundio** es la forma del verbo con la terminación *–ing* en inglés. Para formarlo se agrega **–ando** a la raíz de los verbos terminados en **–ar,** o **–iendo** a la raíz de los verbos terminados en **–er** o **–ir.**

EJEMPLOS: apuntar = apunt**ando**
florecer = florec**iendo**
cubrir = cubr**iendo**

Cuidado:

1. Con los verbos que terminan en **–er** o **–ir** cuya raíz termina en vocal se agrega **–yendo.** El gerundio del verbo **ir** es **yendo.**

EJEMPLO: leer = le**yendo**
constituir = constitu**yendo**

2. Los verbos que terminan en **–ir** y que tienen un cambio en la raíz en la tercera persona singular y plural del pretérito, mantienen este mismo cambio en el gerundio.

EJEMPLO: vestirse – se vistió – v**i**stiendo
conseguir – consiguió – cons**i**guiendo

8-44 Práctica. Escribe el gerundio de los siguientes verbos:

1. dedicarse = _____

2. detener = _____

3. construir = _____

4. traducir = _____

Los usos del gerundio

1. El gerundio se usa para formar los tiempos progresivos con el verbo **estar.**

EJEMPLOS: Rigoberta Menchú **está luchando** por los derechos humanos.
*Rigoberta Menchú **is fighting** for human rights.*

Menchú **estaba trabajando** como empleada doméstica.
*Menchú **was working** as a domestic employee.*

2. El gerundio se usa con verbos como **andar, ir, seguir, salir, venir, continuar** y **terminar** para expresar la duración o repetición de una acción.

EJEMPLOS: Los españoles terminaron **conquistando** a los indios mayas.
*The Spaniards ended up **conquering** the Mayan indians.*

Los mayas siguen **manteniendo** sus costumbres después de la conquista.
*The Mayas continue **to maintain** their customs after the* Conquista.

3. El gerundio se usa para expresar el cómo, por qué o cuándo de una acción. Para expresar la misma idea en inglés normalmente se usa *since, when, by, while* o *because*.

EJEMPLOS: **Siendo** una indígena maya Menchú entiende muy bien su represión.
Since she is a Mayan indian Menchú understands very well their repression.

Andando por los pueblos de Guatemala, vimos a los indígenas con trajes tradicionales.
While walking through the small towns of Guatemala we saw indigenous people with their traditional clothing.

Trabajando mucho, el gobierno guatemalteco puede mantener la paz.
By working hard the Guatemalan government can maintain peace.

8-45 Práctica. Completa las siguientes oraciones sobre Guatemala con el gerundio del verbo entre paréntesis.

1. _____ (negociar) entre ellos, los miembros de las guerrillas y el gobierno guatemalteco dieron fin a 36 años de guerra civil.

2. Guatemala estuvo _____ (luchar) con Belice sobre sus fronteras.

3. Las relaciones entre EE. UU. y Guatemala siguen _____ (ser) estrechas.

4. _____ (Reducir) la corrupción el ex presidente León Carpio pudo resolver problemas entre diferentes facciones políticas.

Usos inapropiados del gerundio

El uso del gerundio en español es más limitado que en inglés.

1. Se usa el infinitivo en vez del gerundio después de una preposición.

EJEMPLOS: Al **llegar** a la costa de Costa Rica, Colón observó sus riquezas.
Upon arriving on the coast off Costa Rica, Columbus noted its riches.

Por tratar mal a los indígenas muchos de ellos desaparecieron.
By treating the indigenous people badly many of them disappeared.

2. Se usa el infinitivo en vez del gerundio cuando funciona como el sujeto de una oración. Frecuentemente se traduce al español como un sustantivo.

EJEMPLOS: **La lucha** entre liberales y conservadores causó inestabilidad.
The fighting between liberals and conservatives caused instability.

3. Se usa un adjetivo o frase adverbial en vez de un gerundio.

EJEMPLOS: un viaje **emocionante**   *an exciting trip*
un dictador **que da miedo**   *a frightening dictator*

8-46 Resumen. Completa el párrafo siguiente sobre un viaje a Costa Rica con la forma correcta en español del verbo entre paréntesis.

Al **1.** _____ (*arriving*) a Costa Rica fuimos primero al hotel.

2. _____ (*since it was*) un viaje muy largo descansamos un poquito

en el hotel antes de **3.** _____ (*leaving*) para reunirnos con nuestros amigos. Al día siguiente fuimos de excursión a Monteverde. Inicialmente fue una situación frustrante porque nos perdimos, pero finalmente con la ayuda de otros llegamos a nuestro destino.

4. _____ (*walking*) por la selva tropical nos dio la oportunidad de ver muchos animales, como monos. Continuamos 5. _____ (*traveling*) por la tarde hasta que llegamos al hotel donde nos quedamos.

Para pronunciar mejor

r y rr

- There are two **r** sounds.

- The **r** in *loro* sounds as **dd** or **tt** in English *ladder, letter.* This sound never appears at the beginning of a word, rather it occurs between vowels or in word final position. This sound is always spelled **r**.

- The **r** in *rico, zorro* is rolled several times. This sound is spelled **r** when it appears in initial position or after a consonant, and it is spelled **rr** between vowels. There is no English equivalent.

8-47 Contrastes. Listen to the recording and circle the word you hear.

1. coro / corro
2. coral / corral
3. pero / perro
4. moral / morral
5. ahora / ahorra

6. caro / carro
7. cero / cerro
8. moro / morro
9. para / parra
10. pera / perra

8-48 Repite. Listen to the recording and repeat. Pay attention to linking across word boundaries!

1. Ramiro se rinde.
2. Busco un carro caro.
3. Mi perro come una pera.
4. El ruso tiene rosales moros.
5. El perro mira el corral.
6. Ver, oír y callar.

8-49 Trabalenguas. Repeat after you hear this tongue twister (*trabalenguas*). Repeat it until you can recite the tongue twister without stopping.

Erre con erre, guitarra,
erre con erre barril,
¡mira qué rápido corren
los carros marrones
del ferrocarril!

CAPÍTULO

9

NUESTRA HERENCIA PRECOLOMBINA (PAÍSES ANDINOS)

TEMA

1 El origen de la leyenda de El Dorado   279

2 Nuestra cultura mestiza   290

3 Costumbres de los incas   300

Más allá de las palabras   308

TEMA 1 El origen de la leyenda
de El Dorado

Vocabulario del tema

9-1 El oro. Imagina que eres un/a cronista de la época de la conquista. Acabas de presenciar una
conversación muy interesante entre un indígena y un español sobre el oro. Decides describirla en uno
de tus testimonios.

A. Completa las siguientes oraciones con el vocabulario apropiado de la lista.

©Charles & Josette Lenars/CORBIS

desmesurado	acaparar	riquezas	comercial	bruto	devoción	simbólico	rango

Indígena: No tenemos más, se lo prometo. Ya les dimos todos nuestros objetos de oro. Ahora, ¿cómo

expresamos nuestra **1.** _____ que es tan importante para nuestra religión? ¿Cómo

identificamos el **2.** _____ social de la gente si no podemos llevar collares

y pendientes?

Español: No me interesan sus costumbres religiosas ni sociales, me interesa el dinero, lo material. Quiero que nos dé todo el oro **3.** _____ que tenga, ¿ya no tienen más?

Indígena: Es que en su estado natural no tiene ningún valor material. Su valor es **4.** _____ cuando nuestros artistas lo usan para crear objetos. No entiendo su obsesión por **5.** _____ el oro, ¿es que se lo comen?

Español: Para mí el oro tiene un valor **6.** _____, no lo quiero para crear objetos artísticos o religiosos. Pero basta de preguntas. He oído hablar de una ciudad con **7.** _____ inimaginables. Estoy seguro de que está por esta zona y quiero que me diga dónde.

Indígena: No comprendo su deseo **8.** _____ de tener oro. Ese lugar de riquezas inimaginables no existe. Pero quizás usted ha oído que, en el pasado, el jefe de una tribu se cubría con polvo de oro y después se bañaba en el lago Guatavita.

B. Según esta conversación, explica en tus propias palabras la diferencia entre el significado del oro para los indígenas y para los españoles.

_____

_____

_____

_____

_____

9-2 ¿Colombia o España? ¿Con quién asocias cada una de las ideas siguientes? Escribe **C** si la asocias con Colombia (los indígenas) y escribe **E** si la asocias con España (los conquistadores).

1. _____ la creación del mito de El Dorado

2. _____ artefactos de oro con valor simbólico

3. _____ el deseo desmesurado de acaparar oro bruto

4. _____ los cronistas

5. _____ la recuperación del Tesoro Quimbaya

6. _____ el oro como expresión del rango social

Nombre: _____ Fecha: _____ Clase: _____

9-3 Un examen sobre los muiscas. Escucha la conversación entre tres amigos que se reúnen para estudiar. Después, ayuda a Marina a contestar su examen.

Departamento de Antropología

Nombre: Marina González   Prueba # 3

A. Contesta las siguientes preguntas: (30 puntos)

1. Menciona algunas características físicas de los muiscas. _____

_____

_____

_____

2. El _____ y el _____ eran los dos gobernantes principales.

3. Describe el sistema de gobierno. _____

_____

_____

_____

4. Nombra dos dioses que los muiscas veneraban. _____

_____

B. Empareja los datos de la izquierda con su correspondiente en la columna derecha. (20 puntos)

1. Bachué	**a.** pájaro
2. Xué	**b.** gente de paz
3. Chía	**c.** pueblo que tiene una escuela muisca
4. Zaque	**d.** uno de los dos caciques más
5. Cota	importantes
6. tatacoa	**e.** *tamaño* de la población muisca cuando
7. toche	llegaron los españoles
8. muiscas	**f.** serpiente
9. 650,000	**g.** dios Sol
10. ídolos	**h.** la Luna
	i. madre de los chibchas
	j. figuras hechas de oro y esmeraldas

Gramática

Adverbial Clauses with the Present Tense

9-4 Conjunciones adverbiales

A. Clasifica las siguientes conjunciones según su uso.

hasta que	ya que	a fin de que	para que
en cuanto	cuando	porque	antes de que
después de que	en caso de que	tan pronto como	aunque
puesto que	a menos que	con tal (de) que	donde
sin que			

SUBJUNTIVO	INDICATIVO	SUBJUNTIVO O INDICATIVO

B. Escribe una expresion sinónima de las expresiones subrayadas.

1. Otra expresión sinónima de puesto que = _____

2. Otra expresión sinónima de a fin de que = _____

3. Otra expresión sinónima de tan pronto como = _____

9-5 Un famoso artista colombiano. Fernando Botero (Medellín, 1932) es un pintor y escultor internacionalmente famoso por sus figuras voluminosas y su estilo inconfundible. Relaciona la información de las dos columnas para saber más sobre este original artista.

The Street, 1987, by Fernando Botero. Private Collection/Bridgeman Art Library. ©Fernando Botero, Courtesy Marlborough Gallery, New York

1. Botero siempre pasa muchas horas trabajando en la misma obra hasta que…

2. Botero regresará a Colombia tan pronto como…

3. El próximo año, el artista pasará tiempo estudiando el arte clásico en Europa aunque…

4. Este verano, Botero donará más de cincuenta obras a fin de que…

5. Cada año miles de turistas visitan el museo Botero, donde…

6. Generalmente, los amantes del arte contemporáneo aprecian la obra de Botero en cuanto…

a. termine sus proyectos en Nueva York.

b. el museo Botero aumente su colección.

c. está satisfecho con el resultado.

d. la descubren.

e. pueden admirar las pinturas de este gran artista.

f. su familia no pueda acompañarlo.

9-6 Juan Valdez. En la región del eje cafetero de Colombia se produce uno de los mejores cafés del mundo. Juan Valdez es una figura ficticia que representa de forma emblemática a los cafeteros (*coffee growers*) colombianos. Lee la descripción de su vida diaria y escoge la forma apropiada de los verbos.

©Fernando Vergara/Associated Press

Me llamo Juan Valdez y soy un cafetero colombiano. Vivo en una gran finca en el pueblo de Salento, donde mi familia **1.** _____ (cultiva/cultive) el café desde hace varias generaciones. Todos los días antes de que **2.** _____ (sale/salga) el sol, me levanto y preparo un café para que su delicioso aroma me **3.** _____ (ayuda/ayude) a despertarme. Después de que mi esposa me **4.** _____ (prepara/prepare) el desayuno, voy al establo a buscar a mi querida mula Conchita, ya que **5.** _____ (es/sea) una compañera fundamental para cargar los sacos de café en el campo. Tan pronto como **6.** _____ (llegan/lleguen) mis hijos a los cafetales, todos nos ponemos un cesto (*basket*) a la cintura (*waist*) y recogemos los granos de café que están maduros. En cuanto **7.** _____ (terminamos/terminemos), vamos al granero donde extraemos las semillas, las lavamos y las dejamos secar al sol. Aunque nuestra finca **8.** _____ (es/sea) una explotación familiar, en mayo, cuando la cosecha se **9.** _____ (hace/haga) mayor, contratamos a trabajadores externos para que nos ayuden. Mi ilusión es que cuando mis hijos y mis nietos **10.** _____ (heredan/hereden) esta tierra, continúen la tradición familiar que empezó mi bisabuelo hace ya más de cien años.

9-7 Entrando al mercado estadounidense. Eres el representante artístico de Julián Suárez, un nuevo cantante colombiano. Julián ha tenido mucho éxito en Colombia y ahora se prepara para una gira por Estados Unidos. Completa las siguientes oraciones usando la forma correcta del subjuntivo o del indicativo según sea necesario.

1. Julián, es importante que aprendas inglés para que _____ (poder) dar entrevistas en radio y televisión.

2. Tu primer disco se vendió muy bien. Creo que debes pensar en grabar un disco de rock en español ya que ese ritmo _____ (ser) muy popular entre los jóvenes.

3. Con el auge de Internet, vamos a lanzar tu página tan pronto como _____ (tener)

fotos recientes.

4. Creo que es bueno que pongamos algunas de tus canciones en la página de Internet en cuanto

_____ (terminar) tu segundo disco.

5. Tenemos que pensar en un buen nombre para la página electrónica. ¿Qué te parece si usamos

www.juliansuarez.com? La gente encontrará esta página fácilmente puesto que

_____ (tener) tu nombre.

9-8 Un viaje a Cartagena. Un grupo de estudiantes habla de sus preparativos para un viaje a Cartagena
de Indias, Colombia, el mes próximo. Completa las oraciones según el modelo.

> **MODELO**
>
> Yo/buscar información en Internet/para que/nosotros poder planear mejor el viaje
> **Yo buscaré información en Internet para que nosotros podamos planear mejor el viaje.**

1. Brit y Katherine/hacer las reservaciones/porque/ellas/conocer los hoteles mejores y baratos.

_____

_____

2. Antes de que/nosotros salir/Charlotte y yo/ir de compras

_____

_____

3. Nina/llamar a David/para que/recogernos en el aeropuerto

_____

_____

4. Nosotros/llevar equipo de buceo/puesto que/ir a/una escuela de submarinismo

_____

_____

5. En cuanto/nosotros llegar a las Islas del Rosario/ poder ir al Oceanario a bucear

_____

_____

6. Yo/no salir de Cartagena/sin que/David/llevarme a Bocagrande

_____

_____

7. Tan pronto como/subirnos al avión/nosotros/hablar sólo en español

_____

_____

9-9 La vida universitaria. A continuación encontrarás una serie de recomendaciones extraídas de un folleto informativo titulado "Cómo sobrevivir tu primera semana en el campus".

A. Completa las frases con las conjunciones apropiadas.

después de que	puesto que	hasta que
tan pronto como	a menos que	con tal de que

1. _____ lleguen a la residencia es importante que conozcan a su compañero/a de cuarto y a sus vecinos.

2. Lleven mucho dinero _____ los libros cuestan mucho.

3. _____ sus padres no les den suficiente dinero, es mejor no buscar un trabajo inmediatamente ya que van a estar muy ocupados las primeras semanas del semestre.

4. Normalmente los profesores no dan mucha tarea _____ saben quiénes están registrados en sus clases.

B. Escribe cinco consejos más, dirigidos a los nuevos estudiantes, usando algunas de las conjunciones siguientes: **después de que, cuando, en caso de que, porque, aunque.**

1. _____
   _____

2. _____
   _____

3. _____
   _____

4. _____
   _____

5. _____

9-10 ¡Nos mudamos a Colombia! A tu padre le han ofrecido un puesto de trabajo en Medellín, y toda la familia va a mudarse a Colombia en cuanto termine el semestre. Escribe cinco oraciones describiendo qué vas a hacer tú y los diferentes miembros de tu familia cuando lleguen a Colombia. Usa las conjunciones adverbiales (**tan pronto como, después de que, hasta que, cuando, aunque,** etc.) y fíjate en el uso del indicativo o del subjuntivo según corresponda.

1. _____
2. _____
3. _____
4. _____
5. _____

9-11 La transformación de Bogotá. Actualmente, Bogotá es una de las principales capitales económicas y culturales de Latinoamérica.

A. Lee este párrafo acerca de la gran transformación que se produjo en la ciudad a partir de los años noventa y contesta a las preguntas que se presentan a continuación.

> Antanas Mockus y Enrique Peñalosa transformaron la capital colombiana durante sus respectivas alcaldías (*mayorships*) en la década de los noventa. Lograron cambiar una ciudad sumergida en la violencia en una capital más pacífica, donde se han desarrollado valores cívicos y democráticos. Antanas Mockus, filósofo de formación, implementó un magnífico trabajo de cultura ciudadana. Utilizó métodos poco convencionales para resolver los problemas más graves de la ciudad, como contratar mimos para regular el tráfico, o instaurar "la hora zanahoria", norma que limitaba la hora de cierre de los bares y discotecas de la capital y persuadía a los ciudadanos que habían consumido alcohol de no conducir ebrios (*drunk*). Por su parte, el gran proyecto de Enrique Peñalosa fue crear una ciudad más democrática, habilitando numerosos espacios públicos, como parques, centros comunitarios y bibliotecas. Además, mejoró las escuelas y favoreció el transporte público, construyendo vías para bicicletas y poniendo en funcionamiento redes de transporte público más eficaces, como el TransMilenio, un popular sistema de buses rápidos que diariamente utilizan más de 1.600.000 de bogotanos.

1. Según el texto, ¿para qué sirven los mimos en la ciudad de Bogotá?

Los mimos sirven para que _____

_____

2. ¿Qué crees que pasará tan pronto como los ciudadanos respeten "la hora zanahoria"?

Tan pronto como respeten "la hora zanahoria" _____

_____

3. En tu opinión, ¿por qué es tan importante para una ciudad grande tener una buena red de transporte público?

Es importante porque _____

_____

9-12 Candidato a la presidencia. Imagina que eres candidato a la presidencia de tu país. Mañana debes dar un discurso muy importante acerca de tus planes y proyectos para mejorar la situación del país y la vida de los ciudadanos. Escribe un breve discurso utilizando al menos cuatro conjunciones adverbiales de la lista y fijándote en el uso del indicativo y del subjuntivo.

en caso de que	tan pronto como	después de que
para que	en cuanto	aunque
a fin de que	cuando	

_____

_____

_____

_____

_____

_____

_____

_____

Redacción

9-13 Una exhibición especial. España ha decidido dar permiso para que la colección del Tesoro Quimbaya circule por varios museos de ciudades estadounidenses. Tu trabajo es escribir un folleto que describa la colección para el público de habla hispana. Debes incluir la siguiente información:

- ¿De dónde es la colección originalmente?

- ¿De qué están hechos los objetos de la colección? ¿Qué valor social y religioso tenían los objetos?

- ¿Por qué es la colección importante hoy en día?

VOCABULARIO ÚTIL

el oro	el rango social	la devoción
un ritual	las riquezas	El Dorado
recuperar	intercambiar	heredar

_____

_____

_____

_____

A escuchar

9-14 Hablar sobre dinero y negocios.

Eduardo va a una tienda de artesanías colombianas. Escucha la conversación que tiene con el vendedor y contesta las siguientes preguntas:

A.

1. ¿Por qué Eduardo quiere comprarle un regalo a su esposa? _____

   _____

2. ¿Qué decide comprarle? _____

   _____

3. ¿Quién hace las joyas? _____

   _____

4. ¿Cuál es el precio original del artículo? _____

   _____

5. Después de regatear, ¿cuánto paga Eduardo? _____

   _____

6. ¿Cómo debe pagar Eduardo para que el vendedor le dé el máximo descuento? _____

   _____

B. Lee los siguientes enunciados y decide si son ciertos (**C**), falsos (**F**) o si no se da la información (**NI**). Si son falsos, corrígelos.

1. _____ El vendedor sólo vende collares, brazaletes y anillos.

2. _____ El precio original del collar que le gusta a Eduardo es 35,000 pesos.

3. _____ La esposa de Eduardo cumple 40 años.

4. _____ Eduardo regateó hasta que consiguió un buen precio.

5. _____ Eduardo tiene un billete de 100,000 pesos.

6. _____ Eduardo paga con su tarjeta de crédito.

7. _____ Eduardo paga 25,000 pesos por el collar.

TEMA 2 Nuestra cultura mestiza

Vocabulario del tema

9-15 La música popular de Ecuador.

A. Escribe la letra que corresponde a la descripción correcta de cada uno de los siguientes elementos.

1. _____ la flauta y el tambor   **a.** instrumento de cuerda hecho de la concha del armadillo

2. _____ el charango   **b.** instrumento de origen africano

3. _____ Inti Raymi   **c.** estilo ecléctico de música andina que denuncia la injusticia social

4. _____ Esmeralda e Imbabura   **d.** regiones de Ecuador con población negra

5. _____ la marimba   **e.** instrumentos de la música precolombina indígena

6. _____ la nueva canción   **f.** la Fiesta del Sol

7. _____ "El cóndor pasa"   **g.** canción grabada por Simon and Garfunkel y el grupo Los Incas

B. Elige uno de los tipos de música de la lista y descríbela en un párrafo. ¿Con qué comunidad étnica, región o grupo de personas se asocia? ¿Qué instrumentos se usan para tocarla?

la música indígena	la música mestiza
la música negra	el estilo ecléctico de música andina

_____

_____

_____

_____

_____

_____

_____

9-16 ¿Cierto o falso? Escribe (**C**) para indicar las oraciones ciertas y (**F**) para indicar las falsas según la información de la miniconferencia.

1. _____ La caja del charango está hecha de la concha del armadillo.

2. _____ La complejidad cultural andina es el origen de su complejidad musical.

3. _____ Las comunidades étnicas de Ecuador han perdido sus costumbres tradicionales.

4. _____ Ya no hay una tradición de música indígena pura; la música andina es toda ecléctica.

5. _____ El charango es un instrumento de cuerda.

6. _____ La música de estilo ecléctico tiene difusión en toda la región andina.

7. _____ La música indígena se caracteriza fundamentalmente por la denuncia de la injusticia social.

A escuchar

9-17 **Estudios en el extranjero.**

A. Completa las siguientes frases con la respuesta apropiada de acuerdo con lo que escuches. Puede haber más de una respuesta.

1. El señor Acosta es de:

   a. Quito
   b. Guayaquil
   c. Cuenca
   d. la capital de Ecuador

2. El señor Acosta le ofrece a la profesora Palacio un programa intensivo durante:

   a. el otoño
   b. la primavera
   c. junio
   d. de julio a agosto

3. Los estudiantes internacionales que asisten al programa pueden:

   a. dominar perfectamente el español
   b. trabajar
   c. vivir con una familia ecuatoriana
   d. tomar clases intensivas de español

4. Se recomienda que antes de participar en el programa, los estudiantes de Estados Unidos tomen clases de español por:

   a. dos semestres
   b. dos años
   c. cuatro semestres
   d. tres años

5. El señor Acosta dice que el programa ofrece clases sobre:

   a. los incas
   b. literatura colonial
   c. literatura de los Andes
   d. teatro y arte

B. Contesta las siguientes preguntas:

1. ¿Por qué se recomienda que los estudiantes tomen cuatro clases? _____

_____

2. ¿Qué se le recomienda a una persona que participa en el programa y no tiene un buen nivel de español? _____

_____

3. Además de Quito, ¿qué otros lugares pueden visitar los estudiantes? Menciona tres.

_____

_____

9-18 El mercado de Otavalo. Tu amigo/a y tú están de viaje por Ecuador. Ayer fueron a visitar el popular mercado de Otavalo, y hoy tú escribes en tu blog estos comentarios sobre la experiencia. Subraya las cláusulas adverbiales que encuentres y escribe la forma correcta de los verbos entre paréntesis.

1. Fuimos en autobús desde Quito porque no (tener) _____ mucho dinero para alquilar un carro.

2. Le pedí a mi amiga Rosa, que es ecuatoriana, que viniera con nosotros para que nos (ayudar) _____ a regatear (*bargain*) los precios.

3. Tan pronto como (llegar) _____, nos quedamos fascinados con la variedad de objetos artesanales que se vendían: tapices, ponchos multicolores, bolsas tejidas a mano, instrumentos de música andina: ¡de todo!

4. Decidimos quedarnos allí todo el día, ya que en el mercado (haber) _____ cientos de puestos (*stands*).

5. Como las vendedoras eran muy tímidas, Rosa les tomó algunas fotos sin que (darse) _____ cuenta.

6. Antes de que (pasar) _____ una hora, ya había comprado tres preciosos suéteres de lana de alpaca.

7. Paseamos todo el día por el mercado hasta que (ser) _____ la hora de tomar el autobús de regreso a Quito.

8. Aunque (comprar) _____ demasiadas cosas, estamos contentos de tener regalos para nuestras familias.

9-19 Solitario George. Mientras lees esta noticia sobre la desaparición de una especie animal en las islas Galápagos, archipiélago situado a unos 1000 km de las costas ecuatorianas, escoge la forma verbal apropiada de los verbos entre paréntesis.

Desaparición de una especie de tortugas en las islas Galápagos

Solitario George, último superviviente macho de una especie de tortugas gigantes, y emblema de las islas Galápagos, fue encontrado muerto el lunes pasado cuando su cuidador **1.** _____ (entró/entrara) en su corral para alimentarlo. Veterinarios del Parque Natural, donde **2.** _____ (vivía/viviera) la tortuga, realizaron inmediatamente una necropsia a fin de que se **3.** _____ (confirmaba/confirmara) que la muerte del animal se había producido por causas naturales. La desaparición de este ejemplar de unos cien años de edad, que murió sin que **4.** _____ (pudo/pudiera) reproducirse, es sin duda una triste noticia porque supone la extinción de una especie. Tan pronto como se **5.** _____ (enteraron/enteraran) de la noticia, científicos de todo el mundo insistieron en la importancia de proteger la rica biodiversidad de este paraíso natural donde el científico inglés Charles Darwin **6.** _____ (realizó/realizara) algunas de sus investigaciones más importantes. Precisamente, el estudio de las especies de estas islas sirvió para que este naturalista **7.** _____ (desarrolló/desarrollara) su teoría sobre la evolución de las especies, que aunque **8.** _____ (fue/fuera) muy controversial cuando se publicó en 1859, hoy es ampliamente aceptada por la comunidad científica.

Gramática

Adverbial Clauses with Past Tenses

9-20 La economía ecuatoriana. Completa las siguientes oraciones sobre la economía ecuatoriana de los últimos años. Después indica el orden cronológico de los eventos con números del 1 al 4.

para que	aunque	antes de que	puesto que

_____ **a.** _____ el siglo XX terminara, Ecuador experimentó una gran crisis económica.

_____ **b.** La economía ecuatoriana ha crecido en el siglo XXI _____ la exportación de petróleo ha aumentado considerablemente.

_____ **c.** Ecuador optó por la dolarización _____ que esta medida promoviera la inversión extranjera y frenara un poco la inflación.

_____ **d.** El dólar reemplazó al sucre _____ esta moneda se usó por más de un siglo.

9-21 La pionera Dolores Cacuango. El gobierno ecuatoriano ha formado un nuevo comité con el propósito de premiar a las personas más importantes del movimiento indígena. Ana Caiza, una estudiante de origen indígena, ha decidido nominar a Dolores Cacuango para que sea reconocida. Completa su carta con el indicativo o el subjuntivo según sea necesario.

Comité Ejecutivo de Organizaciones Indígenas
654 Bulevar de las Acacias
Quito, Ecuador

Estimados señores:

Les escribo esta carta para nominar a la señora Dolores Cacuango para recibir el premio Orgullo Indígena Ecuatoriano como homenaje póstumo. Esta maravillosa mujer dedicó su vida a luchar por los derechos de la población indígena de nuestro país y tristemente murió sin que se
1. _____ (reconocer) su trabajo en la educación bilingüe.
Ya que muchos niños indígenas sólo 2. _____ (hablar) quechua, estaban en absoluta desventaja en las escuelas al recibir instrucción exclusivamente en español. Dolores Cacuango fundó cuatro escuelas bilingües, en 1945, a fin de que estos estudiantes
3. _____ (aprender) a leer y a escribir en quechua y en español. Aunque el gobierno y los terratenientes 4. _____ (presionar) para cerrar las escuelas, estas siguieron funcionando hasta que el gobierno finalmente las 5. _____ (cerrar) en 1963.
Cuando Dolores 6. _____ (morir) en 1971, su sueño de reestablecer la educación bilingüe no parecía tener futuro. Debemos recordar que antes de que esta mujer 7. _____ (luchar) por nuestros derechos y los de nuestros niños, la vida de los miembros de nuestra comunidad era mucho más precaria.

¡Premiemos a Dolores Cacuango para que nuestros hijos y nuestros nietos nunca 8. _____ (olvidar) a la mujer que rescató nuestra herencia y nuestra dignidad!

Muy respetuosamente,

Ana Caiza

9-22 Un viaje memorable. Jessica, Mark, Hillary y Andrew son estudiantes universitarios que hicieron un viaje a Quito, Ecuador, el verano pasado. Ahora tienen que preparar una presentación sobre su viaje para su clase de español. Para ayudarlos, escribe una oración que describa cada par de fotos. Usa las expresiones de tiempo y el subjuntivo o el indicativo según corresponda.

1. Tan pronto como _____

_____

_____

2. En cuanto _____

_____

_____

3. Cuando _____

_____

_____

9-23 Las reglas de casa. Unos estudiantes recuerdan cómo era su vida en la escuela secundaria con todas las condiciones y restricciones que sus padres les imponían. Completa sus oraciones con la forma apropiada del verbo en el subjuntivo o el indicativo según el contexto.

1. Jessica: Mis padres me decían que cuando _____ (ser) mayor podría ir de vacaciones sola con mis amigos.

2. Mark: Mi madre siempre me prohibía salir con mis amigos por las tardes a menos que _____ (completar) mi tarea.

3. Hillary: Mi padre no me permitía asistir a fiestas en las que se servía alcohol porque no _____ (tener) suficiente edad para beber.

4. Andrew: Mis padres prometieron comprarme un coche en cuanto _____ (mejorar) mis notas en la escuela.

5. ¿Qué te decían tus padres? Escribe dos oraciones usando las conjunciones dadas.

a menos que: _____

_____

tan pronto como: _____

_____

9-24 La vida universitaria. Ahora Mark compara las restricciones de su vida en la escuela secundaria con la libertad e independencia que tiene actualmente como estudiante universitario. Completa el párrafo con las formas apropiadas de los verbos en presente o en pasado del indicativo o del subjuntivo.

Aunque mi madre me **1.** _____ (prohibir) salir con mis amigos por las tardes antes de que **2.** _____ (terminar) la tarea, ahora tan pronto como mis amigos me **3.** _____ (llamar) para salir lo hago sin pensar en la tarea. Bueno, lo hago a menos que **4.** _____ (tener) un examen al día siguiente porque las notas todavía **5.** _____ (ser) importantes para que mis amigos y yo **6.** _____ (poder) graduarnos en tres años. Es que ahora es mi responsabilidad compaginar los estudios con la diversión social, sin las restricciones impuestas por mi madre.

9-25 Antes y ahora. Ahora compara tu vida en la escuela secundaria con tu vida presente utilizando algunas de las conjunciones siguientes: **ya que, con tal (de) que, para que, antes de que, después de que, cuando, hasta que,** etc.

_____

_____

_____

_____

Redacción

9-26 La fiesta de Inti Raymi. Trabajas con el Ministerio de Turismo de Ecuador y estás a cargo de escribir un artículo sobre la fiesta de Inti Raymi, también conocida como la Fiesta del Sol. El artículo se va a publicar en la revista *Qué honor ser de Ecuador*. Investiga en Internet antes de escribir el artículo. Puedes leer y buscar videos también. Asegúrate de incluir la siguiente información:

1. ¿Cuándo se celebra la fiesta de Inti Raymi?

2. ¿En qué consiste la celebración?

3. ¿Qué tipo de música acompaña la celebración?

4. ¿Qué instrumentos se usan?

5. ¿Por qué es buena idea asistir a la celebración?

VOCABULARIO ÚTIL

solsticio	pueblo andino	festival
instrumentos	Cuzco	año nuevo
dios	música andina	el Inca
representación teatral	origen	sagrado

_____

_____

_____

_____

_____

_____

_____

_____

_____

_____

_____

_____

_____

_____

A escuchar

9-27 Romper el hielo. Ricardo decide hablar con la mujer que está en frente de él en el supermercado.

A. Escucha la conversación y contesta las siguientes preguntas:

1. ¿Cómo está el clima? _____

_____

2. ¿Cómo rompe el hielo Ricardo? _____

_____

3. ¿Qué dicen Susana y Ricardo del cajero? _____

_____

4. ¿Cuánto tiempo pasan Susana y Ricardo haciendo fila? _____

_____

5. ¿Por qué le ofrece ayuda Ricardo a Susana? _____

_____

B. Imagínate que eres Ricardo o Susana. Ricardo acaba de poner las cosas en el carro de Susana. Continúa la conversación entre estos dos nuevos amigos.

RICARDO: _____

SUSANA: _____

RICARDO: _____

SUSANA: _____

RICARDO: _____

SUSANA: _____

TEMA 3 Costumbres de los incas

Vocabulario del tema

9-28 Costumbres incas. Lee las descripciones de algunas costumbres sociales incas y complétalas con las palabras apropiadas de la lista.

jerarquía	compromiso	casarse
ganado	polígamo	ensayo
construir	tupu	se llevaba bien

1. La sociedad inca tenía una _____ social muy estricta.

2. Antes de _____, se permitía a las parejas un matrimonio de _____.

3. Al casarse, el indígena recibía un _____, una extensión de tierra para el cultivo.

4. También recibía dos cabezas de _____, concretamente dos llamas.

5. Después del matrimonio, los parientes solían _____ una nueva casa para la pareja.

6. Si una pareja no _____ en el matrimonio de prueba, no se celebraba el matrimonio definitivo.

9-29 El matrimonio inca. Marca las oraciones falsas con (**F**) y las ciertas con (**C**). Corrige las falsas.

1. _____ El divorcio se permitía en casos de adulterio femenino.

   ¿Corrección? _____

2. _____ Se valoraba igual a los hijos varones y a las hijas.

   ¿Corrección? _____

3. _____ Los hombres y las mujeres compartían de manera igual todas las labores domésticas.

   ¿Corrección? _____

4. _____ A veces un representante del emperador inca legalizaba el compromiso.

   ¿Corrección? _____

5. _____ Los hombres de la clase baja tenían más de una esposa.

   ¿Corrección? _____

6. _____ Se permitía que las parejas convivieran antes de casarse.

   ¿Corrección? _____

7. _____ Existen diferentes hipótesis sobre el proceso de emparejamiento inca.

   ¿Corrección? _____

9-30 ¿Y en nuestra sociedad? Piensa en las costumbres relacionadas con el matrimonio en nuestra sociedad. Describe tres costumbres que difieren de las costumbres incas.

1. _____

2. _____

3. _____

A escuchar

9-31 Una narración amorosa. Escucha la narración siguiente en la que Heidi cuenta cómo conoció a su esposo. Después, contesta las preguntas a continuación.

1. Conecta las oraciones siguientes según la narración.

   Cuando llovía yo no esperaba a mi padre sino que...

   Mientras jugábamos en el agua...

   Despés de graduarme de la escuela secundaria...

   Antes de que nos conociéramos...

   En cuanto fui a la universidad de Cuzco...

   Ya que teníamos infinidad de cosas en común...

   ... el amor nació entre nosotros.

   ... mi futuro esposo, Roberto, me estaba mirando.

   ... caminaba con mis amigas hasta una iglesia.

   ... Roberto me veía subir y bajar del avión en el aeropuerto.

   ... yo fui a la universidad en Lima y Roberto fue a la universidad en Cuzco.

   ... Roberto y yo nos conocimos y nos hicimos buenos amigos.

2. ¿Cuándo y por qué decidieron casarse Roberto y Heidi?

   _____

   _____

3. ¿Dónde tuvo lugar la boda? ¿Por qué fue un lugar importante para ellos?

   _____

   _____

Gramática

Passive Voice

9-32 ¿Voz activa o voz pasiva? Lee las siguientes oraciones sobre la historia y la cultura de Perú. Identifica los verbos en cada oración e indica si están en voz activa (**A**) o en voz pasiva (**P**).

1. En la sociedad inca se daba una gran importancia al matrimonio. _____

2. Los incas siempre se casaban con personas de su mismo rango social. _____

3. El imperio inca fue conquistado por Francisco Pizarro. _____

4. El Inca Garcilaso escribió los *Comentarios reales*, que representan un excelente testimonio de la vida colonial en el siglo XVI. _____

5. Lima es conocida internacionalmente por su bella arquitectura colonial, especialmente por los edificios que se pueden admirar en su casco antiguo. _____

6. El escritor peruano Santiago Roncagliolo se ha hecho famoso internacionalmente por su novela *Abril rojo.* _____

7. Machu Picchu es visitado por miles de turistas cada año. _____

8. Recientemente arqueólogos peruanos han descubierto nuevas líneas en el desierto de Nazca. _____

9-33 Un escritor peruano. Mario Vargas Llosa es uno de los escritores contemporáneos más importantes en lengua española, y ganador de numerosos premios literarios. Lee la biografía de este gran autor y conjuga los verbos entre paréntesis en la forma apropiada en el pretérito de la **voz pasiva con ser**.

> Nació en Arequipa, Perú, en 1936, aunque pasó su infancia en Bolivia, donde **1.** _____ (criar) por la familia de su madre. Unos años después, la familia regresó a Perú, y a los diez años Mario conoció a su padre, del que su madre se había divorciado antes de que él naciera. En ese momento, los padres de Mario restablecieron su relación, y Mario, que ya había mostrado su interés por la escritura, **2.** _____ (enviar) por su padre a una escuela militar, para que se olvidara de los libros. Pero el joven Mario persistió en su vocación, y pronto consiguió un trabajo en el diario *La Crónica* donde **3.** _____ (publicar) sus primeros artículos. Estos **4.** _____ (seguir) por varios cuentos y relatos. En 1959, viajó a Madrid con una beca y poco después decidió instalarse en París, la capital literaria por excelencia. En 1963, apareció su primera gran novela, ***La ciudad y los perros***, seguida de *La casa verde*, que **5.** _____ (aclamar) inmediatamente por la crítica. A partir de entonces, Vargas Llosa continuó escribiendo no solo novelas, sino también ensayos, obras de teatro, y artículos periodísticos. En los años noventa, **6.** _____ (llamar) a participar activamente en la política de su país y se presentó a las elecciones presidenciales. Al perder las elecciones, se instaló en España donde le **7.** _____ (conceder) la doble nacionalidad peruana-española, y donde retomó con intensidad la literatura publicando novelas como ***La fiesta del chivo*** y ***Travesuras de la niña mala***. Vargas Llosa recibió el Premio Nobel de Literatura, en 2010.

9-34 Machu Picchu. El descubrimiento de Machu Picchu, ciudad ubicada junto a Cuzco, en 1911 intrigó a muchas personas que no estaban seguras de las razones por las que se construyó este lugar tan enigmático. ¡Algunos piensan que Machu Picchu es obra de seres de otros planetas! Termina las oraciones usando la voz pasiva con **ser** y añadiendo tus propias ideas o explicaciones. ¡Usa la imaginación!

> **MODELO**
>
> Machu Picchu / construir / extraterrestres para....
> **Machu Picchu fue construido por los extraterrestres para espiar a los humanos.**

1. Los templos / usar / los emperadores para...

_____

_____

2. El secreto de Machu Picchu / mantener / los incas porque…

_____

_____

3. El acceso a los caminos a Machu Picchu / prohibir / los administradores porque…

_____

_____

4. La ciudad de Machu Picchu / dominar / las clases privilegiadas porque…

_____

_____

9-35 ¿Qué pasó? Forma oraciones usando la voz pasiva con **ser**, el pretérito y palabras de las tres columnas para repasar algunos acontecimientos históricos de Colombia, Ecuador y Perú.

Atahualpa	formar	los incas
El dios Sol	traicionar	Francisco Pizarro
La República de la Gran Colombia	conquistar	el emperador inca
	invadir	Huáscar
El mito de El Dorado	representar	los conquistadores
Quito	crear	Simón Bolívar
Los incas		

MODELO

Los incas fueron conquistados por Francisco Pizarro.

1. _____

2. _____

3. _____

4. _____

5. _____

9-36 Noticias de Perú. Lees un periódico para informarte mejor sobre los acontecimientos más recientes en Perú. Cambia los siguientes titulares a oraciones pasivas con **se**, siguiendo el modelo.

> **MODELO**
> Cincuenta artistas presentaron anoche la obra de teatro de Marina Coma.
> La obra de Marina Coma se presentó anoche.

1. Los arqueólogos encontraron rastros de dos pueblos incas en la Cordillera de los Andes.

_____

2. Los habitantes de varios pueblos perdieron las cosechas (*crops*) a causa de una lluvia torrencial.

_____

3. La alcaldesa de Lima le hizo cambios a la propuesta educativa.

_____

4. Varios grupos indígenas celebraron un ritual antiguo ayer en Cuzco.

_____

9-37 Noticias locales. Trabajas para el periódico de tu universidad. Prepara cuatro titulares para el periódico de mañana usando la voz pasiva con **ser.** ¡Sé creativo/a!

> **MODELO**
> La mascota del equipo de fútbol americano fue rescatada ayer por la tarde.

1. _____

_____

2. _____

_____

3. _____

_____

4. _____

9-38 La momia Juanita. Se sabe que en algunos de sus rituales religiosos, los incas sacrificaban a niños y adolescentes en honor de los dioses, para propiciar (*encourage*) buenas cosechas o para ahuyentar (*scare away*) los desastres naturales. Los cuerpos de algunos de los jóvenes sacrificados se momificaron, por lo que su estado de conservación, al cabo de cientos de años, es todavía excelente. Aquí tienes algunos datos sobre el hallazgo de una de las momias incaicas más famosas, la momia Juanita. Léelos y después escribe un pequeño artículo para una revista arqueológica utilizando la voz pasiva con **ser** cuando sea posible.

- El antropólogo Johan Reinhard encontró a la momia Juanita en lo alto del monte Ampato en 1995.
- La momia se preservó durante más de 550 años gracias a las bajas temperaturas de la montaña.
- En la tumba de la joven se habían puesto diversas ofrendas como un precioso abanico de plumas de papagayo.

- Antes de ser sacrificada, se vistió a la joven con ropas de gran calidad y con un tocado de plumas, característicos de la clase noble inca.
- Tras su descubrimiento, la llevaron a Estados Unidos donde se estudiaron sus tejidos, huesos y ADN.
- Las investigaciones confirmaron que se sacrificó a la joven cuando tenía 13 o 14 años.
- Al concluir los estudios, la donaron a la Universidad Católica de Santa María de Arequipa, donde la momia se expone en una sala museo que, por razones de conservación, solo se puede visitar la mitad del año.

_____

_____

_____

_____

_____

_____

_____

_____

_____

_____

9-39 Un monumento importante. Piensa en un monumento o edificio emblemático de tu ciudad o de otra ciudad interesante. Imagina que debes hacer una presentación para la clase, pero debes entregársela primero a tu profesor/a por escrito. Escribe un párrafo asegurándote de que contestas a las siguientes preguntas y usando la voz pasiva con **ser** y la voz pasiva con **se**.

- ¿Cómo se llama el monumento/edificio?
- ¿Por quién fue diseñado/construido?
- ¿Con qué objetivo fue construido?
- ¿Por quién fue encargado el proyecto?
- ¿En qué año se terminó?
- ¿Por cuántas personas es visitado cada año?
- ¿Se conoce en otros países?

_____

_____

_____

_____

_____

_____

_____

Redacción

9-40 El matrimonio. Los valores sociales y costumbres incas con respecto al matrimonio incluían lo siguiente:

❶ Los campesinos siempre se casaban con gente perteneciente al mismo grupo social.

❷ El matrimonio de la gente del pueblo era monógamo, pero el matrimonio de las clases privilegiadas y el del emperador era polígamo.

❸ Era importante legalizar el compromiso con un representante del emperador inca.

❹ En los pueblos, muchas veces antes de casarse, las parejas se sometían al matrimonio de ensayo para asegurarse de que el hombre y la mujer se llevaran bien.

❺ Los deberes de las mujeres casadas incluían preparar la comida, confeccionar los trajes y ayudar en los trabajos agrícolas.

❻ La separación de una pareja era difícil, excepto en casos de adulterio femenino o esterilidad.

❼ Escribe una comparación entre tus valores con respecto al matrimonio y los valores de los incas, considerando las siguientes preguntas:

- ¿Quieres vivir con tu pareja antes de casarte? ¿Por qué?
- ¿Es importante para tu familia que te cases con alguien de tu misma clase social? ¿Es importante que te cases con alguien de tu pueblo o de tu misma cultura?
- ¿Será tu matrimonio tradicional o moderno? ¿Por qué?
- ¿En qué circunstancias te separarías de tu pareja?

VOCABULARIO ÚTIL

el compromiso	la jerarquía social	el emparejamiento
la unión	llevarse bien	casarse
la separación	confirmar	apreciar

A escuchar

9-41 Comunicarse formal e informalmente. El doctor Restrepo habla con Claudia, la secretaria del doctor Jiménez, y luego Claudia habla con su amiga Juliana.

A. Escucha las conversaciones y contesta las preguntas que aparecen a continuación.

1. ¿Qué necesita el Dr. Restrepo?

_____

_____

2. ¿Qué hace la secretaria para ayudar al doctor?

_____

_____

3. ¿Qué necesita Juliana?

_____

_____

4. ¿Por qué Claudia no puede ayudar a Juliana?

_____

_____

5. ¿Cómo va a llegar el mensaje de Juliana a la oficina de Claudia?

_____

_____

B. Decide si las siguientes oraciones son ciertas (**C**) o falsas (**F**). Si son falsas, corrígelas.

1. Claudia trabaja en el departamento de psiquiatría.

¿Corrección? _____

2. El doctor Jiménez está de vacaciones.

¿Corrección? _____

3. El doctor Restrepo necesita el informe de la reunión del departamento de pediatría.

¿Corrección? _____

4. El doctor Restrepo pasa por la oficina de Claudia a buscar el informe.

¿Corrección? _____

5. Juliana pasa por la oficina de Claudia para saludarla.

¿Corrección? _____

Más allá de las palabras

Ven a conocer

9-42 El lago Titicaca. Para saber más sobre el lago identifica la descripción correcta de las siguientes atracciones.

Lago Titicaca

1. _____ el lago Titicaca

2. _____ la Isla del Sol

3. _____ la fiesta de la Virgen de la Candelaria

4. _____ la Isla de la Luna

5. _____ la Isla Suriqui

6. _____ los chamanes kallahuayas

a. Aquí el visitante encontrará varios lugares de interés arqueológico y una roca sagrada en forma de puma.

b. Aquí se pueden ver las ruinas del templo tiahuanaco de las Vírgenes del Sol.

c. Aquí el visitante puede observar cómo se hace una balsa de totora.

d. Es el lago más alto del mundo y tiene 196 km de largo y 56 km de ancho.

e. Tiene lugar en Copacabana el 5 de agosto.

f. Creen que las enfermedades son el resultado de un desequilibrio de energías en el cuerpo.

A escuchar

9-43 El lago Titicaca: Mito y realidad. Escucha el siguiente texto sobre el lago Titicaca y después contesta las preguntas a continuación.

A. Identificación. Marca con una ✓ los nombres de los personajes mencionados en el texto.

❏ el Dios Creador

❏ la gente de la Ciudad Eterna

❏ los pumas

❏ el Padre Sol

❏ los hermanos Manco Capac y Mama Ocllo

B. Las ideas principales. Los mitos sobre el lago Titicaca intentan explicar la creación de dos cosas. ¿Cuáles son?

_____

_____

C. Detalles importantes. Pon los siguientes eventos en orden del 1 al 8 según el texto.

_____ El Padre Sol empezó a llorar.

_____ El Dios Creador creó el mundo y la Ciudad Eterna.

_____ Los pumas mataron a la gente por su desobediencia.

_____ El Padre Sol creó a los primeros incas, Manco Capac y Mama Ocllo.

_____ El Dios Creador dejó una orden para la gente.

_____ El Dios Creador se enfadó.

_____ El Dios Creador se fue a vivir a la Montaña Sagrada.

_____ El dios malo convenció a la gente para que subiera a la Montaña Sagrada.

D. Aplicación.

1. ¿Por qué castigó el Dios Creador a la gente de la Ciudad Eterna?

_____

_____

_____

2. ¿Cómo nació el lago Titicaca?

_____

_____

_____

3. ¿Cómo nació el imperio inca?

_____

_____

_____

4. ¿Por qué dice el texto que hoy en día los científicos siguen descubriendo los misterios del lago Titicaca?

_____

_____

_____

5. ¿Te gustaría visitar el lago Titicaca? ¿Por qué?

_____

_____

_____

E. Atención a la estructura. Vas a escuchar algunas oraciones del texto. Primero, identifica la conjunción usada en cada oración y escríbela en el espacio que se proporciona. Después, escribe el verbo que se usa después de la conjunción.

1. conjunción = _____

verbo = _____

2. conjunción = _____

verbo = _____

3. conjunción = _____

verbo = _____

4. conjunción = _____

verbo = _____

El escritor tiene la palabra

En esta sección tendrás la oportunidad de aprender más sobre el fragmento de los *Comentarios reales* del Inca Garcilaso de la Vega.

9-44 El mito histórico-religioso.

1. Un mito es una historia compartida entre las personas de cierta sociedad para explicar las costumbres, los valores (*values*) o los orígenes de esa sociedad. ¿Qué crees que explica el mito que leíste en tu libro de texto? ¿Costumbres? ¿Valores? ¿Eventos?

_____

2. ¿Qué valores sociales están reflejados en el mito? Piensa en los consejos que les da Nuestro Padre el Sol a sus hijos (párrafos 2 y 3) e indica con un círculo todos los valores que identificas en esa parte del texto.

la civilización/la barbarie	la razón/la irracionalidad
la irreligiosidad/la religión	la ferocidad/la humanidad
la justicia/la injusticia	la organización social/la desorganización

3. Has leído en tu libro de texto que el narrador de este mito es un tío del Inca Garcilaso de la Vega. Considerando que su tío es de origen inca, ¿qué idioma crees que usó para contar la historia?

_____

4. El Inca Garcilaso de la Vega escribió su obra *Comentarios reales* en español y la publicó en Europa para compartirla con los españoles. En la época colonial, ¿qué opinión tenían muchos españoles de los indios americanos? Escribe aquí cuatro o cinco valores de la lista de la pregunta 2 que los españoles asociaban con los indios.

_____

_____

5. ¿Has notado algunas semejanzas entre el dios inca (el Padre el Sol) y el Dios cristiano de los españoles? ¿Qué tienen en común?

_____

6. Considerando los valores reflejados, la caracterización del dios Sol, la lengua y los lectores de este texto, ¿cuál crees que fue el propósito del Inca Garcilaso de la Vega al publicarlo? ¿Qué ideas quería comunicar?

_____

_____

9-45 Mi diario literario. Escribe tu reacción personal al fragmento. Considera las siguientes preguntas:

- Un pequeño resumen: En tu opinión, ¿cuáles son los eventos más importantes?

- Dificultades: ¿Hay partes en el mito que no entendiste muy bien? Explica cuáles son y por qué crees que te han resultado problemáticas.

- Reacción personal: ¿Te gusta este mito? ¿Por qué? ¿Qué aspectos cambiarías? ¿Por qué?

_____

_____

_____

_____

_____

_____

_____

_____

_____

_____

_____

Para escribir mejor

El verbo haber

El verbo **haber** tiene dos usos principales: como verbo auxiliar con el participio pasado para formar los tiempos perfectos y como verbo impersonal para expresar existencia.

I. Haber como verbo auxiliar

A. Los tiempos perfectos del indicativo

1. El presente perfecto: he, has, ha, hemos, habéis, han + participio pasado

   Este semestre **hemos estudiado** el mito de El Dorado.

   *This semester **we have studied** the myth of El Dorado.*

2. El pluscuamperfecto o pasado perfecto: había, habías, había, habíamos, habíais, habían + participio pasado

   Antes de empezar este curso ya **habíamos estudiado** la cultura chibcha.

   *Before this course **we had already studied** the Chibcha culture.*

3. El futuro perfecto: habré, habrás, habrá, habremos, habréis, habrán + participio pasado

   Ya **habremos estudiado** la cultura inca antes de terminar el semestre.

   *We **will have studied** the Inca culture before the semester ends.*

4. Condicional perfecto: habría, habrías, habría, habríamos, habríais, habrían + participio pasado

   Habríamos estudiado la cultura inca el semestre pasado pero no tuvimos tiempo.

   *We **would have studied** the Incan culture last semester but we didn't have time.*

B. Los tiempos perfectos del subjuntivo

1. El presente perfecto: haya, hayas, haya, hayamos, hayáis, hayan + participio pasado

   Es bueno que los indígenas colombianos de hoy **hayan mantenido** el uso de sus lenguas nativas.

   *It is good that the indigenous Colombians of today **have maintained** the use of their native languages.*

2. El pasado perfecto: hubiera, hubieras, hubiera, hubiéramos, hubierais, hubieran + participio pasado

Si los jefes chibchas no **hubieran cubierto** sus cuerpos con polvo de oro, no se habría creado el mito de El Dorado.

*If the Chibcha chiefs **had not covered** their bodies in gold, the myth of El Dorado would never have been created.*

¿Recuerdas? Para formar el **participio pasado** se agrega –**ado** a la raíz de los verbos terminados en –**ar** o –**ido** a la raíz de los verbos terminados en –**er** o –**ir**.

EJEMPLOS DE PARTICIPIOS REGULARES:

> habitar = habit**ado**
> prometer = promet**ido**
> asumir = asum**ido**

EJEMPLOS DE PARTICIPIOS IRREGULARES:

abrir = ab**ierto**	cubrir = cub**ierto**
decir = d**icho**	disolver = dis**uelto**
escribir = escr**ito**	hacer = h**echo**
morir = m**uerto**	poner = p**uesto**
resolver = res**uelto**	romper = r**oto**
ver = v**isto**	volver = v**uelto**

9-46 Práctica. Escribe el participio pasado de los siguientes verbos.

1. diseñar = _____

2. predecir = _____

3. disminuir = _____

4. disponer = _____

5. generar = _____

6. satisfacer = _____

9-47 Práctica. Completa las siguientes oraciones sobre el Plan Colombia con la forma apropiada de los verbos según las indicaciones.

1. Durante los últimos 20 años, Colombia _____ (tener) (presente perfecto de indicativo) como objetivo la reducción de la producción de drogas.

2. Antes de 1999, las guerrillas _____ (tener) (pasado perfecto de indicativo) demasiado poder. Hoy la situación es diferente.

3. Para EE. UU. es importante que el gobierno colombiano _____ (trabajar) (presente perfecto de subjuntivo) para reducir la producción de drogas.

4. Para el año 2020, Colombia _____ (desarrollar) (futuro perfecto de indicativo) el cultivo de productos alternativos.

II. Más sobre el verbo *haber*   Haber como verbo impersonal para expresar existencia

Como verbo impersonal siempre se usa **haber** en la tercera persona singular.

A. Tiempos del indicativo

1. Presente (*there is / are*)

Hay muchos descendientes de los incas viviendo hoy en Perú.

There are *many descendents of the Incas living in Peru today.*

2. Pretérito (*there was / were*)

Hubo otras civilizaciones antes del imperio de los incas.

There were *other civilizations before the Inca empire.*

3. Imperfecto (there used to be)

Había una magnífica red de comunicaciones que conectaba al imperio inca.

There used to be *a magnificent communication network that connected the Inca empire.*

4. Futuro (*there will be*)

Habrá más escuelas bilingües para enseñar a los niños quechua y español.

There will be *more bilingual schools to teach the children Quechua and Spanish.*

5. Condicional (*there would be*)

Habría más templos incas hoy, pero muchos fueron destruidos por los españoles.

There would be *more Inca temples today but many of them were destroyed by the Spaniards.*

6. Presente perfecto (*there has / have been*)

Recientemente **ha habido** problemas con los turistas que visitan Machu Picchu porque quieren llevarse un recuerdo.

*Lately **there have been** problems with the tourists that visit Machu Picchu because they want to take a souvenir.*

7. Pluscuamperfecto /Pasado perfecto (*there had been*)

Antes de 1911 no **había habido** muchos estudios sobre las "llactas".

*Before 1911 **there had not been** many studies of the 'llactas'.*

8. Futuro perfecto (*there will have been*)

Para el año 2050 ya **habrá habido** suficiente tiempo para descubrir el resto de los tesoros incas.

*By the year 2050 **there will have been** enough time to discover the rest of the Inca treasures.*

9. Condicional perfecto (*there would have been*)

Habría habido más información sobre la cultura inca si los miembros de esta cultura hubieran conocido la escritura.

There would have been more information about the Inca culture if they had had a writing system.

B. Tiempos del subjuntivo

1. Presente (*there may be, there might be*)

Es posible que **haya** más ciudades como Machu Picchu que los arqueólogos no han descubierto.

*It is possible that **there may be** more cities like Machu Picchu that archeologists have not discovered.*

2. Imperfecto (*there was/were, there might be*)

Si **hubiera** más evidencia, los científicos demostrarían que Machu Picchu tiene un poder espiritual especial.

*If **there were** more evidence, the scientists would prove that Machu Picchu has a unique spiritual power.*

9-48 Práctica. Lee las oraciones sobre un viaje a Perú y elige la forma apropiada de **haber** en singular o plural según el caso.

1. Cuando llegamos al hotel en Lima (habían/ había) problemas porque los dependientes nos dijeron que no (había/ habían) recibido nuestra reservación.

2. El guía nos dijo que (había/ habían) habido una excursión al museo nacional hasta ayer pero los administradores lo (había/ habían) cerrado para hacer renovaciones.

3. Es posible que los otros turistas del grupo (haya/ hayan) visto algo tan impresionante como Machu Picchu antes pero para mí es imposible que (haya/ hayan) otros sitios comparables.

4. Si (hubiera/ hubieran) más horas en el día visitaría más lugares de interés histórico.

9-49 Práctica. Completa el párrafo siguiente sobre las misteriosas líneas de Nazca eligiendo la forma correcta de **haber**.

1. _____ (Hay / Han) enormes dibujos trazados en la arena del desierto en la costa sur de Perú. Nadie sabe exactamente quiénes los hicieron pero muchos **2.** _____ (ha / han) propuesto sus propias teorías. Una de ellas es que **3.** _____ (habían / había) un grupo de extraterrestres que vino a la Tierra y los dibujó. Pero si ellos **4.** _____ (hubiera / hubieran) venido, ¿por qué no **5.** _____ (habría / habrían) más indicaciones de su presencia? Otros dicen que antes de los incas **6.** _____ (hubo / hay) otros grupos de indígenas con suficiente sofisticación cultural para poder construirlos. **7.** _____ (Habría / Habrían) habido más conocimiento de estas civilizaciones si el desierto no **8.** _____ (hubiera / habían) destruido sus artefactos culturales. Es posible que en el futuro **9.** _____ (haya / hayan) respuestas al gran misterio de las líneas de Nazca.

Para pronunciar mejor

y, ll, ñ

- The letters **y** and **ll** represent exactly the same sound in most Spanish speaking areas. Speakers may go back and forth between a pronunciation similar to **y** as in *yellow* or similar to **j** as in *joke*.

- The pronunciation of **ñ** is similar to the pronunciation of **n** in English words such as *onion* and *canyon*.

9-50 Repite. Listen to the pronunciation of these English / Spanish pairs and repeat.

1. *villa*   villa
2. *vanilla*   vainilla
3. *amarillo*   amarillo
4. *llama*   llama
5. *llano*   llano

9-51 Repite. Listen to the recording and repeat.

1. yema
2. llama
3. llamar
4. lleno
5. rollo
6. sello
7. coyote
8. yo

9-52 Trabalenguas. Repeat after you hear this tongue twister. Repeat it until you can recite the tongue twister without stopping. Pay attention to linking across word boundaries.

El cielo está enladrillado.

¿Quién lo desenladrillará?

El desenladrillador que lo desenladrille

buen desenladrillador será.

9-53 Repite. Listen to the recording and repeat.

1. sueño

2. cariño

3. niña

4. soñar

5. pequeño

9-54 Trabalenguas. Repeat after you hear this tongue twister. Repeat it until you can recite the tongue twister without stopping. Pay attention to linking across word boundaries.

El señor Peña buscaba

un regalo navideño

para el pequeño Antoñito,

y Antoñito le ayudó

diciéndole que era un niño soñador

que soñaba con piñatas.

9-55 Dictado. Listen to the recording and write down the words you hear.

1. _____

2. _____

3. _____

4. _____

5. _____

6. _____

7. _____

8. _____

CAPÍTULO

10

NUESTRA PRESENCIA EN EL MUNDO (PAÍSES DEL CONO SUR)

TEMA

1 La realidad del exilio 319

2 La inmigración forja una cultura 328

3 La emigración de las nuevas generaciones 337

Más allá de las palabras 346

TEMA **1** La realidad del exilio

Vocabulario del tema

10-1 El contexto histórico.

A. Conjuga los verbos entre paréntesis en pretérito para explicar los eventos de la historia chilena de 1970 a 2006.

1. 1970: Salvador Allende (**ser**) _____ elegido presidente de Chile.

2. 11 de septiembre de 1973: El general Augusto Pinochet (**derrocar**) _____ el gobierno de Allende en un golpe de estado.

3. 1973: La libertad de expresión (**ser**) _____ abolida.

4. 1973–1989: Miles de chilenos (**desaparecer**) _____ o (**ser**) _____ torturados y ejecutados.

5. 1973–1980: Un millón de chilenos (**ir**) _____ al exilio.

6. 1989: Chile (**tener**) _____ elecciones democráticas.

7. 1989–2000: Muchos exiliados chilenos (**regresar**) _____ a Chile.

8. 1998: Pinochet (**ser**) _____ detenido y acusado de numerosas violaciones de los derechos humanos.

9. 2006: Pinochet (**morir**) _____.

B. Escribe una definición de las siguientes palabras.

1. el exilio: _____

_____

2. las elecciones democráticas: _____

_____

3. el golpe de estado: _____

_____

4. el/la presidente/a: _____

_____

5. los derechos humanos: _____

_____

10-2 Francisco Ruiz, exiliado chileno. Escribe **C** para indicar las oraciones ciertas y **F** para indicar las oraciones falsas según la lectura sobre Francisco Ruiz de tu libro de texto.

1. _____ Francisco Ruiz regresó a Chile después dc la dictadura de Pinochet.

2. _____ Ruiz encontró que el país recibió a su familia con cariño.

3. _____ Los chilenos no mostraban interés en los exiliados; más bien los trataron con indiferencia.

4. _____ Ruiz fue dueño de un café en Canadá.

5. _____ Cuando estaba en Canadá, los recuerdos de Ruiz de su país eran muy malos.

6. _____ A Ruiz le preocupaba la adaptación de su esposa en Chile. En este sentido tuvo suerte, su esposa se adaptó bien.

7. _____ Su esposa escribió y representó un monólogo cómico sobre su situación e incluso lo representó en el extranjero.

8. _____ Ruiz está convencido de que no se equivocó al llevar a sus hijos a que vivieran en Chile.

A escuchar

10-3 Una exiliada en EE. UU. Sara es una estudiante universitaria. Como parte de un proyecto que está realizando para su clase de español, entrevista a María Elena, una exiliada chilena que vive en EE. UU. Escucha su entrevista y contesta las preguntas a continuación.

1. ¿Cuál es el proyecto de Sara? _____

_____

_____

_____

2. De la información que recibe de María Elena, ¿qué cosas puede usar Sara para realizar su proyecto?

❏ las tácticas represivas de los militares

❏ las actividades políticas del hermano de María Elena

❏ la huida de María Elena de Chile

❏ la muerte de su hermano

❏ su trabajo y familia en EE. UU.

❏ ¿otra información relevante? _____

_____

3. ¿Por qué salió María Elena de Chile? _____

_____

_____

4. ¿Quiere regresar María Elena a Chile? ¿Por qué? Menciona dos razones diferentes.

_____

_____

_____

Gramática

Present Perfect; Past Perfect

10-4 Michelle Bachelet. Identifica los tiempos verbales en las siguientes oraciones sobre Michelle Bachelet, presidenta de Chile entre 2006 y 2010, y uno de los personajes políticos latinoamericanos más influyentes de los últimos años. Después clasifica las oraciones según su significado, escribiendo la letra de cada oración en la columna correspondiente.

Pasado relacionado con el presente	Pasado antes del pasado	Discurso indirecto

a. Michelle Bachelet ha sido la primera mujer presidente en la democracia chilena.

b. Gracias a las reformas impulsadas por el gobierno de Bachelet, el sistema público de salud ha mejorado notablemente en Chile.

c. Cuando llegó a la presidencia, Bachelet ya había ocupado varios puestos importantes en el gobierno.

d. Michelle Bachelet dijo que en los años de la dictadura se habían cometido graves violaciones de los derechos humanos.

e. Las leyes aprobadas durante la presidencia de Bachelet han permitido a las mujeres chilenas obtener mejores condiciones laborales.

f. La prensa chilena publicó que Michelle Bachelet había sido encarcelada y torturada durante la dictadura de Pinochet.

g. Las encuestas (*opinion polls*) confirmaron que durante sus años en el poder, Michelle Bachelet había sido una presidenta muy popular, y que su gestión había sido apoyada por una gran mayoría de los ciudadanos.

10-5 La economía chilena. Relaciona las dos columnas para aprender algunos datos interesantes acerca de la economía de Chile.

1. Históricamente, la minería…

2. Desde hace décadas, Chile…

3. A pesar de la actual crisis económica mundial, numerosas empresas extranjeras…

4. En la última década, las exportaciones de frutas y cereales…

5. Gracias al desarrollo de las piscifactorías (*fish farms*), el país…

6. Gracias a un clima de tipo mediterráneo, con estaciones bien marcadas, los vinos chilenos…

7. Este año, la isla de Pascua, con sus famosos moáis,…

a. han favorecido el desarrollo agrícola del centro y del sur de Chile.

b. se han caracterizado por su excelente calidad y por su inconfundible sabor.

c. han hecho importantes inversiones en Chile, contribuyendo al desarrollo de su economía.

d. ha sido el principal motor de la economía chilena.

e. ha sido el destino preferido por los turistas extranjeros.

f. se ha convertido en el segundo productor de salmón a nivel mundial, después de Noruega.

g. ha sido el mayor exportador de cobre del mundo.

10-6 ¿Qué ha pasado en Chile? Eres un/a reportero/a y asistes a una rueda de prensa. Varios representantes del gobierno chileno hablan sobre eventos importantes recientes.

A. Completa las siguientes oraciones con la forma apropiada de los verbos en el presente perfecto del indicativo para saber lo que dijeron los representantes.

1. El director nacional de turismo: "Este año más turistas _____ (viajar) a la Isla de Pascua para ver las estatuas moai".

2. Un consejero económico: "Este mes la inversión extranjera _____ (aumentar) gracias a los acuerdos con otros países".

3. La presidenta: "Yo _____ (hacer) varios viajes a Argentina para hablar de acuerdos bilaterales".

4. Una representante de la Cooperación para la Democracia y la Justicia: "Este año nosotros _____ (implementar) nuevas estrategias para eliminar la pobreza."

5. El vicepresidente: "Desde la dictadura de Pinochet, el gobierno _____ (identificar) y _____ (juzgar) a miles de militares por haber violado los derechos humanos".

B. Ahora prepara un artículo en el que resumas los comentarios de los representantes del ejercicio anterior, siguiendo el modelo. Usa sinónimos del verbo **decir**: **anunciar, comentar, declarar, explicar.** ¡Cuidado con los sujetos!

> **MODELO**
>
> **El director nacional de turismo dijo que este año más turistas habían viajado a la Isla de Pascua para ver las estatuas moai.**

1. _____

   _____

2. _____

   _____

3. _____

   _____

4. _____

   _____

10-7 Un viaje a Chile. Tú y tus amigos volvieron ayer de un viaje a Chile. Otros amigos, que no viajaron con ustedes, quieren saber qué cosas no habían visto ni hecho en sus viajes anteriores. Completa las siguientes oraciones según el modelo.

> **MODELO**
>
> Becky / volar en avión
> **Becky no había volado en avión antes de este viaje.**

1. Yo / oír hablar de la Isla de Pascua

_____

2. Mi amiga y yo / probar el vino chileno

_____

3. Becky y Adam / ver una mina de cobre

_____

4. Nosotros / hacer una excursión a los Andes

_____

10-8 La cronología familiar. David y Yenis son una pareja joven que vive en Los Ángeles. Aquí tienes una lista de eventos importantes de su historia familiar. Escribe cuatro oraciones usando las expresiones "**ya**" y "**todavía no**" para establecer la relación cronológica entre dos eventos (un evento en el pasado perfecto que ocurrió antes de otro evento en el pretérito).

2003	terminar la universidad (Yenis)
2004	conocerse (David y Yenis)
2005	casarse (David y Yenis)
2007	nacer (Daniel, su primer hijo)
2008	comprar una casa nueva en Los Ángeles (David y Yenis)
2010	conseguir un puesto (Yenis)
2011	jubilarse (los padres de Yenis)
2012	mudarse a Los Ángeles (los padres de Yenis)

> **MODELO**
>
> Yenis ya había conseguido un puesto cuando sus padres se mudaron a Los Ángeles.
> David y Yenis todavía no se habían conocido cuando Yenis terminó la universidad.

1. _____

_____

2. _____

_____

3. _____

_____

4. _____

_____

10-9 Antes de la semana pasada.

A. Lauren es una estudiante universitaria de primer año. El primer mes en la universidad le fue muy difícil pero la semana pasada su situación mejoró mucho. Escribe cuatro oraciones comparando su situación antes de la semana pasada con su situación ahora.

ANTES DE LA SEMANA PASADA…	AHORA…
• no hacer muchos amigos	• no pensar tanto en su familia
• extrañar a su familia	• tener una vida social muy activa
• no asistir a ninguna fiesta	• estar feliz y dormir bien
• no comprender el material de sus clases	• solo hablar con sus padres los domingos
• llorar por la noche	• pedir ayuda de sus profesores
• llamar a sus padres todos los días	• conocer a muchas personas

MODELO

Antes de la semana pasada, Lauren no había asistido a ninguna fiesta pero ahora tiene una vida social muy activa.

1. _____

_____

2. _____

_____

3. _____

_____

4. _____

_____

B. ¿Y tú? ¿Hubo un momento importante que cambió tu vida? Explica el momento específico y luego describe cómo había sido tu vida antes y cómo es ahora.

_____

_____

_____

_____

_____

10-10 Mis logros. ¿Qué habías logrado (*achieved*) en diferentes etapas de tu vida? Mira el ejemplo y completa el cuadro con tu información.

Edad	Logro
6 años	Yo ya había aprendido a leer.
15 años	Yo todavía no había recibido mi licencia.
19 años	Yo ya había empezado la universidad.

Tu turno

Edad	Logro
1. _____	_____
2. _____	_____
3. _____	_____
4. _____	_____
5. _____	_____

10-11 Aciertos y errores. Piensa en este último año de tu vida, y describe en un breve párrafo los aciertos que, en tu opinión, te han llevado a ser una persona exitosa en tus estudios o en tu vida personal. Comenta también algunos de los errores que crees haber cometido y que te han impedido alcanzar ciertos objetivos.

_____

_____

_____

_____

_____

_____

_____

_____

_____

_____

Redacción

10-12 Recuerdos familiares. Eres un/a chileno/a que se exilió en Canadá durante la dictadura de Pinochet. Al volver a Chile con tu familia escribes una carta a tus descendientes, explicándoles por qué fuiste a vivir a Canadá, por qué volviste a Chile y cómo esa experiencia cambió tu vida y la de tu familia.

VOCABULARIO ÚTIL		
regresar	adaptarse	recuerdos
equivocarse	abandonar	los exiliados
la dictadura	las víctimas	experimentar

Querida familia:

_____

_____

_____

_____

_____

Con cariño,

_____

(tu firma)

A escuchar

10-13 Hablar de los pros y los contras de una situación. Escucha la conversación entre dos estudiantes universitarias que están tratando de decidir dónde quieren vivir. Contesta las preguntas.

A. Lee las siguientes oraciones y marca todas las respuestas que sean apropiadas.

1. Luisa dice que lo bueno de vivir en una residencia universitaria es que…

   a. estaría cerca de las fiestas.

   b. comería antes de la clase.

   c. estaría cerca de los salones de clase.

   d. tendría más privacidad.

2. Luisa cree que lo malo de vivir en la universidad es que…

   a. tendría que compartir el cuarto con otra persona.

   b. ha vivido allí por tres años.

   c. no tiene privacidad.

   d. costaría mucho dinero.

3. Pilar menciona que lo bueno de vivir fuera de la universidad es que...

    a. ella y Luisa podrían hacer fiestas.

    b. podrían vivir en una casa o un apartamento.

    c. tendrían que seguir muchas reglas.

    d. podrían cocinar.

4. Pilar menciona que lo malo de vivir fuera de la universidad es que...

    a. el alquiler sería más alto.

    b. tendrían que pagar por los servicios, como el agua y la luz.

    c. tendrían que conducir a la universidad.

    d. estarían más lejos de la universidad.

B. Contesta las siguientes preguntas:

    1. ¿Qué deciden hacer Pilar y Luisa? ¿Por qué? Menciona dos razones. _____

    _____

    2. ¿Cuántos años han vivido en las residencias universitarias? _____

    _____

    3. ¿Vives dentro o fuera de la universidad? ¿Por qué? _____

    _____

    4. ¿Puedes mencionar dos ventajas y dos desventajas de vivir donde vives? _____

    _____

TEMA 2 La inmigración forja una cultura

Vocabulario del tema

10-14 ¿Qué sabes del lunfardo y del tango? Escoge la respuesta correcta para completar la conversación sobre el lunfardo y el tango.

1. Cuando Argentina consiguió la independencia, el país estaba **escasamente** habitado, ¿verdad?

   a. Sí, había muchos territorios completamente deshabitados.

   b. Sí, los inmigrantes italianos fueron los más numerosos.

2. ¿Quiénes **poblaron** los barrios de Buenos Aires en el siglo XIX?

   a. Los inmigrantes europeos bailaron tango y hablaron lunfardo.

   b. Los inmigrantes europeos se establecieron en la ciudad.

3. ¿En qué sentido es el lunfardo una lengua **híbrida**?

   a. Incluye palabras españolas, italianas, francesas y de otras lenguas.

   b. Fue usada por delincuentes y criminales.

4. ¿Cuál es un ejemplo de una palabra del lunfardo con las sílabas en orden **inverso**?

   a. *Laburar* significa "trabajar".

   b. *Jovie* significa "viejo".

5. En un principio, el tango era música para bailar.

   a. ¿**Es decir** que se cantaba?

   b. ¿**Es decir** que no se cantaba?

6. El tango se asociaba con gente de bajo rango social, ¿verdad?

   a. Sí, **en lugar** de gente de la clase alta.

   b. Sí, **en lugar** de delincuentes, prostitutas y criminales.

10-15 La historia del tango. Escribe el número correcto, del 1 al 6, para poner en orden cronológico los eventos de la historia del tango y del lunfardo.

a. ___1___ Argentina estaba muy despoblada en el siglo XIX.

b. _____ La inmigración masiva dio origen a la "cultura porteña" de Buenos Aires.

c. _____ El tango se popularizó en París, donde se hizo más simple y elegante.

d. _____ El gobierno argentino incentivó la inmigración para estimular el progreso del país.

e. _____ En los barrios de inmigrantes se crearon el lunfardo y el tango.

f. ___6___ El tango europeizado obtuvo aceptación general en Argentina hacia 1925.

A escuchar

10-16 El fútbol, deporte de fama mundial

A. Escucha la grabación y empareja estos futbolistas con su país de origen.

JUGADORES	PAÍSES
1. Carlos "El Pibe" Valderrama	a. México
2. Diego Armando Maradona	b. Inglaterra
3. Mia Hamm	c. Brasil
4. David Beckham	d. Colombia
5. Ronaldiño	e. Estados Unidos
6. Hugo Sánchez	f. Argentina

B. Contesta las siguientes preguntas.

1. ¿Cuántos países han ganado la Copa Mundial de Fútbol? Menciona tres. _____

   _____

2. ¿En qué año se celebró la primera Copa Mundial Femenina de Fútbol? ¿Qué país fue la sede y quién la ganó?

   _____

   _____

3. ¿Quién marcó el gol del siglo? _____

4. ¿Qué país ganó la Copa Mundial de Fútbol en 2006 y contra quién jugó?

   _____

Gramática

Prepositional Pronouns; Prepositional Verbs

10-17 Un cambio de vida. Lee este texto en el que Santiago Brocca, encargado del famoso café Tortoni, habla sobre su trayectoria personal e identifica los pronombres preposicionales y los verbos preposicionales.

Cuando llegué a Buenos Aires, me enamoré de la ciudad enseguida, de su energía y de su gente. Para mí la capital representaba un mundo nuevo lleno de oportunidades. Al principio, asistí a la universidad, ya que cuando me despedí de mis padres les prometí que sería abogado, que según ellos era la mejor profesión que podía pedir. Sin embargo, pronto fue obvio que los estudios no eran para mí y empecé a buscar un trabajo. Así fue como llegué al café Tortoni, un 12 de febrero, hace ya más de treinta años. Me acuerdo de ese día —y de los primeros submarinos (*hot chocolate*) que serví entonces —como si fuera ayer porque fue sin duda una de las mejores decisiones de mi vida.

10-18 Personajes famosos de Argentina. Estás preparando una bibliografía sobre dos personajes muy destacados en la historia de Argentina. En tus investigaciones encuentras los siguientes datos sobre Eva Perón y Jorge Luis Borges. Complétalos con el pronombre apropiado de la lista.

mí	ti	él	ella	ellos	ellas

Eva Perón: "Yo nací en Los Toldos, una provincia de Buenos Aires. Soy hija ilegítima y no conocí bien a mi padre porque mis hermanos y yo crecimos sin **1.** _____ . Sabía de niña que ser cocinera, como mi madre, no era vida para **2.** _____ , quería hacer más. Por eso, de adolescente fui cantante y actriz radiofónica. Durante esa época conocí al coronel Perón. Me casé con **3.** _____ de joven y lo ayudé en su campaña electoral. Como mujer de un presidente, he intentado ayudar a los trabajadores. He luchado por **4.** _____ y por la mejora de sus salarios. Mis enemigos, especialmente la élite tradicional, han hecho muchas críticas de **5.** _____ , pero yo he hecho mucho para mejorar la condición de los pobres".

©Bettman/Corbis

Jorge Luis Borges. Nació en Buenos Aires. Escribió poemas, ensayos y cuentos. A **6.** _____ le gustaba mucho la narrativa fantástica. Con **7.** _____ produjo obras magistrales como *El Aleph*. Alcanzó un nivel internacional que lo hizo compartir un premio con Samuel Beckett en 1961, se les otorgó a **8.** _____ el Premio Formentor.

©Ferdinando Scianna/Magnum Photos

10-19 Un viaje a Ushuaia. Mark y Cristina discuten sus planes para sus próximas vacaciones. Completa su conversación con el pronombre apropiado de la lista, haciendo todos los cambios necesarios.

mí	ti	ella	tú	nosotros/as	vosotros/as	ellos	ellas

Mark: ¿Qué haces Cristina?

Cristina: Estoy leyendo sobre una ciudad muy interesante llamada Ushuaia. ¿Quieres ir

1. _____ ?

Mark: ¿Ir **2.** _____ ? ¿Adónde? ¿Cómo se llama el lugar?

Cristina: Ushuaia. Es la capital de las islas conocidas como Tierra del Fuego. Es la ciudad más al sur

del globo terrestre y muchos la llaman la "Ciudad del Fin del Mundo".

A **3.** _____ me parece interesante.

Mark: La verdad es que no quiero desacuerdos entre **4.** _____ y _____ , pero,

yo estaba pensando en un lugar más turístico, como el Caribe.

Cristina: Yo creo que es el mejor lugar para **5.** _____ . Mira, podemos ir al Parque

Nacional de Tierra del Fuego y pasear en barco por el Cabo de Hornos. Estoy leyendo sobre

las experiencias de otros viajeros y según **6.** _____ fue un viaje inolvidable.

Mark: Voy a buscar información en Internet y luego te digo lo que pienso.

10-20 Rivalidad futbolística. Los argentinos son muy aficionados al fútbol. En Buenos Aires, existen dos equipos rivales, el RiverPlate y el Boca Juniors, que cada año se enfrentan en un partido llamado el Superclásico. Pablo asistió ayer a este evento deportivo con sus amigos y ahora escribe una entrada en su blog. Completa su entrada con una preposición cuando sea necesario. Si no se necesita ninguna, escribe una **X**.

Ayer, mis amigos y yo asistimos **1.** _____ un partido de fútbol entre el Boca Juniors
y el RiverPlate, el Superclásico. No fue fácil, pues buscamos **2.** _____ las entradas
durante meses antes de poder conseguirlas. Cuando llegamos **3.** _____ la Bombonera,
el famoso estadio del Boca Juniors, muchas personas empezaron **4.** _____ gritar en
contra de nuestro equipo, el RiverPlate, y es que la mayoría eran aficionados del Boca. El partido
fue muy emocionante, ya que los dos equipos son muy buenos, y todos sabíamos que el resultado
dependería **5.** _____ la suerte de los jugadores esa noche. Al final, ganó el Boca 2-1,
y aunque desafortunadamente hubo algunos enfrentamientos entre los aficionados, nosotros
felicitamos **6.** _____ el resultado a nuestros rivales antes de salir **7.** _____ la
Bombonera.

10-21 Un semestre en Mendoza. Sara es una estudiante americana que viajó a Mendoza, Argentina, para terminar sus estudios. Forma oraciones con la siguiente información, añadiendo las preposiciones necesarias, para conocer más detalles acerca de su experiencia.

> **MODELO**
>
> Sara /pedir / una beca (*scholarship*) / estudiar en Argentina
> Sara pidió una beca para estudiar en Argentina.

1. Ella/salir / Estados Unidos / en enero

   _____

2. Sara / asistir / la universidad de Mendoza

   _____

3. Pronto /aprender / comunicarse /en español / con la gente

   _____

4. Además / enamorarse / Jorge / un muchacho argentino muy simpático

   _____

5. Ahora / Sara / querer/ vivir en Mendoza / y / casarse/ Jorge

   _____

6. Sara /acordarse /su familia / y / pensar /ellos / mucho

   _____

10-22 El tango argentino. El 11 de diciembre, cumpleaños de Carlos Gardel, es el día nacional del tango en Argentina. En el periódico de este día encuentras el siguiente resumen de la vida de Gardel. Completa el artículo eligiendo la preposición apropiada según el contexto.

El padre del tango

Por José Fernández

Carlos Gardel nació en la ciudad de Toulouse, Francia, en 1890. En 1893, su madre llegó (1. a / en) Argentina con su pequeño hijo. Pasó su infancia en los alrededores del Mercado de Abasto, en Buenos Aires, y más tarde asistió (2. en / a) las escuelas San Carlos y San Estanislao. Aprendió (3. de / a) cantar de joven y en 1911 formó un dúo con José Razzano. Su repertorio consistía (4. de / en) canciones principalmente folclóricas y criollas, pero más tarde, en 1916, el dúo empezó (5. a / con) incorporar tangos. Según sus amigos, en 1921, se enamoró (6. con / de) Isabel del Valle, aunque él nunca se casó (7. con / a) ella. En 1923 salió (8. de / en) Argentina para hacer su primera gira internacional. Es gracias a sus innumerables grabaciones que el mundo ha conocido y apreciado el tango. Varias asociaciones lo felicitaron (9. por / de) sus éxitos, galardonándolo con premios. Pero el mundo se despidió (10. en / de) Gardel demasiado temprano, ya que murió en un accidente de avión en junio de 1935.

10-23 Tu cantante favorito/a. Escribe un resumen de la vida de tu cantante favorito/a usando, cuando sea posible, los verbos a continuación: **pensar en**, **depender de**, **despedirse de**, **enamorarse de**, **felicitar por**, **llegar a aprender a**, **asistir a**, **empezar a**, **casarse con** y **salir de**.

_____

_____

_____

_____

_____

_____

_____

_____

_____

_____

10-24 Un recorrido por Buenos Aires. Buenos Aires es una ciudad cosmopolita y uno de los mayores centros culturales de Latinoamérica.

A. Lee este recorrido que has encontrado en un portal de turismo en Internet y contesta las preguntas usando el mismo verbo en la respuesta.

Buenos Aires es el destino preferido por los turistas extranjeros que visitan Argentina. Los visitantes llegan a Buenos Aires en busca de una ciudad dinámica y con una oferta cultural y gastronómica rica y variada. La visita que aquí les proponemos no les decepcionará.

Comenzaremos nuestro recorrido en el centro de la ciudad, visitando la Plaza de Mayo, que es el centro político del país, y donde se encuentran también la Casa Rosada, sede del gobierno argentino, y la Catedral Metropolitana. Continuaremos nuestro paseo por la Avenida de Mayo, donde nos pararemos a tomar un café en el famoso Café Tortoni, lugar de reunión de célebres intelectuales, políticos y tangueros. A continuación, pasearemos por la Avenida 9 de Julio, una de las más anchas del mundo, y en cuyo centro está el Obelisco, que es el monumento más emblemático de la ciudad. Cerca del Obelisco, se encuentra el hermoso Teatro Colón, de visita obligada para los aficionados a la música clásica y a la ópera. Después de comer unas deliciosas empanadas en el restaurante Sanjuanino, en el elegante barrio de La Recoleta, visitaremos el cementerio de la Recoleta, que alberga mausoleos de mármol con estatuas de piedra que imitan diferente estilos arquitectónicos, y donde se hallan enterradas algunas de las principales personalidades del país, como Eva Perón. Por la tarde, nos dirigiremos a San Telmo, para realizar algunas compras en el mercado de antigüedades. Más tarde nos sentaremos en una terraza de la plaza Dorrego, donde podremos aprender algunos pasos de tango de los artistas callejeros que bailan allí. Para finalizar el recorrido, asistiremos a una tradicional milonga, o fiesta de tango, en la que podremos bailar como auténticos porteños.

1. ¿Qué buscan los turistas que visitan Buenos Aires?

_____

_____

2. ¿A qué tipo de espectáculo pueden asistir los turistas en el Teatro Colón?

_____

_____

3. ¿Qué se aprende a hacer en la plaza Dorrego?

_____

_____

4. ¿Qué buscan las personas que van al mercado de San Telmo?

_____

_____

5. ¿En qué consisten las milongas?

_____

_____

6. ¿Qué piensas de este recorrido por Buenos Aires? ¿Te interesaría hacerlo?

_____

_____

B. Tú estás planeando un viaje este verano. Escribe un breve párrafo diciendo qué lugar piensas visitar y qué esperas hacer, qué quieres aprender, etc. Usa verbos como **buscar, esperar, pensar, pedir, llegar, empezar, salir, empezar, aprender,** etc., utilizando las preposiciones adecuadas cuando sea necesario.

_____

_____

_____

_____

_____

_____

_____

_____

_____

Redacción

10-25 Comparación y contraste. Una revista popular de música en EE. UU. está preparando su primera edición en español y necesita artículos que contrasten y comparen un tipo de música estado-unidense con uno del mundo hispano. Escribe un artículo comparando los orígenes y la historia del tango con *el jazz,* el *rap,* la música *soul,* la salsa o cualquier otro tipo de música que te guste. En tu artículo contesta las siguientes preguntas:

- ¿Qué semejanzas y diferencias hay en los orígenes y el desarrollo histórico de los dos tipos de música?

- ¿Qué ejemplos de grupos musicales muestran hoy en día su forma presente?

Nombre: _____ Fecha: _____ Clase: _____

VOCABULARIO ÚTIL		
el ambiente social	el folclore	híbrido/a
comunicarse	popularizarse	los barrios
la canción	asociarse	la aceptación
el espectáculo	el entusiasmo	simbolizar
los movimientos	rechazar	el progreso

_____

_____

_____

_____

_____

_____

_____

_____

_____

_____

_____

_____

A escuchar

10-26 Interrumpir para pedir una aclaración.

A. Escucha la conversación entre una estudiante de séptimo grado y su profesor de Ciencias Sociales. Luego, contesta las preguntas.

1. ¿Por qué es importante la década de 1920 para el movimiento feminista?

_____

_____

2. ¿Qué hicieron las mujeres para obtener el derecho al voto a principios del siglo XX?

_____

_____

3. ¿Crees que existe discriminación contra la mujer? Da dos razones.

_____

_____

4. Si eres mujer, ¿cómo te sentirías si tuvieras 18 años y no pudieras votar? ¿Por qué? Si eres hombre, ¿votarías por una mujer para presidente de EE. UU.? Da dos razones.

_____

_____

_____

B. Las mujeres adquirieron el derecho al voto a lo largo de muchos años. Empareja los datos de la columna izquierda con los de la derecha.

AÑO	PAÍS
1. 1917	**a.** Chile
2. 1919	**b.** Estados Unidos y Hungría
3. 1920	**c.** Argentina
4. 1947	**d.** Rusia
5. 1949	**e.** Alemania y Checoslovaquia

Nombre: _____ Fecha: _____ Clase: _____

Vocabulario del tema

10-27 ¿Qué significa? Escribe la letra que corresponde a la definición correcta de cada palabra o expresión.

1. marcharse
2. dejar atrás
3. atravesar
4. encuesta
5. ingresos
6. varón

a. cuestionario que recoge datos relacionados con un tema
b. salir o irse de un lugar sin el acompañamiento de algo o alguien
c. persona de sexo masculino
d. abandonar un lugar; partir
e. cruzar; pasar por un lugar o una situación favorable o desfavorable
f. ganancias económicas

10-28 ¿Recuerdas? Selecciona la respuesta correcta según la información de tu libro de texto sobre la emigración uruguaya.

1. ¿Cuál ha sido una causa del aumento de emigrantes uruguayos?

   a. la crisis económica mundial

   b. la falta de oportunidad educativa en Uruguay

2. La motivación principal por la emigración de Uruguay es:

   a. continuar los estudios en el extranjero

   b. buscar trabajo

3. Marca el factor que condiciona una mayor tendencia a la emigración en cada caso.

   a. _____ ser varón

   _____ ser mujer

   b. _____ no haber estudiado en la universidad

   _____ tener una educación universitaria

   c. _____ residencia urbana

   _____ residencia rural

   d. _____ pertenecer al estrato socioeconómico alto

   _____ pertenecer al estrato socioeconómico bajo

   e. _____ tener 30-35 años

   _____ tener 20-25 años

A escuchar

10-29 Un anuncio radiofónico. Escucha el siguiente anuncio y contesta las preguntas a continuación.

A. Indica si la información es cierta (**C**) o falsa (**F**). Si es falsa, corrígela.

1. _____ El anuncio trata de un Festival Internacional del Tango.

   ¿Corrección? _____

2. _____ El festival dura un día.

   ¿Corrección? _____

3. _____ Solo participarán músicos de Montevideo.

   ¿Corrección? _____

4. _____ Habrá una dedicación especial al famoso Carlos Gardel.

   ¿Corrección? _____

B. Responde a las siguientes preguntas.

1. ¿Qué puedes hacer si quieres más información sobre el festival? Menciona dos cosas.

   _____

   _____

2. ¿Te interesaría asistir al festival o no? ¿Por qué?

   _____

   _____

   _____

   _____

Gramática

Progressive Tenses

10-30 ¿Qué está pasando? Estás de viaje en Montevideo, Uruguay. Una noche en tu hotel oyes un ruido tremendo. Como no puedes dormir decides bajar para ver qué pasa. Al bajar, te encuentras con la siguiente escena. Describe lo que está pasando usando el presente progresivo y un mínimo de cuatro verbos.

_____
_____
_____
_____
_____
_____
_____
_____

10-31 ¿Qué estaba pasando? Acabas de volver de tu viaje a Uruguay. Cuéntales a tus amigos las experiencias más interesantes de tu viaje siguiendo el modelo.

MODELO

(yo) dormir en mi habitación / oír un ruido tremendo
Yo estaba durmiendo en mi habitación cuando oí un ruido tremendo.

1. (mi amigo y yo) beber yerba mate / (yo) encontrar un artículo en el periódico sobre los tupamaros

_____
_____

2. (los bailarines) bailar el tango / (mi amigo y yo) decidir bailar también

_____
_____

3. (yo) comer carne de Uruguay en una parrillada / (yo) ver entrar a un viejo amigo estadounidense

_____

_____

4. (mi amigo y yo) viajar a la playa de Punta del Este / el autobús tener un accidente

_____

_____

10-32 Novedades. Después de haber pasado un año en Estados Unidos, Marisa acaba de regresar a Montevideo. Paseando por la calle se encuentra con Araceli, una antigua amiga. Completa el diálogo con el presente o el imperfecto progresivo. (También hay un ejemplo del pretérito progresivo. ¿Sabes cuál es?)

Marisa: ¡Araceli! ¿Eres tú? Pero, ¡qué sorpresa!

Araceli: ¡Marisa! ¡Cómo me alegro de que ya estés de vuelta! Hace un mes vi a tu madre y ella me dijo que (tú) 1. _____ (pensar) en regresar a Uruguay, pero que no era seguro.

Marisa: Pues, ya ves, la verdad es que vivir en Nueva York ha sido una gran experiencia pero 2. _____ (desear) volver a casa. Ahora solo tengo que encontrar un trabajo, pero 3. _____ (ser) difícil.

Araceli: ¿ 4. _____ (buscar) un trabajo como fotógrafa?

Marisa: Sí, aunque es bastante complicado. Pero dime, ¿cómo le 5. _____ (ir) a tu hermana Margarita?

Araceli: Está muy bien, se graduó el mes pasado y por suerte, ya 6. _____ (trabajar) para una empresa en Argentina. Nadie sabía que ella 7. _____ (pensar) en marcharse de Uruguay, así que fue una gran sorpresa.

Marisa: Y Raquel, ¿todavía 8. _____ (salir) con Roberto?

Araceli: Ah, no, chica, eso es agua pasada (*water under the bridge*). Roberto y ella 9. _____ (verse) durante un par de meses, pero al final rompieron. Ahora Raquel 10. _____ (empezar) una nueva relación con Pablo, el antiguo novio de Irene. ¿Te acuerdas de él?

Marisa: ¡Qué me dices! Pero cuántas cosas han pasado desde que me fui de Uruguay. ¡Ya era hora de que regresara a casa!

Fecha: Clase: Nombre:

10-33 Momentos de crisis. La crisis económica actual está teniendo un impacto importante en Uruguay. Tu amigo Mario, que es uruguayo, te explica algunos de los efectos. Reacciona a la siguiente información usando expresiones de emoción y el presente de subjuntivo progresivo según el modelo.

MODELO

Mario: La crisis económica **afecta** a Uruguay.
Tú: Es horrible que la crisis económica **esté afectando** a Uruguay.

1. Mario: Numerosas empresas reducen su personal (*staff*) para controlar los gastos.

   Tú: _____

2. Mario: La calidad de los servicios públicos disminuye.

   Tú: _____

3. Muchos jóvenes abandonan el país en busca de trabajo.

   Tú: _____

4. Algunos jóvenes también se marchan al extranjero para continuar sus estudios.

   Tú: _____

5. Muchos jóvenes uruguayos viven ahora en Estados Unidos y España.

   Tú: _____

10-34 Consejos. En un contexto de crisis económica, las personas deben ser especialmente cuidadosas a la hora de tomar ciertas decisiones y manejar su dinero. Lee los siguientes consejos y vuelve a escribirlos usando un **infinitivo como sujeto** y algunas de estas expresiones: **es necesario, es importante, es recomendable, es aconsejable, es peligroso**, etc.

MODELO

Si quieres conseguir un buen trabajo, estudia mucho.
Es necesario **estudiar** mucho para encontrar un buen trabajo.

1. Para poder hacer frente a las emergencias, ten dinero ahorrado en el banco.

   _____

2. No corras riesgos innecesarios invirtiendo todo tu dinero en la Bolsa.

   _____

3. Si no quieres endeudarte (*go into debt*), no abuses de las tarjetas de crédito.

   _____

4. Si tienes problemas económicos, busca el apoyo de tu familia y de tus amigos.

   _____

10-35 El tiempo libre. Varios estudiantes uruguayos hablan de sus actividades. Completa las oraciones con el gerundio o el infinitivo del verbo entre paréntesis.

1. "Esta semana llevo mucho tiempo _____ (jugar) al fútbol porque tenemos un torneo la semana que viene".

2. "_____ (pasar) las tardes con mis amigos es mi actividad favorita pero últimamente estoy _____ (estudiar) mucho para mis exámenes".

3. "Me encanta _____ (viajar) con mi familia en mi tiempo libre. La semana pasada fuimos de excursión a Punta del Este".

4. "Mi amigo y yo estábamos _____ (salir) mucho hasta la semana pasada pero ahora él ya no tiene tiempo".

10-36 Un día típico. Marisa es una estudiante uruguaya que estudia en EE. UU. Les escribe una carta a sus padres, contándoles de su vida. Escribe la forma correcta de los verbos entre paréntesis en el presente o en el progresivo.

Hola mamá y papá:

¿Qué tal? Yo estoy muy ocupada. Ahora mismo 1. _____

_____ (escribir) una composición para mi clase de inglés sobre

la historia de la independencia estadounidense, pero necesito un pequeño

descanso. La vida de estudiante es dura. La semana pasada mientras

2. _____ (leer) mi libro de química me quedé dormida

por el sueño que tenía. Pero no se preocupen porque todavía encuentro

tiempo para divertirme. Mis nuevos amigos y yo 3. _____

(salir) para una barbacoa dentro de poco.

Ya sé que ahora mismo ustedes están con mis abuelos en

Montevideo, espero que lo 4. _____ (pasar) bien. Les mando

mis saludos y espero escribir más este fin de semana.

Un beso,

Marisa

10-37 Mi semestre en Uruguay. Este semestre estás estudiando en Uruguay, y les escribes una carta a tus padres. Cuéntales lo que estás haciendo, las clases que estás tomando en la universidad, la gente que estás conociendo, etc. Cuéntales también de tus planes para el futuro inmediato. Usa el presente o el presente progresivo según corresponda.

_____

_____

_____

_____

_____

_____

_____

_____

_____

Redacción

10-38 Una visita. El año pasado fuiste a Uruguay como estudiante de intercambio. Conociste a Sebastián, un estudiante universitario, y él te familiarizó con las costumbres de su país. Has recibido este mensaje suyo por correo electrónico. Responde al mensaje en la página siguiente.

✉ Mi visita   ▾■ _ |□| ✕

Para: _____
De: sebastian@yahoo.com
Ref: Mi visita

Hola, ¿qué tal? Estoy finalizando mis planes para visitarte en octubre y estoy muy ilusionado. Mira, te quería preguntar qué puedo hacer durante mi estancia para conocer mejor las costumbres locales. ¿Recuerdas cuando fuimos a la parrillada para comer el asado y después fuimos al espectáculo de tango? ¿Qué comida es típica de tu lugar? ¿Hay restaurantes buenos que debo conocer? ¿Hay música o bailes tradicionales? A mí me gusta también beber la yerba mate por las tardes con nuestros amigos. ¿La gente en tu ciudad se reúne para beber mate por las tardes? ¿Qué hace durante sus reuniones? Espero tu respuesta y te mando mi itinerario dentro de unos días. ¡Gracias!

Sebastián

Nombre: _____ Fecha: _____ Clase: _____

VOCABULARIO ÚTIL

un recorrido	una travesía	auténtico/a
las costumbres	los espectáculos	pasear

RE: Mi visita

Para: sebastian@yahoo.com
De: _____
Ref: Re: Mi visita

A escuchar

10-39 Corregir a otras personas.

A. Escucha la conversación y contesta las siguientes preguntas:

1. ¿En qué no estaban de acuerdo Marina y Cristi? _____

_____

2. ¿Qué pensaba Cristi? _____

3. ¿Qué pensaba Marina? _____

4. ¿Cómo deciden arreglar su desacuerdo? _____

5. ¿Por qué Magdalena cambió la hora original de la reunión? _____

B. Ahora crea una conversación entre dos de los amigos y tú. Hay un malentendido que deben aclarar. Usa el vocabulario del libro para corregir a las otras personas.

_____

_____

_____

_____

_____

_____

_____

_____

_____

_____

_____

_____

Más allá de las palabras

Ven a conocer

10-40 ¿Recuerdas? Identifica el sitio donde se puede realizar cada actividad mencionada.

Trinidad	**Filadelfia**	**la represa de Itaipú**
el río Paraná	**Ciudad del Este**	**Itaguá**

1. Se puede observar el proceso artesano de la producción del ñandutí.

_____

2. Se puede pescar el dorado, un pez parecido al salmón.

_____

3. Se puede ver el proyecto hidroeléctrico más grande del mundo.

_____

4. Se puede visitar una comunidad de menonitas y su explotación agrícola.

_____

5. Se puede ver una de las reducciones jesuíticas mejor conservadas.

_____

6. Se pueden ver unas cataratas y hacer compras sin pagar impuestos.

_____

A escuchar

10-41 Una entrevista. Escucha la entrevista siguiente y contesta las preguntas a continuación.

A. Orientación.

1. ¿Dónde tiene lugar la entrevista?

   a. Paraguay   **c.** Venezuela

   b. Uruguay   **d.** España

2. ¿Quién es Marcos?

   a. un sacerdote jesuita de Caracas   **c.** un estudiante de doctorado

   b. un indígena guaraní

3. ¿Quién es Aurelia?

   a. una estudiante bilingüe   **c.** una política

   b. una voluntaria para la Federación
      Internacional de Fe y Alegría

4. ¿Cuál es el propósito de la entrevista?

    a. Marcos quiere información sobre la política paraguaya para un estudio.

    b. Marcos quiere información sobre la educación para un estudio.

    c. Aurelia quiere proponer la Federación Internacional de Fe y Alegría.

B. Las ideas principales. ¿A qué se dedica principalmente la Federación Internacional de Fe y Alegría según Aurelia?

_____

_____

C. Detalles importantes. Indica si las siguientes oraciones son ciertas **(C)** o falsas **(F)**. Si son falsas, corrígelas.

1. _____ Un sacerdote jesuita fundó la Federación.

    ¿Corrección? _____

2. _____ Tradicionalmente el sistema educativo en Paraguay ha sido bilingüe porque muchos de sus habitantes hablan español y guaraní.

    ¿Corrección? _____

3. _____ La inestabilidad en Paraguay no ha afectado al sistema educativo.

    ¿Corrección? _____

4. _____ Personas religiosas y no religiosas trabajan para la Federación.

    ¿Corrección? _____

5. _____ La Federación ofrece clases por radio a adultos que viven en áreas rurales.

    ¿Corrección? _____

6. _____ En Paraguay, la enseñanza bilingüe no es un derecho garantizado bajo la Constitución.

    ¿Corrección? _____

D. Aplicación.

1. Explica los dos programas educativos específicos que Aurelia menciona en la entrevista.

_____

_____

_____

_____

_____

2. Según Aurelia, la Federación ha tenido mucho éxito en Paraguay. Según lo que sabes de Paraguay y de la Federación, explica el porqué de su éxito.

_____

_____

_____

_____

_____

_____

_____

E. Atención a los verbos. Completa las siguientes oraciones según el texto con el verbo apropiado de la lista en su forma correcta del progresivo.

VERBOS				
trabajar	preparar	hacer	dar	realizar

1. Ya sabes que _____ investigaciones para un estudio sobre la educación en Latinoamérica.

2. En Paraguay empezó en 1992, aunque se _____ intentos mucho antes.

3. Ahora mismo _____ con el Programa Rural de Educación Intercultural por Radio, pero antes _____ clases y espero volver en el futuro.

4. El grupo con el que trabajo yo ahora _____ los materiales con lecciones y clases grabadas.

El escritor tiene la palabra

10-42 Características de un cuento de terror. Lee la definición de un cuento de terror y completa las actividades a continuación.

Un cuento de terror es una composición literaria breve y de carácter fantástico que busca que el lector se sienta asustado, inquieto y hasta nervioso. Es común encontrar monstruos, diablos, criaturas fantásticas, eventos sobrenaturales, etc. Es muy importante que en un cuento de terror la atmósfera desarrolle el suspenso necesario para mantener al lector atento e interesado.

A. Dirígete al cuento "La Muerte" en tu libro de texto y busca los elementos que te hacen pensar en un cuento de terror. Escribe una lista de palabras o frases relevantes. Recuerda incluir colores, acciones, descripciones, etc.

B. Ahora es tu turno para escribir tu propio cuento de terror. Antes de escribirlo, reflexiona sobre los puntos a continuación.

1. Piensa en algo que te produzca miedo. Puedes recurrir al contenido de una pesadilla *(nightmare)* o algo que hayas visto en una película o leído en un libro. Haz una lista de posibles temas.

   _____

   _____

   _____

   _____

2. Elabora la trama *(plot)*. Decide a rasgos generales cuál va a ser la trama de tu cuento, lo que va a suceder. ¿Habrá una muerte, una tragedia, un accidente?

   _____

   _____

   _____

   _____

3. Crea tus personajes. Lee sobre fobias o miedos que los personajes puedan tener para poder darle más credibilidad a tus personajes. Esto te ayudará a hacer el cuento más creíble.

   _____

   _____

   _____

   _____

4. Piensa en un lugar y en la descripción del ambiente y de los personajes. Piensa en lugares, colores, clima, ropa que llevan los personajes, sentimientos, etc.

   _____

   _____

   _____

   _____

5. Escribe tu cuento. Incorpora la información que tienes en los 4 puntos anteriores. ¡Sé creativo/a y trata de sorprender al lector!

_____

_____

_____

_____

_____

_____

_____

_____

_____

_____

_____

_____

_____

10-43 Mi diario literario. Escribe tu reacción personal al cuento. Considera las siguientes preguntas:

- Un pequeño resumen: En tu opinión, ¿cuáles son los eventos más importantes?

- Dificultades: ¿Hay partes de la obra que no entendiste muy bien? Explica cuáles son y por qué crees que te han causado problemas. ¿Te sorprendiste con el final? Elabora.

- Reacción personal: ¿Te gustó el cuento? ¿Por qué? ¿Qué aspectos cambiarías? ¿Por qué?

_____

_____

_____

_____

_____

_____

_____

_____

Para escribir mejor

Usos y omisiones del artículo definido: el, la, los, las

El artículo definido precede al sustantivo e indica su género y número. Su función es identificar un sustantivo ya conocido e identificado por su presentación anterior.

> EJEMPLO: Ayer vi a un líder del partido liberal. **El** líder se reunió con el presidente.
>
> *Yesterday I saw a leader of the liberal party.* **The** *leader met with the president.*

I. Se usa el artículo definido para hacer una referencia genérica a la totalidad de un concepto.

> EJEMPLO: **Los** políticos de Chile buscan a **los** responsables de **las** violaciones de **los** derechos humanos.
>
> *Politicians in Chile are looking for those responsible for the violations of human rights.*
>
> NO se usa el artículo definido para expresar la idea de cantidad.

> EJEMPLO: No había representantes del partido socialista en la reunión.
>
> *There were no representatives of the socialist party in the meeting.*

II. Se usa el artículo definido con los nombres de lenguas.

> EJEMPLO: **El** español de Chile es diferente d**el** español de Costa Rica.
>
> *Chilean Spanish is different from Costa Rican Spanish.*
>
> NO se usa el artículo definido después de **en, de** y de los verbos **hablar, leer** y **escribir.**

> EJEMPLOS: Hablo español.
>
> *I speak Spanish.*
>
> La novela está escrita en español.
>
> *The novel is written in Spanish.*

III. Se usa el artículo definido con horas y fechas específicas. Observa que muchas veces su uso se expresa en inglés con *on.*

> EJEMPLOS: **El** lunes habrá elecciones.
>
> **On** *Monday there will be elections.*
>
> Son **las** dos y veinte y no ha terminado la reunión.
>
> *It is twenty after two and the meeting has not finished.*
>
> NO siempre se usa el artículo definido con **ser.**

> EJEMPLOS: Hoy es sábado.
>
> *Today is Saturday.*
>
> La fiesta será **el** sábado.
>
> *The party will be on Saturday.*

IV. Se usa el artículo definido con títulos para referirse indirectamente a la persona.

> EJEMPLO: **El** señor Aylwin era un buen presidente.
>
> *Mr. Aylwin was a good president.*
>
> NO se usa el artículo definido con **don, doña, Santa** o **Santo.**

EJEMPLOS: Don Quijote es un personaje importante de la literatura española.

Don Quixote is an important character in Spanish literature.

Santo Domingo es una ciudad muy bonita.

Santo Domingo is a very beautiful city.

NO se usa el artículo definido cuando se le habla directamente a la persona.

EJEMPLO: Señor Aylwin, ¿puede Ud. comentar la transición democrática en Chile?

Mr. Aylwin, can you comment on the democratic transition in Chile?

NO se usa el artículo definido para referirse a reyes y papas.

EJEMPLO: Felipe II fue rey de España.

Phillip II was king of Spain.

V. Se usa el artículo definido con los nombres de calles, avenidas, ríos, montañas, edificios, etc.

EJEMPLO: **La** calle Miraflores está en **el** centro de la ciudad de León cerca d**el** edificio **El** Moderno.

Miraflores street is downtown León, near El Moderno building.

VI. Se usa el artículo definido en vez del posesivo para hacer referencia a partes del cuerpo.

EJEMPLOS: Me arreglo **el** pelo.

I fix my hair.

Levanten **la** mano.

Raise your hands.

VII. Se usa el artículo definido comúnmente con algunos países, ciudades y regiones. Siempre se usa el artículo definido cuando el nombre está modificado por un adjetivo.

EJEMPLOS: (**la**) Argentina

Argentina

La Argentina moderna

Modern Argentina

Recuerda: Cuando se usa el artículo definido **el** con las preposiciones **a** y **de** es necesario usar las contracciones **al** y **del.**

EJEMPLOS: La sobrina **del** ex presidente Allende es Isabel Allende.

The niece of former President Allende is Isabel Allende.

Asistí **al** colegio en Canadá antes de volver a Chile.

I went to school in Canada before returning to Chile.

10-44 Práctica. Completa las siguientes oraciones sobre un estudiante chileno que estudia en EE. UU. con el artículo definido apropiado. Recuerda los usos de las contracciones.

1. Encontré un apartamento en _____ calle Speedway cerca de _____ campus central.

2. _____ profesor Alvarado es mi favorito porque es hispano y sabe mucho de política.

3. En mi clase de historia estamos leyendo un libro traducido _____ inglés.

4. _____ estudiantes universitarios en EE. UU. participan en muchas actividades extracurriculares.

5. Como no tengo carro, camino mucho por la ciudad. Por eso siempre me duelen _____ pies.

6. _____ martes siguiente tengo examen de inglés y estoy muy preocupado.

10-45 Práctica. Un estudiante estadounidense escribió la siguiente carta a su amigo sobre sus experiencias en Argentina. Ha usado mal los artículos definidos. Busca los errores y corrígelos.

Lunes próximo vuelvo a EE. UU. después de haber vivido aquí un año. Vivo en residencia estudiantil *Miguel Ángel,* en el centro de la ciudad de Buenos Aires. He aprendido mucho con mis experiencias y mis clases. Hablo el español mucho mejor que antes. Ayer le dije a mi profesora de español: "La profesora, ¿crees que algún día hablaré como un nativo?" Y me respondió: "Claro que sí, si sigues estudiando." Además de la lengua, he aprendido mucho sobre la política argentina. Por ejemplo, sé que presidente Juan Perón fue elegido en 1946, 1952 y 1974. Creo que fue una persona muy interesante en la historia argentina. Bueno, me duele mucho cabeza, por eso voy a terminar mi carta. ¡Hasta pronto!

Usos y omisiones del artículo indefinido: un, una, unos, unas

El artículo indefinido precede a un sustantivo e indica su género y su número. Su función es identificar un sustantivo no conocido o no introducido previamente.

> EJEMPLO: Ayer vi a **un** líder del partido liberal. El líder se reunió con el presidente.
>
> *Yesterday I saw **a** leader of the liberal party. The leader was meeting with the president.*

I. Se usan las formas plurales del artículo indefinido para indicar cantidades aproximadas.

> EJEMPLO: En mi oficina tengo **unos** libros de historia.
>
> *In my office I have **some** history books.*

II. Se usan las formas plurales del artículo indefinido también para hablar de partes del cuerpo en plural.

> EJEMPLO: El instructor de inglés tiene **unos** dientes blanquísimos.
>
> *The English instructor has really white teeth.*

III. NO se usa el artículo indefinido cuando se habla de profesiones, nacionalidades, afiliaciones políticas o religiosas, con la excepción de un sustantivo modificado por un adjetivo.

> EJEMPLOS: Ella es estudiante.
>
> *She is a student.*
>
> Ella es **una** buena estudiante.
>
> *She is a good student.*

A veces se usa el artículo indefinido con un sustantivo no modificado por un adjetivo para expresar admiración o desprecio.

> EJEMPLOS: ¡Es **un** animal!
>
> *He is such an animal!*
>
> ¡Es **una** maravilla!
>
> *It is wonderful!*

IV. NO se usa el artículo indefinido con las siguientes frases:

a hundred = cien

a thousand = mil

another = otro/a

what a …! = ¡Qué…!

a certain = cierto/a

such = tal

10-46 Práctica. Decide si las siguientes oraciones necesitan el artículo indefinido o no. De ser necesario, escribe la forma correcta del artículo y si no lo necesitan coloca una **X**.

1. El presidente es _____ socialista.

2. ¡Mi nieta es _____ belleza!

3. _____ cien soldados volvieron heridos.

4. Pide _____ otra taza de café, por favor.

5. Si no entienden los usos del artículo indefinido, les puedo dar _____ ejemplos adicionales.

6. Saqué muy mala nota en el examen. ¡Qué _____ vergüenza!

Para pronunciar mejor

x, ü

- In most Spanish words **x** sounds as English syntax. But in many words of Mexican-Indian origin **x** represents a "jota" sound as in *ojo*, e.g. *México, Oaxaca*

- **x** sounds as in English *professor* in words like *xenofobia, xilófono,* that is, when it appears in the initial position of the word

- **ü** is used in Spanish to indicate that **u** needs to be pronounced in a context where a silent **u** would be expected, e. g. *lingüística, cigüeña, averigüé*

10-47 Repite. Listen to the recording and repeat.

1. exilio

2. examen

3. Xalapa

4. xenofobia

5. xilófono

10-48 Dictado. Listen to the recording and write down the words you hear.

1. _____

2. _____

3. _____

4. _____

5. _____

6. _____

7. _____

8. _____

9. _____

10. _____

CAPÍTULO 1

TEMA 1

VOCABULARIO DEL TEMA

1-1 Descripciones

Answers will vary.

Verify agreement of each adjective with noun.

1-2 Expresiones útiles

1. platico
2. compaginar
3. cortar el rollo
4. padrísima
5. tiempo de ocio

1-3 ¿Recuerdas?

Answers will vary.

1-4 Charla con amigos

Answers will vary.

A ESCUCHAR

1-5 Una descripción personal

A. _X_ le gusta hacer deportes

  _X_ tiene 22 años

  _X_ es mexicana

  _X_ es estudiante

  _X_ su padre cocina bien

B. *Answers will vary.*

GRAMÁTICA

1-6 ¿Cómo están estos estudiantes?

1. a
2. d
3. a
4. a
5. a
6. d
7. b
8. c

1-7 ¿Dónde están las siguientes personas?

Answers will vary. Possible answers include:

1. Están en la cafetería.
2. Está en la oficina.
3. Está en el gimnasio.
4. *Answers will vary.*

1-8 Carta de Benjamín

1. estoy
2. está
3. son
4. son
5. estamos / estoy
6. son

1-9 Lo ideal

Answers will vary.

1-10 ¡Qué confusión!

Answers will vary.

1-11 ¡Qué dormilona!

1. Los
2. lo
3. la
4. las

1-12 Cómo evitar la redundancia

1. Lo alquilé
2. lo encontró
3. lo tenía que ver / tenía que verlo
4. lo van a renovar / van a renovarlo
5. los acaban de pintar / acaban de pintarlos
6. Las cambiaron

1-13 ¡Qué pesados los quehaceres!

Answers will vary.

REDACCIÓN

1-14 Mi apartamento/residencia

Answers will vary.

A ESCUCHAR

1-15 Circunloquio

A.

a. ____		e. _4_
b. ____		f. _3_
c. ____		g. ____
d. _2_		h. _1_

B.

color _2, 3_

forma _1, 3, 4_

dónde se compra _4_

material _1_

dónde se ve _2_

TEMA 2

VOCABULARIO DEL TEMA

1-16 Tu ciudad

Answers will vary.

1-17 La guía del ocio

Answers will vary. Possible answers include:

1. El turista debe ir a la Plaza Mayor porque...
2. El madrileño debe ver la película "Parque Jurásico III" porque...
3. El joven artista debe asistir a la exposición de arte minimalista porque...
4. La persona que quiere bailar debe ir a la discoteca Joy Eslava porque...
5. La pareja debe comer en el restaurante Viridiana porque...
6. El joven debe ir a la Plaza Mayor / el teatro porque...
7. El joven músico debe ir a la Fiesta de la percusión en Suristán porque...

A ESCUCHAR

1-18 La plaza de mi ciudad

A.

1. _F_
2. _C_
3. _C_

B. *Answers may vary. Possible answers include:*

1. _X_
2. ____
3. _X_
4. _X_
5. _X_

GRAMÁTICA

1-19 ¿Recuerdas?

participar en rituales religiosos, dar un paseo, ir de compras, vender objetos, jugar al fútbol, celebrar fiestas patronales, organizar protestas sociales, encontrarse con los amigos, tomar un café en una cafetería, escuchar música, bailar

1-20 Práctica de los verbos

1. d
2. c
3. e
4. a
5. f
6. b

1-21 ¿Qué quieres hacer esta noche?

1. tengo
2. prefiero
3. piensas
4. dice
5. vamos
6. podemos

1-22 Nuestra rutina diaria

Answers will vary.

1-23 ¿Cómo son las plazas hispanas?

1. vienen
2. preparan
3. toma
4. empieza
5. llegan
6. toman
7. juegan
8. se encuentran
9. baila
10. van

1-24 Las rutinas

Answers will vary.

1-25 ¡Qué buena cita!

Answers will vary.

REDACCIÓN

1-26 ¿Qué hacen las personas de tu ciudad para divertirse?

Answers will vary.

A ESCUCHAR

1-27 Control del ritmo de la conversación

A.

__X__ No comprendo. Repite, por favor.

__X__ Bueno...

__X__ A ver, déjame pensar un minuto...

__X__ ¿Qué significa la palabra...?

__X__ Pues...

B. *Answers will vary.*

TEMA 3

VOCABULARIO DEL TEMA

1-28 Palabras en acción

lanzar / el lanzador

reconocer / el reconocimiento

pintar / el pintor

laborar / la labor

personificar / el personaje

1-29 Momentos importantes

1. c
2. b
3. c
4. a

A ESCUCHAR

1-30 La vida de Gloria Estefan

A.

cómo es su personalidad, información sobre su familia, sus ideas políticas, cómo fue su niñez, su música

B. *Answers will vary.*

GRAMÁTICA

1-31 ¡Pobrecito/a!

Answers will vary.

1-32 ¿Recuerdas?

1. JR nació en Long Beach.
2. OH ganó la medalla de oro en 1992.
3. FB pintó la obra *Desayuno en la hierba*.
4. JR empezó una línea de perfumes.
5. IA se mudó a otro país por cuestiones políticas.

6. FB tuvo su primera exposición después de volver de Europa.

1-33 Ayer

1. Me desperté...
2. Asistí a clase...
3. Leí el texto de español...
4. Hice ejercicios/Jugué al...
5. Charlé con mis amigos...

1-34 Javier

1. Eran las ocho de la mañana cuando Javier desayunó.
2. Eran las diez de la mañana cuando Javier y sus amigos asistieron a la clase de español y de inglés.
3. Era la una de la tarde cuando Javier y su amiga estudiaron en la biblioteca.
4. Eran las tres de la tarde cuando Javier hizo ejercicios en el gimnasio.
5. Eran las cinco de la tarde cuando Javier se reunió con sus amigos.
6. *Answers will vary.*

1-35 ¡Qué día tan terrible!

Answers will vary.

1-36 Una noticia increíble

A. Eran las 9:00 de la noche. Estaba en la biblioteca. Primero, la mujer bonita pasó corriendo y salió. Segundo, un hombre con un traje gritó. Tercero, llegaron dos mujeres jóvenes y una mujer mayor. Trataron de parar al hombre. Al final, la mujer bonita volvió. Se puso un zapato de cristal y ella y el hombre se besaron. Las mujeres la atacaron. Entró la policía y se llevó a las tres mujeres a la cárcel.

B. *Answers will vary. Possible answers include:*

1. Yo me alegré.
2. La mujer bonita se puso contenta.
3. Las tres mujeres se enojaron.
4. El hombre se alegró.

1-37 Diversiones sociales

1. Antes Gloriana y sus amigos veían muchas películas pero ahora no lo hacen.
2. Antes Gloriana y su familia iban de excursión pero ahora no lo hacen.
3. Antes Gloriana visitaba mucho los museos pero ahora no lo hace.
4. *Answers will vary.*

1-38 Una vida frenética

1. El novio jugaba al fútbol mientras la novia jugaba al béisbol.
2. Las dos compañeras de apartamento comían en un restaurante mientras las otras dos limpiaban el apartamento.
3. John practicaba el piano mientras Benjamín escuchaba música.
4. El compañero de cuarto miraba un partido de fútbol americano mientras los otros dos bebían café.

REDACCIÓN

1-39 Los problemas que superamos

Answers will vary.

A ESCUCHAR

1-40 Una conversación telefónica

A.

Ø	Dígame.
1, 2	Adiós.
2	Bueno.
1	Hola, soy Fernando.
2	Por favor, ¿está Isabel?
1, 2	Te llamo para….
1	¿Aló?
Ø	Nos hablamos.
2	Ahora la pongo.
2	Habla Isabel.

MÁS ALLÁ DE LAS PALABRAS

VEN A CONOCER

1-41 Vieques, Puerto Rico

Answers will vary.

A ESCUCHAR

1-42 La cultura puertorriqueña

A. Las ideas principales

1.
2. X
3. X
4.
5. X
6. X

B. Los detalles importantes

1. F: Puerto Rico se llama "la isla del encanto".
2. V
3. F: Hay poca evidencia.
4. F: Cultivaban azúcar en la costa.
5. V
6. V
7. V

C. Atención a los verbos

1. imperfecto
2. pretérito
3. imperfecto
4. pretérito

EL ESCRITOR TIENE LA PALABRA

1-43 Las técnicas literarias

La narradora/el narrador

1. la madre de Paula *o* Isabel Allende
2. A Paula *o* su hija
3. *Answers will vary.*

La caracterización

1. a. Es orgulloso pero modesto a la vez.
2. c. Ignora sus limitaciones físicas para ser cortés
3. b. Es fuerte y estoico. No necesita comodidades.

La previsión

1. negativos
2. el golpe de estado en Chile y el exilio de la familia Allende

1-44 Mi diario literario

Answers will vary.

PARA ESCRIBIR MEJOR

1-45 Práctica

1. po – e – ta
2. es – tre – sa – do
3. hon – ra – do
4. o – cu – rrir
5. per – der – se
6. es – ta – ble – cer
7. com – pu – ta – do – ra
8. bri – llan – te
9. com – pa – ñe – ro
10. ma – la – ba – ris – mo

1-46 Práctica

A.

1. <u>au</u>sente
2. ajetreo
3. p<u>ue</u>blo
4. p<u>ue</u>rtorriqueño
5. r<u>ei</u>no
6. j<u>ui</u>c<u>io</u>

B.

1. au – sen – te
2. a – je – tre – o
3. pue – blo
4. puer – to – rri – que – ño
5. rei – no
6. jui – cio

1-47 Práctica

1. di – bu – <u>jan</u> – te = llana
2. tra – ba – ja – <u>dor</u> = aguda
3. re – <u>cla</u> – man = llana
4. su – pe – r<u>ar</u> = aguda
5. am – bu – <u>lan</u> – tes = llana
6. e – <u>dad</u> = aguda

1-48 Práctica

1. **có** – mi – co
2. re – **su** – men
3. en – ca – **jar**
4. pe – **lí** – cu – la
5. **jó** – ve – nes
6. **fút** – bol

1-49 Práctica

1. in – for – ma – <u>ción</u>
2. <u>pie</u>
3. bio – lo – <u>gí</u> – a
4. des – <u>pués</u>
5. <u>dí</u> – a
6. a – cen – <u>tú</u> – a

1-50 Resumen

1. ba – rrio
2. é – xi – to
3. fi – lo – so – fí – a
4. ins – ta – lar – se
5. va – cí – o
6. an – ti – pá – ti – co
7. e – dad
8. com – pe – ti – ción
9. bri – llan – te
10. bue – no

PARA PRONUNCIAR MEJOR

1-51

1. #2
2. #1
3. #2
4. #1
5. #1
6. #1
7. #2
8. #2
9. #1
10. #1

1-52

1. Rule #1 should apply as the word ends in a vowel. No accent needed because the stress is on the next-to-last syllable.
2. #2, ends in consonant other than -n, -s. Needs accent, stress on next-to-last.
3. #1, ends in -s. Needs accent, stress on third-to-last.
4. #2, ends in consonant other than -n, -s. No accent, stress on last.
5. #1, ends in -s. No accent, stress on next-to-last.

6. #1, ends in -n. No accent, stress on next-to-last.

7. #1, ends in -s. Needs accent, stress on third-to-last.

8. #2, ends in consonant other than -n, -s. No accent, stress on last.

9. #1, ends in -n. Needs accent, stress on last.

10. #1, ends in vowel. Needs accent, stress on third-to-last.

11. #1, ends in vowel. No accent, stress on next-to-last.

12. #1, ends in -s. Needs accent, stress on third-to-last.

13. #2, ends in consonant other than -n, -s. Needs accent, stress on next-to-last.

14. #1, ends in -n. Needs accent, stress on last.

15. #1, ends in -s. No accent, stress on next-to-last.

CAPÍTULO 2

TEMA 1

VOCABULARIO DEL TEMA

2-1 ¿Cómo son las familias en tu cultura?
Answers will vary.

2-2 Los papeles y obligaciones
A. *Answers will vary.*
B. *Answers will vary.*

2-3 ¿Recuerdas?
Answers will vary.

A ESCUCHAR

2-4 La familia de Lucía
A.

1. M		5. ML	
2. L		6. L	
3. L		7. L	
4. M		8. M	

B.
1. X
5. X

GRAMÁTICA

2-5 Las tareas domésticas
1. Se barre
2. Se lavan
3. Se comparten
4. Se saca
5. Se arreglan
6. Se limpia

2-6 La tradición familiar
1. b
2. f
3. a
4. c
5. d
6. e

2-7 Las costumbres familiares del pasado
1. En el pasado, se restringía la libertad de la mujer para trabajar fuera de casa.
2. En el pasado, se reconocían las contribuciones de los abuelos a la vida familiar diaria.
3. En el pasado, no se aceptaba el divorcio como solución a los problemas entre las parejas.
4. En el pasado, se daban más responsabilidades a los hijos en las tareas del hogar.
5. En el pasado, se dedicaba más tiempo a las actividades familiares.
6. En el pasado, se le daba más importancia al mantenimiento del honor familiar.

2-8 Las reglas de casa
1. Se respeta la autoridad de los padres en todo momento.
2. Se hacen las tareas domésticas asignadas cuando lo piden los padres.
3. Se debe terminar toda la tarea antes de salir.
4. Se acepta el castigo al romper las reglas.
5. *Answers will vary.*

2-9 El tono impersonal
1. se organizan
2. se come
3. se reparte
4. se incluyen
5. se prefiere
6. se dan

2-10 Los estereotipos
    A. *Answers will vary.*
    B. *Answers will vary.*

2-11 ¡Explica, por favor!
Answers will vary.

REDACCIÓN
2-12 Un resumen
Answers will vary.

A ESCUCHAR
2-13 Pedir y dar información
    A.

1. 1		**6.** 1 2
2. 1		**7.** 1
3. 2		**8.** 1
4. 2		**9.** 2
5. 1 2		**10.** 1

    B.

Estudiante 1	Estudiante 2
tiene 19 años	tiene 48 años
vive en una residencia	vive en su casa
hay 5 personas en su familia	hay 4 personas en su familia

TEMA 2

VOCABULARIO DEL TEMA
2-14 La amistad
    1. d
    2. f
    3. b
    4. e
    5. a
    6. c

2-15 Las relaciones amistosas
    A. *Answers will vary.*
    B. *Answers will vary.*
    C. *Answers will vary.*

2-16 Las relaciones amorosas
    1. a
    2. b
    3. a
    4. c

2-17 La primera cita
    A. *Answers will vary.*
    B. *Answers will vary.*

A ESCUCHAR
2-18 Romances chapados a la antigua
    A.
        a.   2
        b.   5
        c.   3
        d.   1
        e.   4
    B. *Answers will vary.*

GRAMÁTICA
2-19 ¿Pretérito o imperfecto?
    1. I Describes a scene/gives background information
    2. P Completed past event
    3. I Habitual events/things you used to do
    4. I P Ongoing action interrupted by preterit action
    5. I Habitual events/things they used to do
    6. I Describes a scene/gives background information
    7. P Completed past event
    8. I P Ongoing action interrupted by preterit action

2-20 Una amiga inolvidable
    1. tenía
    2. conocí
    3. era
    4. hacíamos
    5. cambió
    6. Hacía
    7. eran
    8. fui
    9. caminábamos
    10. vi

2-21 Un día frenético
    1. Buscaba su vestido favorito cuando se le rompió el zapato.
    2. Pedía consejos a su mejor amiga cuando llamó su madre por teléfono.

3. Se duchaba cuando oyó un ruido espantoso.

4. Salía de la casa para encontrarse con un amigo cuando empezó a llover.

2-22 Cambio de planes

1. Antonio iba a jugar en un equipo de fútbol con sus amigos pero no lo hizo.

2. Antonio iba a trabajar en una oficina pero no lo hizo.

3. Antonio iba a tomar una clase pero no lo hizo.

4. Antonio iba a visitar a sus abuelos pero no lo hizo.

2-23 Momentos importantes

Answers will vary.

2-24 ¡Qué romántico!

Answers will vary.

2-25 Un viaje

Answers will vary.

2-26 ¡Así son los amigos!

Answers will vary.

REDACCIÓN
2-27 Una anécdota amorosa

Answers will vary.

A ESCUCHAR
2-28 Contar anécdotas

A.

1. __Ø__
2. __R__
3. __F__
4. __R__
5. __F__
6. __Ø__
7. __F__
8. __R__

B. *Answers will vary.*

TEMA 3
VOCABULARIO DEL TEMA
2-29 El tiempo libre

A.

1. levantar pesas
2. salimos a tomar un café
3. a las reuniones familiares
4. aburrirme

B. *Answers will vary.*

2-30 Asociaciones

Answers will vary.

2-31 ¿Recuerdas?

1. E, M
2. E
3. E
4. EU
5. E, M
6. E, M, EU

A ESCUCHAR
2-32 Los planes para el sábado

a. 5
b. 1
c. 4
d. 2
e. 3
f. 6

GRAMÁTICA
2-33 Práctica con los pronombres

1. a
2. d
3. b
4. c
5. b
6. d

2-34 Una tarjeta para dar gracias

1. Les
2. Les
3. le

4. me

5. me

2-35 Sugerencias

1. Julieta le cuenta la verdad. Julieta se la cuenta.

2. Antonio no le dice mentiras. Antonio no se las dice.

3. Nosotros les pedimos perdón. Nosotros se lo pedimos.

4. Tu mejor amigo/a te compra una camiseta nueva. Tu mejor amigo/a te la compra.

5. Tus padres te mandan un regalo. Tus padres te lo mandan.

2-36 Malentendidos

1. El novio no se la pagó.

2. La profesora se la asignó.

3. Laura se lo pidió y no se lo devolvió rápidamente.

4. El estudiante no se la entregó.

2-37 Planes para una cita especial

1. la

2. La

3. Se las

4. La

5. Se lo

2-38 ¡Preparaciones para una fiesta!

1. Yo se las voy a mandar. (Voy a mandárselas.)

2. Tú las vas a comprar. (Vas a comprarlas.)

3. Nosotros se la vamos a servir. (Vamos a servírsela.)

4. Enrique y Manolo los van a limpiar. (Van a limpiarlos.)

5. Elena se la va a abrir. (Va a abrírsela.)

2-39 ¡Me tocó la lotería!

Answers will vary.

REDACCIÓN

2-40 El día de San Valentín

Answers will vary.

A ESCUCHAR

2-41 Comparar experiencias

A.

a. 2

b. Ø

c. 3

d. 1

e. Ø

B.

1. b

2. b

3. c

MÁS ALLÁ DE LAS PALABRAS

VEN A CONOCER

2-42 Actividades turísticas en Tabasco

Las haciendas chocolateras: observar la elaboración del chocolate, beber chocolate, visitar reservas naturales

Ruinas mayas: visitar pirámides, aprender sobre civilizaciones antiguas

Pueblos y ciudades de Tabasco: comprar artesanías, sacar fotos de una iglesia pintoresca, visitar reservas naturales

A ESCUCHAR

2-43 Un discurso sobre "El milagro del maíz"

A. Orientación

1. c

2. a

3. a

B. La idea principal 2

C. Detalles importantes

Answers will vary. Possible answers include:

1. facilitar el comercio de especias de las Indias orientales

2. dos de: el tomate, el chile, el cacao, la papa, el maíz

3. una planta silvestre (natural), origen del maíz. El teocinte tiene la mazorca mucho más pequeña y tiene menos valor nutritivo.

4. los centroamericanos y los mexicanos

5. sustituto del petróleo

D. Atención a los verbos
1. se cultivaban
2. se puede
3. se encuentra
4. se ilustra

EL ESCRITOR TIENE LA PALABRA
2-44 Las técnicas poéticas
El sonido
1. b
2. c
3. a
Las imágenes
Answers will vary.
La hipérbole
Answers will vary.

2-45 Mi diario literario
Answers will vary.

PARA ESCRIBIR MEJOR
2-46 Práctica
1. ma_y_ores
2. _ll_amarse
3. inclu_y_e
4. bri_ll_ante
5. _ll_over
6. ensa_y_o

2-47 Práctica
1. a_b_urrirse
2. co_b_rar
3. culti_v_ar
4. disol_v_er
5. o_b_sesionarse
6. po_b_lación

2-48 Práctica
1. baila_b_le   Regla = 1
2. con_v_ersación   Regla = 2
3. ad_v_ertir   Regla = 3
4. _b_iología   Regla = 3

2-49 Práctica
1. na_z_co
2. mudar_s_e
3. farma_c_ia
4. pa_s_ear
5. re_z_ar
6. descono_c_ido
7. fraca_s_o
8. recha_z_o

2-50 Práctica
1. vos   = voz
2. risa = riza
3. haz   = has
4. maza = masa

2-51 Práctica
1. noble_z_a
2. intru_s_ión
3. estudio_s_o
4. croni_s_ta

2-52 Práctica
1. aun = <u>even</u>   aún = <u>still, yet</u>
2. el = <u>the</u>   él = <u>he</u>
3. solo = <u>alone</u>   sólo = <u>only</u>
4. mas = <u>but</u>   más = <u>more</u>
5. te = <u>you (pronoun)</u>   té = <u>tea</u>
6. mi = <u>my</u>   mí = <u>me</u>
7. de = <u>of, from</u>   dé = <u>give (dar)</u>
8. esta = <u>this</u>   está = to be (<u>he, she,</u> is)

2-53 Práctica
1. El / él
2. mí / mi
3. Te / té

CAPÍTULO 3
TEMA 1
VOCABULARIO DEL TEMA
3-1 Una encuesta personal
Answers will vary.

3-2 Diferencias semánticas
1. g
2. f
3. b
4. a
5. h
6. c
7. e
8. d

3-3 ¿Eres bicultural?
A. *Answers will vary.*
B. *Answers will vary.*

3-4 ¿Recuerdas?

1. D: Los cubanos, los nicaragüenses, los guatemaltecos y los salvadoreños
2. D: Los mexicano-americanos y los puertorriqueños
3. S
4. S
5. D: Los cubanos
6. D: Los puertorriqueños
7. S
8. *Answers will vary.*

A ESCUCHAR

3-5 Choques culturales

A.

1. F: Kimberly está enfadada porque Cristina llega tarde.
2. F: Cristina pregunta por qué está enojada.
3. C
4. F: Cristina entra y come.

B. *Answers will vary.*

GRAMÁTICA

3-6 Expresiones de duda o certeza

Expresiones de duda: dudar que, ser (im)probable que, ser dudoso que, no ser seguro que, no pensar que, ser (im)posible que, negar que
Expresiones de certeza: ser evidente que, ser cierto que, ser obvio que, creer que, ser seguro que

3-7 Así son los estereotipos

1. hay
2. son
3. tengan
4. exista
5. se aplique

3-8 La presencia hispana en Estados Unidos

1. (Kristina) Es cierto que las escuelas públicas ofrecen programas bilingües.

2. (John) Es probable que los hispanos tengan un papel más importante en la política.
3. (Mark) Es evidente que todos nosotros estudiamos español en la escuela primaria.
4. (Michelle) Es posible que la música de salsa sea más popular ahora.

3-9 Tu opinión

A. *Answers will vary.*
B. *Answers will vary.*

3-10 ¿Qué opinas?

1. Sí, es verdad que son exilidados políticos.
2. No, no creo que sean iguales.
3. No, no es cierto que todos vivan en el suroeste.
4. Sí, pienso que todos tienen algunos rasgos en común.

3-11 Los estereotipos

A. *Answers will vary.*
B. *Answers will vary.*

3-12 Estereotipos comunes sobre los estadounidenses

Answers will vary.

REDACCIÓN

3-13 Una carta al editor

Answers will vary.

A ESCUCHAR

3-14 Expresar tus opiniones

A.

No estoy de acuerdo
En mi opinión
Me parece interesante
Por supuesto
Tienes razón
¿Qué te parece?

B. *Answers will vary.*

TEMA 2

VOCABULARIO DEL TEMA

3-15 El bilingüismo

1. lengua materna, hablante
2. estudio
3. dominar
4. gramática
5. acento extranjero
6. *Answers will vary.*

3-16 ¿Qué crees?

Answers will vary.

3-17 Reacciones

1. c
2. e
3. b
4. f
5. d
6. a

A ESCUCHAR

3-18 El requisito universitario

1. El propósito de la reunión es reconsiderar el requisito de estudiar una lengua extranjera durante dos años.
2.
   a. están de acuerdo
   b. están de acuerdo
   c. ambos
3. *Answers will vary.*
4. La Asamblea Estudiantil decide considerar otras maneras de satisfacer el requisito.

GRAMÁTICA

3-19 La clasificación

1. odiar, sentir, tener miedo, estar contento/a de que, temer
2. molestarle, entristecerle, preocuparle, sorprenderle, gustarle
3. es interesante, es bueno, es increíble, es fantástico, es lamentable

3-20 Las reacciones maternales

Answers will vary.

3-21 Una tarjeta postal

1. estés
2. hable
3. sean
4. use

3-22 Perspectivas diferentes

Answers will vary.

3-23 Mi perspectiva sobre aprender una lengua extranjera

Answers will vary.

3-24 ¡Qué lío con los compañeros de cuarto!

Answers will vary.

REDACCIÓN

3-25 La educación bilingüe

Answers will vary.

A ESCUCHAR

3-26 Cómo expresar tus sentimientos

   A.
      ¡Es el colmo!
      ¡Lo siento mucho!
      Estoy harto de . . .
      ¡No me digas!
      ¡Ya no aguanto más!
      ¿De verdad?
   B. *Answers will vary.*

TEMA 3

VOCABULARIO DEL TEMA

3-27 ¿En qué consiste el espanglish?

Answers will vary.

3-28 ¿Me puedes ayudar?

1. c
2. d
3. b
4. a
5. f
6. e

3-29 ¿Recuerdas?

Answers will vary.

A ESCUCHAR

3-30 Mi experiencia bicultural

A.

Sus padres hablan inglés.
Estudió la escuela secundaria en
Estados Unidos.
Su madre detesta el espanglish.

B.

to check
lunch
ticket
to type

GRAMÁTICA

3-31 ¡De viaje!

1. verbo: querer; sugerencia: llamar a la familia con frecuencia
2. verbo: aconsejar; sugerencia: no olvidar su pasaporte
3. verbo: rogar; sugerencia: tener cuidado
4. verbo: pedir; sugerencia: sacar muchas fotografías
5. verbo: desear; sugerencia: comprar muchos regalitos para él

3-32 ¡Daniel el flojo!

1. leas
2. copies
3. Insisto en
4. hagamos
5. Recomiendo
6. Es

3-33 ¿Qué hago?

Answers will vary.

3-34 El estudio del español

1. Sus profesores previos de español le sugieren que siga con sus estudios de español porque... (*answers will vary*).
2. Su mejor amiga prefiere que no estudie más español porque... (*answers will vary*).

3. Sus padres desean que viaje a un país hispano porque... (*answers will vary*).
4. Sus amigos hispanos quieren que hable bien el español porque... (*answers will vary*).

3-35 Una visita al campus

Answers will vary.

3-36 ¡Qué mala semana!

Answers will vary.

3-37 Los problemas de los famosos

Answers will vary.

3-38 Un resumen del subjuntivo

1. es
2. cause
3. nos llevamos
4. tiene que ver/ tuvo que ver
5. diga
6. tengamos

REDACCIÓN

3-39 El consultorio cultural

Answers will vary.

A ESCUCHAR

3-40 Pedir y dar consejos

A.

M ¿Qué debo hacer...?
I La otra sugerencia es que...
I ¿Ha pensado en...?
I ¿Qué le parece?
Ø Le digo que sí.
M No sé qué voy a hacer.
Ø Qué me recomienda?
I ¿Por qué no...?

B. *Answers will vary.*

MÁS ALLÁ DE LAS PALABRAS

VEN A CONOCER

3-41 Definiciones

Answers will vary.

A ESCUCHAR

3-42 Un testimonio

    A. El tono *Answers will vary. Possible answers include:* triste, serio, orgulloso

    B. Ideas principales *Answers will vary.*

    C. Los detalles importantes

      1. F: Es también hispana y dominicana.

      2. F: Los demás notaron su acento extranjero y no la aceptaron rápidamente.

      3. C

      4. C

      5. F: Por su capacidad la nombraron gerente.

    D. Aplicación

      1. Su problema es que sus padres no aceptan a su novio porque es un chico anglosajón.

      2. *Answers will vary.*

    E. Atención a los verbos

      1. indicativo

      2. subjuntivo

      3. subjuntivo

      4. indicativo

REDACCIÓN

3-43 Un nuevo comité

Answers will vary.

EL ESCRITOR TIENE LA PALABRA

3-44 Las técnicas discursivas

    1. personas de ascendencia mexicana

    2.

      a. personas ignorantes

      b. Aprenden sobre la historia y la psicología de la raza hispana.

      c. *Answers will vary.*

    3. *Answers will vary.*

    4. *Answers will vary.*

    5. *Answers will vary.*

3-45 Mi diario literario

Answers will vary.

PARA ESCRIBIR MEJOR

3-46 Práctica

    A.

      1. ahuecamiento

      2. Paraguay

      3. buey

      4. miau

    B.

      1. a – hue – ca – mien – to

      2. Pa – ra – guay

      3. buey

      4. miau

3-47 Práctica

    1. c o m p a _g_ _i_ n a r

    2. e n t r e _g_ _a_ r

    3. g _u_ _a_ r d a r

    4. v e r _g_ _ü_ _e_ n z a

    5. c e _g_ _u_ _e_ r a

    6. _g_ _e_ s t o

3-48 Práctica

    1. _g_ _e_ n e r a r

    2. p r o t e _g_ _e_ r

    3. e x a _g_ _e_ r a r

    4. _g_ _e_ o m e t r í a

CAPÍTULO 4

TEMA 1

VOCABULARIO DEL TEMA

4-1 Costumbres

Answers will vary. Verbs should be conjugated accurately including the reciprocal **se**, *where appropriate.*

4-2 ¿Recuerdas?

    1. C

    2. C

    3. F: Los niños sí pueden acompañar a sus padres a los bares, no a los *pubs*.

    4. C

5. F: Los hijos se independizan más tarde, después de terminar sus estudios universitarios.

6. F: En *un pub* solo se pueden comer tapas.

A ESCUCHAR
4-3 Costumbres de todos los días
A.
1. C
2. F: Es típico del norte y del sur de EE. UU.
3. F: Es de maíz.
4. F: Es de huevo y patatas.
5. C

B. *Answers will vary.*

GRAMÁTICA
4-4 La fiesta perdida
1. casa
2. muchachos
3. vino
4. falda

4-5 Un viaje de fin de curso
1. no restrictiva
2. restrictiva
3. no restrictiva
4. restrictiva

4-6 Las clases
1. que
2. lo que
3. que
4. que

4-7 El Cinco de Mayo
Answers will vary. Possible answers include:
1. El Cinco de Mayo, que se celebra en México y en Estados Unidos, conmemora el triunfo de los mexicanos sobre los franceses.
2. En Texas, que tiene una población mexicoamericana muy grande, la gente celebra el Cinco de Mayo con desfiles.
3. La famosa Batalla de Puebla, que tuvo lugar el 5 de mayo de 1862, se conmemora

con representaciones teatrales en las plazas mexicanas.

4. Como parte de la celebración la gente come mole poblano, que es un plato típico de México.

4-8 Comparando opiniones
1. lo que
2. que
3. que
4. que
5. lo que
6. que

4-9 ¿Y tú?
Answers will vary.

4-10 Mi feria/fiesta favorita
Answers will vary.

REDACCIÓN
4-11 Las excusas
Answers will vary.

A ESCUCHAR
4-12 Dar explicaciones
A.
a. 4
b. 3
c. 2
d. 6
e. 1
f. 5

B. *Answers will vary.*

TEMA 2
VOCABULARIO DEL TEMA
4-13 La Noche de las Brujas
A and **B:** *Answers will vary.*

4-14 Actitudes respecto al tema de la muerte
A and **B:** *Answers will vary.*

4-15 Las tradiciones del Día de los Muertos

1. Es importante limpiar las tumbas para honrar a los familiares muertos y para luego poder adornar las tumbas.
2. La gente pasa la noche del 1 de noviembre en el cementerio para acompañar a los muertos antes de su despedida.
3. Decoran los altares con flores, veladoras, calaveras de dulce, pan de muerto, papel con figuras y fotos porque los objetos tienen un significado especial.
4. *Answers will vary.*

4-16 ¿Recuerdas?

A. *Answers will vary. Possible answers include:*
Perspectiva 1: conmemorar, naturalidad, integral, chistes, festivo, aceptación, honor
Perspectiva 2: evitar, antinatural, en voz baja, incómodo
B. *Answers will vary.*

A ESCUCHAR

4-17 Una fiesta infantil

A.
1. *one of:* comer caramelos, decorar la casa, llevar disfraces
2. *one of:* monstruos, fantasmas, brujas, vampiros, esqueletos, superhéroes, extraterrestres
3. *one of:* princesas, hadas
4. **b.**
5. *Memorial day* o Día de los Caídos
B. *Answers will vary.*

GRAMÁTICA

4-18 ¡A repasar las formas!

1. bailaron, bailara
2. bebieron, bebieras
3. salieron, saliera
4. hicieron, hiciera
5. fueron, fueran

6. estuvieron, estuviéramos
7. pusieron, pusiera
8. pudieron, pudiera

4-19 ¡Sofía la quejona!

1. c
2. b
3. d
4. c
5. a
6. a

4-20 ¡Hemos terminado!
Answers will vary.

4-21 Una fiesta horrible

1. invitaran
2. llegara
3. no compramos
4. saliera

4-22 Reacciones

1. A Mark le gustó que las familias limpiaran las tumbas.
2. A nosotros nos entristeció que los mexicanos hicieran burlas de los muertos.
3. Fue interesante que Helen participara en la decoración de las tumbas en el cementerio.
4. Yo dudé que los altares fueran una buena manera de honrar a los muertos.

4-23 El insomnio
Answers will vary.

4-24 Recomendaciones
Answers will vary.

4-25 Duda

1. yo no creí que las sacáramos.
2. mis amigos negaron la posibilidad de que mi familia se mudara.
3. mi amigo dudó que lo hiciéramos.
4. yo no pensé que se casaran.

REDACCIÓN

4-26 Perspectivas diferentes
Answers will vary.

A ESCUCHAR

4-27 Expresar acuerdo y desacuerdo enfáticamente

A.

    a. 3

    b. 2

    c. 5

    d. 1

    e. 6

    f. 4

B.

    Antonio. *Answers will vary. Possible answers include:* es una tradición, el toro no sufre, la muerte es rápida, los toros se crían para las corridas

    Miguel. *Answers will vary. Possible answers include:* los toros sufren, la corrida es tortura, los toros son mansos

TEMA 3

VOCABULARIO DEL TEMA

4-28 Las fiestas de santos

    1. días festivos

    2. idiosincrasia

    3. embarazadas

    4. campesinos

    5. canonizado

    6. tumba

    7. tamales

    8. asan

    9. madrugada

4-29 ¿Recuerdas?

    1. Nació en una familia de campesinos pobres.

    2. Aprendió los principios de la religión católica.

    3. Se casó con una campesina.

    4. Se levantaba muy de madrugada para asistir a misa antes de ir a su trabajo.

    5. Lo sepultaron en el año 1130.

    6. La iglesia lo canonizó.

A ESCUCHAR

4-30 La Virgen del Pilar

A.

    1. F: Data del s. I, específicamente el año 40.

    2. F: Santiago y sus ocho discípulos la presenciaron.

    3. C

    4. F: Ocurrió durante la vida de María.

    5. C

    6. C

B.

    1. S

    2. S

    3. V

    4. H

GRAMÁTICA

4-31 ¿Formal o informal?

    1. F

    2. I

    3. I

    4. F

    5. F

    6. I

4-32 Una mezcla de mandatos

    1. b

    2. b

    3. d

    4. c

4-33 Situaciones

    1. No fumes.

    2. Lávense las manos.

    3. No haga ruido.

    4. Di la verdad.

4-34 Pan de muertos

    1. Mezcle

    2. Caliente / Agregue

    3. Bátalo

    4. Añada / mézclelo

    5. Deje

    6. Forme

    7. Deje

8. Hornee
9. Ponga
10. Sírvalo

4-35 Estudiantes problemáticos
1. Hazla.
2. No salgas.
3. Ponedla.
4. Ve a la pizarra.

4-36 ¡A Pamplona!
Answers will vary. Verbs include:
despiértate, mira, asiste, ve, prueba, corre, no corras

4-37 Consejos útiles
Recomendations will vary. Verbs include:
1. estudien
2. memoricen
3. escriban
4. practiquen

4-38 Una situación incómoda
Answers will vary.

REDACCIÓN
4-39 Celebraciones religiosas en tu campus
Answers will vary.

A ESCUCHAR
4-40 Expresar compasión, sorpresa y alegría
A.
1. f
2. b, a
3. e
4. d, i, j

MÁS ALLÁ DE LAS PALABRAS

VEN A CONOCER
4-41 Los Sanfermines
A.
1. se pierden en la historia
2. se trasladó
3. impactó
4. rindió
5. poco a poco

6. fuegos artificiales
7. aglomeración
B. *Answers will vary.*

A ESCUCHAR
4-42 Otra fiesta
A. Ideas principales
1. a
2. b
3. b
4. b
B. Detalles importantes
a. 6
b. 1
c. 2
d. 4
e. 3
f. 5
C. Definiciones
1. a
2. b
3. a
D. Aplicación
Answers will vary.
E. Atención a los verbos
1. presente del subjuntivo
2. pasado del subjuntivo
3. pasado del subjuntivo
4. pasado del subjuntivo

EL ESCRITOR TIENE LA PALABRA
4-43 Las técnicas poéticas del barroco
La rima
1. ABBA, -ezas, -ento, -ento, -ezas
2. CDC, -ida, ades, ida
3. DCD, ades, ida, ades
El doble sentido y el quiasmo
1. riquezas... pensamiento / pensamiento... riquezas. "Riquezas" cambia de sentido. Primero tiene un significado espiritual y después tiene un significado material.
El apóstrofe
Answers will vary.

4-44 Mi diario literario

Answers will vary.

PARA ESCRIBIR MEJOR

4-45 Práctica

1. La tarea para esta semana ya está **h**echa pero todavía no **h**e terminado la de la semana siguiente.
2. Es importante como estudiante tener la **h**abilidad de manejar bien el tiempo.
3. La **h**ermosa huésped se fue al **h**ospital después de comer los **h**uevos dañados.
4. La actriz tiene un **h**ueso en la mano.

4-46 Práctica

1. echo = hecho
2. hola = ola
3. asta = hasta
4. rehusar = reusar

4-47 Práctica

1. ha
2. a
3. ha
4. a

4-48 Práctica

1. e
2. y
3. u
4. o

PARA PRONUNCIAR MEJOR

4-49 Identificar

1. pan
2. poca
3. col
4. toma
5. ton

CAPÍTULO 5

TEMA 1

VOCABULARIO DEL TEMA

5-1 ¿Cuánto sabes sobre geografía?

A.

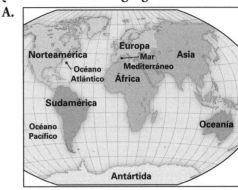

B. 1. océano Atlántico
   2. Norteamérica
   3. mar Mediterráneo
   4. Sudamérica

C.

5-2 ¿Recuerdas?

1. Los primeros habitantes llegaron más de 30.000 años a.C.
2. Los migrantes asiáticos la descubrieron hace más de 30.000 años.
3. Había mucha variedad y algunas sociedades eran complejas y avanzadas.

4. Algunas sociedades indígenas eran más avanzadas y sofisticadas que las sociedades europeas.

5. La población americana era más densa que la europea.

6. Tenían un sistema jeroglífico de escritura, un sistema matemático que incluía el cero, y construyeron edificios grandes y altos.

A ESCUCHAR

5-3 Otras palabras problemáticas
A.
1. a
2. b
3. a

B. *Answers will vary.*

GRAMÁTICA

5-4 ¡Qué pesados los verbos irregulares!
1. pondrá
2. Habrá
3. saldrá
4. harán
5. diré
6. podrá
7. sabrás
8. tendremos
9. querré

5-5 Las profecías
1. b
2. d
3. c
4. e
5. a

5-6 Horóscopo
1. tendrá
2. sufrirá
3. será
4. recibirá
5. harán
6. cambiará
7. conocerá
8. perderá

9. sacará
10. darán

5-7 ¿La vida en otros planetas?
1. descubriremos
2. colonizará
3. viajarán
4. establecerán
5. tratarán
6. estarán

5-8 Metas futuras
1. serán agricultores y siempre tendrán mucha comida.
2. asistirán a la escuela de entrenamiento para guerreros.
3. se comportarán bien y seguirán las leyes de la sociedad.
4. aprenderán las danzas religiosas.

5-9 Mis metas
A. *Answers will vary.*
B. *Answers will vary.*

5-10 Después de graduarnos
Answers will vary.

5-11 El mundo en el año 3000
Answers will vary.

REDACCIÓN

5-12 Una reunión importante
Answers will vary.

A ESCUCHAR

5-13 Convencer o persuadir
A.
a. P
b. P
c. P
d. M
e. P
f. M
g. P

TEMA 2

VOCABULARIO DEL TEMA

5-14 Un viaje al Nuevo Mundo
  A. *Answers will vary.*
  B. *Answers will vary.*

5-15 Primeras impresiones
Answers will vary.

5-16 ¿Recuerdas?
  1. f
  2. a
  3. g
  4. c
  5. b
  6. e
  7. h
  8. d

A ESCUCHAR

5-17 El mito de Quetzalcóatl
  A.
  a. 1: El niño Quetzalcóatl nació llevando las armas de un guerrero.
  b. 5: Quetzalcóatl se suicidó en el fuego.
  c. 4: Quetzalcóatl destruyó la ciudad porque era viejo y no podía luchar contra el hechicero.
  d. 2: Los hermanos atacaron a Quetzalcóatl y a su padre.
  e. 3: Después de la muerte de su padre Quetzalcóatl fue rey y construyó muchos templos para honrarlo.
  f. 6: Los aztecas pensaban que Cortés era Quetzalcóatl.
  B. Quetzalcóatl prometía volver y ser rey. Los aztecas creían en este mito y al llegar los españoles, pensaban que había vuelto su rey.

GRAMÁTICA

5-18 Identificación
  1. A
  2. B
  3. B
  4. A
  5. A

5-19 Antes del viaje de Colón
  1. e
  2. d
  3. a
  4. b
  5. c

5-20 Jugando a la guerra
  1. invades
  2. atacaré
  3. matarán
  4. nos defenderemos
  5. destruiremos
  6. morirán

5-21 La llegada a "las Indias"
  1. tienen / robaremos
  2. son / convertirán
  3. obedecen / obsequiaremos
  4. quieren / documentará

5-22 Planes para el fin de semana
  1. nos divertiremos
  2. asistimos
  3. bailamos
  4. podremos
  5. tomo

5-23 La ruta de los mayas
Answers will vary.

5-24 El primer encuentro
Answers will vary. Possible answers include:
  1. Si ellos tienen armas… (los atacaremos).
  2. Si ellos nos conquistan… (nos esconderemos en las montañas).
  3. Si quieren casarse con nuestras mujeres… (no se lo permitiremos).
  4. Si traen nuevas enfermedades… (muchos morirán/moriremos).

5-25 Las vacaciones de primavera
Answers will vary.

REDACCIÓN
5-26 La defensa de los indígenas
Answers will vary.

5-27 Acusar y defender
1. A X
2. A X
3. D Ø
4. A X
5. D X
6. D X
7. D Ø
8. D X
9. D X

TEMA 3

VOCABULARIO DEL TEMA
5-28 Reacciones diferentes
A. *Answers will vary. Possible answers include:*
  1. O; genocidio significa la matanza de un grupo de gente
  2. D; son celebraciones con un significado religioso
  3. D; murieron
  4. O; un período de cien años
B. *Answers will vary.*

5-29 Palabras en acción
1. oposición
2. reclamación
3. mezcla
4. esclavo / esclavitud
5. celebración
6. población
7. herencia

5-30 ¿Recuerdas?
1. F: Más de la mitad murió.
2. F: No tenían defensas inmunológicas contra muchas de las enfermedades, como la viruela y el sarampión.
3. F: Se llevaron 14 millones a Latinoamérica comparado con los 500.000 que se llevaron a EE. UU.
4. C

5. F: Entre 20 y 25 millones hablan su lengua nativa además del español.
6. C

A ESCUCHAR
5-31 Una entrevista
Answers will vary. Possible answers include:
1. Como parte del *V Centenario* los pueblos indígenas se revalorizaron. Como todos son descendientes de estos indígenas decidieron recuperar su voz con el estudio de sus lenguas.
2. Podría estudiar Folclore o Culturas indígenas. Se ofrecen también estudios de una de las 3 lenguas principalmente usadas en las comunidades indígenas.
3. El instituto ofrece muestras fotográficas, foros de cine, talleres de música y danza. Al final del año hay un encuentro de reflexión.
4. El año académico termina con un encuentro llamado la Semana del Indígena. Vienen representantes de la comunidad indígena y personas que presentan los resultados de sus estudios socio-económicos.
5. *Answers will vary.*

GRAMÁTICA
5-32 ¡Qué pesados los verbos irregulares 2!
1. sabríamos
2. pondría
3. habría
4. saldrían
5. haría
6. dirían
7. podría
8. vendrían
9. tendrías
10. querrían

5-33 Situaciones hipotéticas
1. c
2. d
3. b
4. e
5. a

5-34 Los Reyes Católicos

Answers will vary.

5-35 Un mundo ideal

1. se preocuparían
2. sería
3. querría
4. existiría
5. tendría
6. disminuiría

5-36 Una civilización de extraterrestres

1. descubriéramos / destruiríamos
2. tuviera / se beneficiaría
3. protegería / hicieran daño
4. fueran / intercambiarían

5-37 La cortesía

Answers will vary. Possible answers include:

1. ¿Me podría explicar los usos del condicional?
2. Preferiríamos ir a una fiesta.
3. Deberían tomar la calle Vera Cruz.
4. Nos gustaría repasar el futuro.

5-38 ¿Qué harías tú?

Answers will vary.

5-39 Un mundo diferente

Answers will vary.

1. Si llegaran extraterrestres a la Casa Blanca,…
2. Si un virus destruyera todas las computadoras del mundo,…
3. Si los científicos descubrieran dónde está la fuente de la juventud,…
4. Si los animales desarrollaran la capacidad de hablar,…
5. Si todos los estudiantes universitarios pudieran viajar al espacio,…
6. Si todo el mundo estuviera obligado a vivir en casas subterráneas,…

REDACCIÓN

5-40 Una civilización nueva

Answers will vary.

A ESCUCHAR

5-41 Iniciar y mantener una discusión

A. ¿Y qué piensa de…?, Es verdad, Es exactamente lo que pienso yo, ¿Verdad?, Eso mismo pienso yo, Miren, ¿Cuál es su reacción ante…?

MÁS ALLÁ DE LAS PALABRAS

VEN A CONOCER

5-42 El Zócalo, México, D.F.

A.
  a. 5
  b. 6
  c. 1
  d. 4
  e. 3
  f. 2

B.

Answers will vary. Possible answers include:

1. Plaza importante del centro de México, D.F. donde se encuentran el Palacio Nacional, la Catedral Metropolitana y el Museo del Templo Mayor.
2. Edificio oficial del gobierno mexicano, construido en el mismo lugar del antiguo Palacio de Moctezuma y el Palacio del Virrey en tiempos coloniales.
3. La iglesia más grande de Latinoamérica. Construida en parte con piedras del antiguo templo mayor azteca.
4. Edificio oficial del gobierno colonial de Nueva España.
5. Museo que exhibe los artefactos descubiertos bajo tierra en las excavaciones del metro de México en el siglo XX.
6. Casa de Moctezuma y edificio de administración del imperio azteca antes de la llegada de los españoles.

A ESCUCHAR

5-43 Los retos del futuro

A. Orientación
1. c
2. c
3. a

B. La idea principal
b

C. Detalles importantes
a. X
b.
c. X
d. X
e.
f.

D. Atención a los verbos
1. comprendemos
2. construiremos
3. hubiera
4. habrá

EL ESCRITOR TIENE LA PALABRA

5-44 Las técnicas literarias

El contenido de la carta de Colón
Trata de convencer / motivar

El destinatario
Su hijo

La acción deseada
Quiere que su hijo hable con los Reyes Católicos y que los Reyes respeten el acuerdo ("suplicarle que sus Altezas pongan remedio a mis agravios").

Las estrategias para convencer
1. X
2.
3. X

5-45 Mi diario literario
Answers will vary.

PARA ESCRIBIR MEJOR

5-46 Práctica
Answers will vary. Possible answers include:
1. embarazada: una mujer que va a tener un bebé
embarrassed: avergonzado/a

2. éxito: la buena realización de un objetivo
exit: salida
3. suceso: un acontecimiento
success: éxito
4. atender: cuidar de alguien
to attend: asistir
5. mayor: una persona que es adulta o anciana
mayor: alcalde
6. lectura: la acción de leer o la cosa leída
lecture: conferencia
7. pariente: una persona de su familia
parent: los padres
8. largo: longitud considerable o que dura mucho tiempo
large: grande
9. soportar: aguantar, sostener
to support: mantener, apoyar

5-47 Práctica
1. sino
2. pero
3. sino que
4. sino

PARA PRONUNCIAR MEJOR

5-51 Dictado
1. águila
2. lago
3. paguemos
4. pagamos
5. toga
6. seguimos

CAPÍTULO 6

TEMA 1

VOCABULARIO DEL TEMA

6-1 ¿Cierto o falso?
1. F, = dos lenguas indígenas de México
2. C, = convertidas en cristianas
3. F, = se casó otra vez
4. C, = comenzando o iniciando
5. C, = no tenían o les faltaban
6. C, = distribuyó

6-2 Los protagonistas de la historia

A.

1. Marina
2. Hernán Cortés
3. Moctezuma
4. el fraile
5. los caciques indígenas
6. Martín Cortés
7. el padre de Malinalli
8. Malinalli

B. *Answers will vary.*

A ESCUCHAR

6-3 Unos mensajes telefónicos

A.

1. C
2. F: Olga piensa que Carolina tiene muchos exámenes.
3. F: Carolina no llamó ni se reunió con sus amigas.
4. F: Olga está preocupada por Carolina.

B. La película trata de un líder valiente y virtuoso. Los rebeldes reclamaban la justicia contra el gobierno inglés.

C. *Answers will vary.*

GRAMÁTICA

6-4 La civilización azteca

1. h
2. j
3. c
4. i
5. b
6. f
7. d
8. g
9. a
10. e

6-5 La vida de Hernán Cortés

A.

1. nació
2. se llamaba
3. era

4. estudió
5. tenía
6. participó
7. partió
8. llegó
9. era
10. continuó

B. *Answers will vary.*

6-6 El cronista Bernal Díaz del Castillo

1. nació
2. tenía
3. recibió
4. viajó
5. participó
6. se unió
7. participó
8. formó
9. se casó
10. se instaló
11. tenía
12. empezó
13. describió
14. Murió

6-7 Un diario personal

a. 3; tenía, hacía, salió, conoció
b. 5; supo, murieron
c. 4; cambió, íbamos, teníamos, sabíamos
d. 2; trabajaba, asistía
e. 1; vinieron, eran, pudieron
f. 6; volví

6-8 Las experiencias de Hernán Cortés

1. **a.** sabía   **b.** supo
2. **a.** conoció   **b.** conocía
3. **a.** podía   **b.** pudo
4. **a.** quiso   **b.** quería

6-9 Un recuerdo personal

A. *Answers will vary.*
B. *Answers will vary.*

6-10 Un viaje inolvidable
Answers will vary.

REDACCIÓN
6-11 Aliados y enemigos
Answers will vary.

A ESCUCHAR
6-12 Recordar viejos tiempos
A.
1. Se conocieron en la escuela secundaria.
2. Ellos la escondieron.
3. Es la esposa de Antonio. Ellos fueron novios durante diez años y tienen 3 hijos.
4. Sebastián practicaba el tenis. No lo practica hace diez años porque no tiene tiempo. Trabaja mucho.
5. Lucy y Carlos eran esposos pero ahora están divorciados. Carlos no era amigable y siempre estaba buscando problemas.
6. Porque va a empezar el discurso.

B. *Answers will vary.*

TEMA 2
VOCABULARIO DEL TEMA
6-13 La historia del chocolate
1. M
2. M
3. E
4. E
5. M
6. E

6-14 El chocolate en la sociedad indígena
Answers will vary.

A ESCUCHAR
6-15 La gastronomía y la exploración
A. 2
B. 1. a, c, d, e
2. a. 1; b. 2
3. a. F; b. C; c. C

GRAMÁTICA
6-16 Un intercambio gastronómico
1. ha cambiado
2. han integrado
3. se han convertido
4. han sido

6-17 Una fiesta en casa de Ramón
1. f
2. c
3. e
4. b
5. a
6. d

6-18 La tortilla española
1. He pelado una cebolla y la he cortado en rodajas pequeñas.
2. He frito las patatas y la cebolla en una sartén con aceite caliente.
3. He añadido un poco de sal.
4. He retirado las patatas de la sartén y les he quitado el aceite.
5. He batido cuatro huevos en un cuenco y les he añadido las patatas y la cebolla.
6. He echado la mezcla en otra sartén con un poco de aceite.
7. He esperado unos minutos y le he dado la vuelta a la tortilla.
8. La he puesto en un plato y la he servido.

6-19 El mejor restaurante del mundo
Joan Roca:
1. Ha creado una nueva receta de pescado.
2. Ha comprado verduras frescas en el mercado.

Jordi Roca:
1. Ha participado en una entrevista para una revista de postres.
2. Ha supervisado a los nuevos pasteleros.

Josep Roca:

1. Ha elaborado la carta de vinos.
2. Ha visitado una bodega.

6-20 El tomate

1. ha sido
2. llevaron
3. difundió
4. abandonó
5. ha transformado
6. han inventado

6-21 Tus hábitos alimenticios

Answers will vary.

6-22 Lejos de tu familia

Answers will vary.

6-23 Un recorrido gastronómico y cultural por Andalucía

Answers will vary.

REDACCIÓN

6-24 La gastronomía sin fronteras

Answers will vary.

A ESCUCHAR

6-25 Hablar de lo que acaba de pasar

A.

1. Porque su profesor es muy exigente y asigna mucha tarea.
2. Le fue mal en el examen de diseño porque no leyó los dos últimos capítulos.
3. Beatriz acaba de salir de su clase de baile.
4. Roberto viene de una reunión de ingenieros y de hablar con su consejera.
5. María Alejandra comió ensalada. Va a pedir pescado y verduras.
6. Deciden comer pescado y verduras.

B. María Alejandra: ciencias, química; Beatriz: baile y coreografía; Roberto: arquitectura, ingeniería

TEMA 3

VOCABULARIO DEL TEMA

6-26 Curiosidades

1. refugiarse
2. bando
3. a menudo
4. apoyarse
5. fantasma
6. insatisfecho
7. abordar

6-27 ¿Quién es quién?

1. f
2. d
3. c
4. h
5. a
6. b
7. e
8. g

A ESCUCHAR

6-28 Las mujeres revolucionarias

1. a
2. a, b, c
3. a, b
4. b
5. Son tan importantes la figura y la leyenda de Adelita porque no siempre se han reconocido las contribuciones femeninas a la revolución.

GRAMÁTICA

6-29 "Los tres amigos"

1. duration
2. goal
3. location
4. "upon"
5. recipient
6. authorship
7. adjectival phrase

6-30 Gael García Bernal
1. por
2. para
3. para
4. para
5. por
6. por
7. por
8. para
9. por
10. para
11. por

6-31 *Blancanieves*
1. por fin
2. por eso
3. por lo menos
4. Por ejemplo
5. para siempre

6-32 La pelea
Answers will vary.

6-33 Un viaje al D.F.
A.
Día 1: a, para, por, De, para
Día 2: a, Al, a
Día 3: en
B. *Answers will vary.*

6-34 Un inmigrante español en México
1. para/en
2. al
3. a
4. para
5. De
6. a
7. para/en
8. de
9. para
10. por
11. en
12. en

6-35 Los exiliados españoles en México
A.
1. Fueron a México porque había guerra en España.
2. Se quedaron permanentemente.
B. *Answers will vary.*

REDACCIÓN
6-36 Guillermo del Toro
Answers will vary.

A ESCUCHAR
6-37 Coloquialismos de México y España
A.
1. Claudia y Rodrigo deciden ir a un café y después a bailar; 2. Ellos piensan ir a un café que queda cerca de la casa de Rodrigo; 3. Claudia; 4. Porque tiene un temperamento muy fuerte y es muy aburrido; 5. Deciden salir con Octavio, Ana y Paula.

B.
Escribe el significado de los coloquialismos
1. *what's up?;* 2. *an awful lot of...;* 3. *go party;* 4. *how cool;* 5. *money;* 6. *stuck-up, snob;* 7. *How cool;* 8. *O.K., right on*

MÁS ALLÁ DE LAS PALABRAS
VEN A CONOCER
6-38 ¿Recuerdas?
1. La ciudad de Oaxaca porque su centro histórico fue declarado Patrimonio de la Humanidad. El Zócalo de la ciudad es una de las más hermosas de México. Es fácil andar por la calle principal y visitar los museos, las galerías y las tiendas de artesanía.
2. La ruta Monte Albán-Zaachila porque representa el desarrollo cultural zapoteca y su arquitectura monumental.
3. Huatulco, México porque está en la costa oaxaqueña y tiene un complejo turístico que intenta proteger la belleza natural y conservar su ecología.

4. Santiago de Compostela, España, porque se puede visitar la catedral del apóstol.

A ESCUCHAR

6-39 Un programa de radio

A. Orientación
1. a
2. c
3. d

B. Las ideas principales
Tiene el propósito espiritual de realizar la peregrinación y el propósito cultural de ver las atracciones artísticas e históricas y conocer a la gente.

C. Detalles importantes
1. Es mejor en la primavera o el otoño por dos razones. La primera es porque el 75% de la gente que recorre el Camino lo hace en el verano y también por el calor.

2. Pedro prefiere hacerla a pie porque se puede apreciar la soledad y el silencio y porque hay muchas oportunidades de conocer a gente nueva.

3. *Answers will vary. Possible answers include:* la ropa, la documentación, el calzado, un saco de dormir, una toalla y otras cosas esenciales.

4. La credencial te da permiso para quedarte en los refugios.

D. Aplicación *Answers will vary.*

E. Atención a los verbos
1. Oración 1 = presente perfecto
2. Oración 2 = pretérito
3. Oración 3 = presente perfecto
4. Oración 4 = pretérito

EL ESCRITOR TIENE LA PALABRA

6-40 Características de las leyendas

1. Los eventos ocurrieron en el pasado de los aztecas antes de la llegada de los españoles. Se sabe eso porque los verbos están en el pasado y por las referencias al emperador y a su imperio.

2. El líder es el emperador. El héroe es Popocatepetl y aunque no se identifica el nombre del anti-héroe se sabe que es un guerrero.

Answers to the second part of the question will vary.

3. *Answers will vary. Possible answers include:* Es importante que los guerreros sean valientes, fuertes e inteligentes porque el emperador decide casar a su hija con este hombre. Los celos son malos y la lealtad es algo bueno. Es importante ser honesto porque al ser deshonesto se sufren las consecuencias. Es importante cumplir las promesas, aunque sea difícil hacerlo. El amor lo conquista todo porque al final los dos amantes estarán siempre juntos.

4. Un buen dios decidió transformar a los dos amantes en volcanes. Ixtaccíhuatl es tranquilo y silencioso mientras su Popocatepetl amado, tiembla de vez en cuando porque llora por su amor.

6-41 Mi diario literario
Answers will vary.

PARA ESCRIBIR MEJOR

6-42 Práctica
1. aceptar
2. ocupado
3. preocupación
4. acusar
5. sucesión
6. eclesiástico

6-43 Práctica
1. adjetivo
2. objeto
3. puntual
4. respeto
5. subjuntivo
6. sujeto

6-44 Práctica
1. arqueología
2. psicología
3. técnica
4. arquitectónico
5. máquina
6. monarquía

6-45 Repaso

1. puntual
2. acepta
3. arquitectónicas
4. ocupados

6-46 Práctica

1. apreciación
2. aprobar
3. apariencia
4. aproximación

6-47 Práctica

1. inmediato
2. gramática
3. aniversario
4. inmortal
5. comité
6. anual

6-48 Práctica

1. teléfono
2. frase
3. geografía
4. fase

6-49 Práctica

1. afirmativo
2. cafeína
3. ofensa
4. diferente

6-50 Resumen

1. diferente
2. teoría
3. filosófica
4. comunican
5. respeto
6. protección
7. inocentes
8. periferia
9. arquitectónicos
10. impresionantes
11. cuestión
12. aceptar

6-52. Dictado

1. agente
2. agitar
3. guitarra
4. guillotina
5. ligué
6. argentino
7. albergue
8. guía

CAPÍTULO 7
TEMA 1
VOCABULARIO DEL TEMA

7-1 Cuba ayer y hoy

1. más de medio siglo
2. avances sociales
3. tienen cubiertas
4. no ha debilitado
5. un derramamiento de sangre
6. la protección de los derechos civiles de las minorías

7-2 ¿Recuerdas?

1. Raúl Castro
2. Fulgencio Batista
3. *Answers will vary. Possible answers include:*
   Todos los cubanos tienen las necesidades básicas.
   Cuba ha logrado avances en la educación, la salud pública y los derechos civiles.
4. *Answers will vary. Possible answers include:*
   Hay violaciones de los derechos humanos.
   No hay una prensa libre.
5. Un derramamiento de sangre.
6. Ha debilitado la economía cubana.
   B. *Answers will vary.*

7-3 Verbos importantes

It is possible that some of the verbs may be used in more than one context.

DUDA: ser dudoso, ser imposible, no creer
CONSEJO: insistir en, querer, recomendar, aconsejar, ser mejor, sugerir

EMOCIÓN: sentir, ser una lástima, preocuparse, ser triste, tener miedo de, molestar, ser buena idea, parecer interesante
CERTEZA: creer, estar claro, ser evidente, ser seguro, ser cierto, ser verdad, ser obvio.

A ESCUCHAR

7-4 Una noticia cubana

A.

1. mil enfermeros emergentes
2. ofrecer servicios médicos a todo el pueblo
3. mejorar la calidad de vida, garantizar seguridad a sus familias, darles empleo
4. pobres, jóvenes / un buen trabajo o ayuda para sus familias

B.

Answers will vary. Possible answers include: Sí, el tono es favorable. Todos los comentarios sobre Castro, su régimen y lo que ha logrado son positivos. Enfatiza también las metas de su Revolución e incluye una crítica a EE. UU.

GRAMÁTICA

7-5 Opiniones

A.

1. cláusula principal = Mi esposo y yo queremos
   cláusula subordinada = que la dictadura se acabe.
   Expresa recomendación o sugerencia.
2. cláusula principal = Es imposible
   cláusula subordinada = que el gobierno de Cuba mejore la economía.
   Expresa duda.
3. cláusula principal = A los cubanos en Miami nos preocupa
   cláusula subordinada = que el gobierno cubano no nos permita volver a la isla.
   Expresa reacción emocional.
4. cláusula principal = Es cierto
   cláusula subordinada = que en los últimos años siguen viniendo a EE. UU. refugiados políticos.
   Expresa certeza.

B. Oración número 4 porque expresa certeza.

7-6 Cubanos famosos en Estados Unidos

1. e
2. a
3. d
4. g
5. b
6. c
7. f

7-7 Soñando en cubano

1. leas
2. es
3. crezca
4. pueda
5. produzca
6. sea
7. estás
8. tengas
9. va

7-8 Un extranjero en La Habana

A.

1. visites
2. vayan / visiten
3. vean / paseen / eviten
4. camine

B. *Answers will vary.*

7-9 Perspectivas históricas

Answers will vary. Possible answers include:

1. Al presidente John F. Kennedy no le gustaba / gustó que…
2. El gobierno de la Unión Soviética estaba / estuvo complacido en que…
3. Los estadounidenses se preocupaban / se preocuparon de que…
4. La gente pobre de Cuba sentía / sintió que…

7-10 Hacia el futuro

Answers will vary.

7-11 Una reseña

1. acompañara
2. cantara
3. estaba
4. cantaran

5. continuara
6. se detuviera
7. bailara
8. es
9. continúa
10. llegara
11. regresara
12. grabara
13. alcance
14. es

7-12 Tu último concierto
Answers will vary.

REDACCIÓN
7-13 ¿Cuba libre?
A. *Answers will vary.*
B. *Answers will vary.*

A ESCUCHAR
7-14 Tener una discusión acalorada
A. ¿Quién lo hizo?
1. Mónica; 2. Mónica; 3. Ramiro; 4. Ramiro; 5. Ramiro; 6. Mónica; 7. Mónica; 8. Mónica.

B. A reflexionar
Answers will vary.

TEMA 2
VOCABULARIO DEL TEMA
7-15 La historia del merengue
1. raíces
2. barrios
3. ya que
4. ha conseguido
5. dictador
6. consolidar
7. gobernó
8. letras

7-16 ¿Recuerdas?
Answers will vary. Possible answers include:
1. El merengue tiene sus raíces en las áreas rurales.
2. Trujillo hizo obligatorio que las orquestas tocaran merengue.

3. Porque el merengue es un elemento constante en la interacción social de los dominicanos.
4. Fue dictador desde 1930 hasta 1961.
5. Trujillo encargaba canciones con letras que hablaban de sus virtudes.

A ESCUCHAR
7-17 Inmigración dominicana
A.

Año	Habitantes
1790	
	306
	470

B. 1. 1.2 millones al año; **2.** 100 millones; **3.** 15%; **4.** se duplique
C. 1. b; 2. d; 3. c; 4. a.
D. 1. David Ortiz, Sammy Sosa, Manny Ramírez y Alfonso Soriano; **2.** Julia Álvarez; **3.** Oscar de la Renta; **4.** la salsa.

GRAMÁTICA
7-18 La gente habla
1. antecedente = un gobierno desconocido
2. antecedente = la estabilidad económica conocido
3. antecedente = elecciones desconocido
4. antecedente = las reformas conocido

7-19 "Las Mariposas"
1. se basa
2. fue
3. presentó
4. eran
5. abandonaron
6. sea
7. ayude
8. es

7-20 De vacaciones
A. *Underline the following:*
… que es el nombre

… que recibe un cabo situado al este de la RD

… que está situado a tan solo unos 30 kilómetros de la zona hotelera

… que quieran gastar poco dinero

… que deseen disfrutar de todas las comodidades posibles

… que sorprende por la belleza de sus aguas transparentes, su arena blanca y fina y sus densos palmerales

… que lo desee

… que son los deportes más populares

… que sirven excelentes mariscos, arroces y carnes

… que animan la vida nocturna con su música

… que permite disfrutar de temperaturas muy agradables todo el año

B. *Answers will vary.*

7-21 Promesas políticas para el futuro

A. *Selections may vary.*

establezca

elimine

proteja

reorganice

promueva

cree

B. *Answers will vary.*

7-22 La música popular

A.

1. A Marisa le gustan las canciones que toca Juan Luis Guerra.
2. Fernando y Luis quieren bailar en un club que tenga música *rap* o *hip-hop*.
3. Aurelia busca una banda que sea local.
4. Marcos necesita ir a un sitio que se abra después de las 11:00 de la noche.

7-23 Espectáculos musicales

Answers may vary. Possible answers include:

1. Marisa: Sugiero que vaya al *Club de ritmos dominicanos*.
2. Fernando y Luis: Les recomiendo que vayan a *Studio 54*.
3. Aurelia: Es mejor que vaya a *Studio 54*.

4. Marcos: Le aconsejo que vaya a *Studio 54*.
5. Tú: Recomiendo que vayas…

7-24 Tus preferencias musicales

Answers will vary.

7-25 Un cantante dominicano

A. 1. Soñaba con una carrera que le permitiera escribir y estar rodeado de libros.
2. No le interesaban los deportes.
3. Le gusta viajar y conocer gente nueva.
4. Los ritmos caribeños definen su estilo musical.

B. *Answers will vary.*

REDACCIÓN

7-26 Las canciones de protesta
Answers will vary.

A ESCUCHAR

7-27 Usar gestos para comunicarse

A. 1. La mujer está distraída o aburrida; 2. El hombre está inseguro; 3. El hombre está pensando; 4. El hombre está impaciente o aburrido; 5. El hombre es mal educado; 6. El hombre está distraído 7. El hombre está emocionado o tiene frío; 8. La mujer transmite confianza y buena disposición.

B. 1. El lenguaje corporal/El uso de gestos.
2. Poner los pies en la mesa/ meterse las manos a los bolsillos.
3. Dos estadounidenses porque están acostumbrados a estar más lejos de su interlocutor.
4. Puede indicar que está emocionada o que tiene frío.

TEMA 3

VOCABULARIO DEL TEMA

7-28 La economía de Puerto Rico

1. impuestos
2. apoyaron
3. equivocada
4. invertirán
5. desempleo

7-29 Estás equivocado, Dan.
1. d
2. a
3. e
4. b
5. c

A ESCUCHAR
7-30 Una conversación por teléfono
A.
1. una galería de arte; el primer día por la tarde
2. la playa; el segundo día
3. el Castillo del Morro; el primer día por la mañana
4. un parque (El Yunque); el tercer día
5. un club de merengue; el segundo día por la noche
6. su hotel; el tercer día por la noche

B.
1. Es una fortaleza impresionante.
2. Le pareció interesante que hubiera tantos artistas. Vio muchas obras interesantes.
3. Le impresionó que los puertorriqueños fueran tan amables.
4. Le pareció estupendo que la gente protegiera sus recursos naturales.

GRAMÁTICA
7-31 Opiniones
1. cláusula = sustantiva
   tiempo = pasado
2. cláusula = adjetiva
   tiempo = presente
3. cláusula = sustantiva
   tiempo = presente
4. cláusula = adjetiva
   tiempo = presente
5. cláusula = sustantiva
   tiempo = futuro

7-32 Un semestre en Puerto Rico
1. e
2. c
3. a
4. b

5. d
6. g
7. f

7-33 Reacciones
1. Estaba claro que la sociedad puertorriqueña estaba muy dividida políticamente.
2. Algunos puertorriqueños querían obtener la independencia total de Estados Unidos.
3. Estábamos sorprendidos que en Puerto Rico hubiera una industria muy desarrollada.
4. En un programa de televisión, la secretaria de educación dijo que la mayoría de los puertorriqueños recibía una educación bilingüe.
5. Era increíble que en el territorio continental de Estados Unidos vivieran casi tantos puertorriqueños como en la isla.

7-34 Una puertorriqueña en Nueva York
A.
1. ofreciera
2. graduarme
3. me mantuviera
4. olvidara
5. es
6. mantengan
7. vivir
8. sean
9. está
10. permitan

B. *Answers will vary.*

7-35 Unas vacaciones desastrosas
Answers will vary.

7-36 Un/a compañero/a de viaje
A. *Answers will vary.*
B. *Answers will vary.*

7-37 El Desfile Nacional Puertorriqueño de Nueva York
1. Se siente contenta de que su identidad cultural esté ligada a la de sus padres y abuelos.
2. Son de sus padres y abuelos.

3. Le pareció increíble que conociera a personas importantes.

4. Le sorprendió que personas de otras culturas participaran en el desfile.

5. *Answers will vary.*

7-38 Estados Unidos, país multicultural por excelencia

Answers will vary.

REDACCIÓN

7-39 Un nuevo voto

Answers will vary.

A ESCUCHAR

7-40 Aclarar un malentendido y reaccionar

Answers will vary. Possible answers include:

1. Sandra y Patricia discuten porque Sandra habló mal de Patricia.

2. Andrés es el novio de Patricia.

3. A Patricia le molestó que su amiga Sandra hablara mal de ella/le molestó que hiciera comentarios sobre ella.

4. A Sandra le molestó que Patricia no pasara tiempo con ella. Le molestó también que Patricia pasara todo el tiempo con Andrés.

5. Sí, al final deciden que siguen siendo buenas amigas. Sin embargo para Sandra es frustrante que Patricia termine la conversación diciendo que va a ver a Andrés.

6. Dudo que Patricia pase más tiempo con Sandra / Es posible que lo haga.

7. Le recomiendo que busque otros amigos / Le sugiero que consiga novio.

8. *Answers will vary.*

B. *Answers will vary.*

MÁS ALLÁ DE LAS PALABRAS

VEN A CONOCER

7-41 Canaima: Un paraíso terrenal.

1. C
2. C
3. F
4. C
5. F

A ESCUCHAR

7-42 Una excursión a Venezuela

A. Orientación

1. a
2. b
3. a
4. c

B. Ideas principales Información personal; una historia breve de los indígenas; información sobre los colonizadores; un resumen de la política y la economía; detalles sobre el parque; recomendaciones para los visitantes

C. Detalles importantes

1. C
2. C
3. F: Sí hay grupos indígenas.
4. C
5. F: El parque tiene mucha biodiversidad.
6. F: Es quince veces mayor que las cataratas del Niágara.

D. Aplicación

1. que los viajeros no dejen basura, no destruyan flores ni árboles, no extraigan piedras, no salgan de los senderos indicados o que lleven el chaleco salvavidas.

2. *Answers will vary.*

E. Atención a los verbos

1. graduarme, dedicarme
2. es
3. tengan
4. destruya

EL ESCRITOR TIENE LA PALABRA

7-43 La estructura de un poema

1. 2
2. 5
3. Tienen un cómputo silábico variable.
4. Hay rima por la repetición de las palabras "mece" y "noche".

7-44 La poesía lírica

Answers will vary.

7-45 Mi diario literario

Answers will vary.

7-46 Mi propio pocma

Answers will vary.

PARA ESCRIBIR MEJOR
7-47 Práctica

1. Santo / San / San
2. cualquier / cualquier / cualquier
3. buen / buena
4. alguna / algún / algunos

7-48 Práctica

1. cien soldados
2. ciento cincuenta y cinco fortalezas
3. cincuenta y una guerras
4. cien mil residentes

7-49 Práctica

1. Las / gigantesca
2. El / pequeña
3. las
4. El / vieja

CAPÍTULO 8
TEMA 1
VOCABULARIO DEL TEMA
8-1 Definiciones

1. c
2. d
3. a
4. e
5. b

8-2 Opiniones

Answers may vary.

8-3 Una figura maya

Answers will vary.

A ESCUCHAR
8-4 Una oferta

1. b and c

2. a
3. all answers
4. *Answers will vary.*

GRAMÁTICA
8-5 De viaje

1. a
2. c
3. a
4. b
5. c
6. a
7. c
8. a

8-6 ¿Qué pasará en tu viaje si…?

1. b
2. d
3. f
4. a
5. c
6. e

8-7 ¡Nos ha tocado la lotería!
A.

1. haré
2. empezaré
3. matarán
4. ayudaré
5. compraré
6. celebraremos
7. planearemos
8. iremos
9. veremos
10. pasaremos

B. *Answers will vary.*

8-8 ¿Dónde estarán?

1. Los compañeros de la clase de español estarán escribiendo una composición en la biblioteca.
2. La hermana de Olivia estará llegando al aeropuerto de su viaje a México.

3. Iván estará en una playa de Hawai con su familia.

4. Marta y Gustavo estarán de compras en el centro comercial.

8-9 ¿Quién será?

Answers will vary.

8-10 Si vas a Alaska

1. vas / necesitarás
2. visitamos / llevaremos
3. compraré / viajo
4. usarán / van

8-11 La moda maya

1. serás una persona atractiva
2. tendrás el estatus de perdedor
3. te vestirás con piel de jaguar / llevarás plumas de quetzal
4. te vestirás con piel de jaguar / llevarás plumas de quetzal
5. tendrás el perfil plano

REDACCIÓN
8-12 El ideal de belleza

Answers will vary.

A ESCUCHAR
8-13 Los detalles del desfile de modas

A. 1, 4, 5 and 6.

B.

1. Si se muestra la colección de verano habrá 16. Si se muestran las colecciones de verano y otoño habrá 24.
2. Con colores vivos, diseños originales y hasta extravagantes.
3. Esperan ver novedades.
4. Se refiere a los tonos rojos y anaranjados.
5. *Answers will vary.*

TEMA 2

VOCABULARIO DEL TEMA
8-14 Definiciones

1. b

2. d
3. a
4. e
5. c

8-15 ¿Dañino o beneficioso?

1. D
2. B
3. D
4. B
5. B

8-16 ¿Qué es el ecoturismo?

Answers will vary. A possible definition could be: El ecoturismo o turismo ecológico es una alternativa al turismo tradicional que promueve la protección y la conservación del medio ambiente, y trata de minimizar el impacto que las actividades turísticas puedan tener en la naturaleza y/o en las poblaciones locales.

A ESCUCHAR
8-17 Nicaragua, lugar inolvidable

A.

1. montañas, lagos, mesetas, islas
2. Los turistas vienen de las Américas y de Europa. Porque es un país extremadamente diverso que ofrece multitud de actividades.
3. Porque es la isla más grande que está dentro de un lago.
4. Hay variedad y hacen del lugar un paraíso.
5. por su arquitectura colonial

B.

1. ir al Parque Central, caminar por la ciudad y visitar el mercado
2. 40
3. colonial
4. su arena blanca, las puestas de sol y las tortugas que ponen sus huevos allí
5. *Answers will vary.*

GRAMÁTICA
8-18 Identificaciones

Probabilidad en el pasado: 2

Futuro en el pasado: 3, 4

Cortesía o deseo: 1

8-19 Amigos perdidos

1. Juan decidiría visitar también las islas de Roatán y Guanaja.
2. Carlos querría pasar más tiempo haciendo submarinismo.
3. Ellos alargarían las vacaciones.
4. Ellos estarían explorando la costa de Honduras.

8-20 Desastres naturales

1. Los meteorólogos hondureños dijeron que el huracán Mitch sería la tempestad más fuerte vista en esta zona en los últimos cincuenta años.
2. El gobierno salvadoreño afirmó que la economía de El Salvador se vería muy afectada como consecuencia de los terremotos.
3. Los economistas de Honduras dijeron que el gobierno necesitaría pedir dinero para la reconstrucción del país.
4. Los periodistas nicaragüenses reportaron que mucha gente de zonas rurales se quedaría y prepararía sus casas para la tempestad.

8-21 ¡Qué decepción!

Answers will vary, but the beginning of each sentence should be:

1. Suponíamos que conoceríamos todos los parques naturales de la región pero…
2. Imaginábamos que haríamos largas caminatas por las montañas pero…
3. Pensábamos que compraríamos artesanías en los pueblos coloniales pero…
4. Creíamos que disfrutaríamos mucho de las vacaciones pero…
5. Estábamos seguros de que nos quedaríamos en hoteles cómodos pero…

8-22 Una solicitud

1.
   a. Me gustaría

b. desearía

2.
   a. Preferiría
   b. Querría

8-23 En la oficina de turismo

Answers may vary. Possible answers include:

1. Podríamos
2. Nos gustaría
3. Podría
4. Preferiríamos

8-24 Tus vacaciones ideales

Answers will vary.

REDACCIÓN

8-25 El ecoturismo

Answers will vary.

A ESCUCHAR

8-26 De viaje por Honduras

A. Islas de la Bahía, San Pedro Sula, la capital de Honduras y Parque La Leona.

B.
1. tres días
2. porque a David no le gustan las ciudades capitales
3. para ver la ciudad de Tegucigalpa desde allí
4. usarán un paquete de viaje
5. en las Islas de la Bahía

TEMA 3

VOCABULARIO DEL TEMA

8-27 Los ticos

A.
1. b
2. c
3. e
4. a
5. d

B. positiva

8-28 Las observaciones de Amy y Steve

1. X

2. X
3. –
4. –
5. X

8-29 La bienvenida
Answers will vary.

A ESCUCHAR
8-30 Pura vida
A.

1. F: Recomienda que vivan con familias porque verán cómo es la vida familiar y practicarán más el español.
2. C
3. F: Las clases de conversación son pequeñas y las clases de historia y política son grandes. Todas las clases son difíciles pero no demasiado.
4. F: El español hablado en Costa Rica es diferente por su acento y el vocabulario usado.

B. *Answers will vary. Possible answers include:* Sí, a Josh le gustó su experiencia en Costa Rica. Dice que su familia es encantadora, que los ticos son amables y solícitos, que aprendió mucho, y que ha tenido la oportunidad de aprender nuevas palabras de vocabulario del dialecto costarricense.

GRAMÁTICA
8-31 Identificación
1. condición improbable
2. condición irreal
3. condición futura posible
4. condición futura posible

8-32 Unas vacaciones en Costa Rica
1. d
2. e
3. c
4. a
5. b

8-33 Estudiar español en Costa Rica

1. estudiaríamos
2. hablaré
3. fuera
4. tomara
5. estudiaría

8-34 Reacciones
Answers will vary.

8-35 Consecuencias personales
1. Si fuéramos ricos, no tendríamos que trabajar tantas horas.
2. Si conociera a la persona de mis sueños, nos casaríamos.
3. Si mis padres me dieran un coche, me mudaría a un apartamento.
4. Si el profesor de matemáticas no nos diera tanta tarea, descansaríamos más.
5. Si viviera en el Caribe, pasaría todos los días en la playa.
6. *Answers will vary.*

8-36 Entrevista a Laura Chinchilla
1. pudiera
2. lucharía
3. abriría
4. educan
5. aumenta
6. nos apoyamos
7. se recuperara
8. fuera

8-37 Servicio a la comunidad
Answers will vary.

REDACCIÓN
8-38 Eco-Odyssey
Answers will vary.

A ESCUCHAR
8-39 Entrevista de trabajo
A.

1. F; el señor Martínez está muy a gusto con su trabajo
2. F; menciona dos: *Cuesta menos y Surtimercar.*

3. F; no se menciona su experiencia internacional.
4. C; Costa Rica, El Salvador y Panamá.
5. F; a finales del mes

B.

1. Gerente regional
2. Directora de la división
3. Se lleva bien con las personas que supervisa, es eficiente y emprendedor.
4. Todavía no. Si lo contratan es posible que sí.
5. Dos; una con el psicólogo y otra con el director general.

MÁS ALLÁ DE LAS PALABRAS

VEN A CONOCER

8-40 Agente turístico/a

1. Portobelo
2. Isla de San Blas
3. las esclusas de Gatún
4. el Valle de Antón

A ESCUCHAR

8-41 Un reportaje sobre Panamá

A. **Orientación** la transferencia oficial del Canal

B. **Las ideas principales** información histórica del Canal, una descripción de las relaciones entre EE. UU. y Panamá, información sobre la administración del Canal, una consideración de futuras dificultades relacionadas con la modernización del Canal

C. **Detalles importantes**

1. el intento fracasado de los franceses de construir un canal; la inauguración del canal el 15 de agosto de 1914; la captura del General Manuel Noriega; la firma del Tratado Torrijos-Carter en 1977; el 31 de diciembre, el día que se realizó la transferencia oficial del Canal.

2. el ex presidente estadounidense Jimmy Carter, la presidenta panameña Mireya Moscoso, el rey de España, Juan Carlos de Borbón, y cinco gobernantes de países hispanoamericanos

3. Hubo momentos difíciles, como la captura del General Noriega, pero en general los dos países han tenido una relación de mutua aceptación.

4. la administración del Canal

5. ampliar y modernizar el Canal; porque en los últimos años ha habido un aumento en el número y el tamaño de los barcos que lo transitan y es importante responder a esta demanda

D. **Aplicación** *Answers will vary. Possible answers include:*

Si Panamá no responde a las demandas futuras con la modernización del Canal, los barcos gigantescos no podrán transitarlo y resultará obsoleto. También habrá consecuencias económicas graves para el país.

E. **Atención a los verbos**

1. realizará, celebrará
2. probaremos
3. modernizamos, habrá
4. amplían, podrán

EL ESCRITOR TIENE LA PALABRA

8-42 El cuento

1. Fray Bartolomé Arrazola es el protagonista del cuento, los personajes secundarios son los indígenas.
2. una voz anónima, externa al cuento
3. Limitado a Fray Bartolomé
4.
   a. Los eventos tienen lugar en las selvas de Guatemala.
   b. Los eventos ocurren en un día en el que hay un eclipse de sol.
5. a
6. La tendencia humana de subestimar…

8-43 Mi diario literario

Answers will vary.

PARA ESCRIBIR MEJOR

8-44 Práctica
1. dedicándose
2. deteniendo
3. construyendo
4. traduciendo

8-45 Práctica
1. Negociando
2. luchando
3. siendo
4. Reduciendo

8-46 Resumen
1. llegar
2. Siendo
3. salir
4. Caminar
5. viajando

PARA PRONUNCIAR MEJOR

8-47 Contrastes
1. coro
2. coral
3. perro
4. morral
5. ahorra
6. caro
7. cero
8. morro
9. parra
10. pera

CAPÍTULO 9
TEMA 1

VOCABULARIO DEL TEMA

9-1 El oro
A.
1. devoción
2. rango
3. bruto
4. simbólico
5. acaparar
6. comercial
7. riquezas
8. desmesurado

B. *Answers may vary. Possible answers include:* Para un indígena el oro tenía un valor simbólico, no material. Lo usaban también para crear objetos religiosos, usados como parte de sus rituales. Lo usaban para crear collares y pendientes para identificar el rango social de la gente. Para un español el oro tenía un valor material y comercial.

9-2 ¿Colombia o España?
1. E
2. C
3. E
4. E
5. C
6. C

A ESCUCHAR

9-3 Un examen sobre los muiscas
A.
1. Los muiscas eran de estatura mediana, eran fornidos y tenían el cabello negro y lacio. Sus ojos eran negros y pequeños y sus labios eran gruesos. No tenían barba.
2. El Zaque y el Zipa
3. Los muiscas estaban organizados en federaciones. Cada cacique gobernaba a un gran número de caciques menores y estos a su vez gobernaban a otros. Cada cacique tenía autonomía.
4. Adoraban al Sol al que llamaban Xué y a su compañera Chía, la Luna. También veneraban a Bochica y a la diosa Bachué, madre de los chibchas.

B.
1. i; 2. g; 3. h; 4. d; 5. c; 6. f; 7. a; 8. b; 9. e; 10. j.

GRAMÁTICA

9-4 Conjunciones adverbiales

A.

Subjuntivo: a fin de que, para que, a menos que, antes de que, con tal (de) que, en caso de que, sin que

Indicativo: puesto que, ya que, porque

Subjuntivo o indicativo: cuando, des-pués de que, en cuanto, tan pronto como, hasta que, aunque, donde

B.

1. ya que
2. para que
3. después de que
4. en cuanto

9-5 Un famoso artista colombiano

1. c
2. a
3. f
4. b
5. e
6. d

9-6 Juan Valdez

1. cultiva
2. salga
3. ayude
4. prepara
5. es
6. llegan
7. terminamos
8. es
9. hace
10. hereden

9-7 Entrando al mercado estadounidense

1. puedas
2. es
3. tengamos
4. termines
5. tiene

9-8 Un viaje a Cartagena

1. Brit y Katherine harán las reservaciones porque ellas conocen los hoteles mejores y baratos.
2. Antes de que nosotros salgamos, Charlotte y yo iremos de compras.
3. Nina llamará a David para que nos recoja en el aeropuerto.
4. Nosotros llevaremos equipo de buceo puesto que iremos a una escuela de submarinismo.
5. En cuanto nosotros lleguemos a las Islas del Rosario podremos ir al Oceanario a bucear.
6. Yo no saldré de Cartagena sin que David me lleve a Bocagrande.
7. Tan pronto como nos subamos al avión, nosotros hablaremos sólo en español.

9-9 La vida universitaria

A.

1. Después de que / Tan pronto como
2. puesto que
3. A menos que
4. hasta que

B. *Answers will vary.*

9-10 ¡Nos mudamos a Colombia!

Answers will vary.

9-11 La transformación de Bogotá

Answers will vary. Possible answers include:

1. … se regule el tráfico.
2. … no conducirán borrachos.
3. … el transporte público ayuda a limitar el número de autos.

9-12 Candidato a la presidencia

Answers will vary.

REDACCIÓN

9-13 Una exhibición especial

Answers will vary.

CLAVE DE RESPUESTAS

A ESCUCHAR

9-14 Hablar sobre dinero y negocios

A.

1. Eduardo le quiere comprar un regalo porque es su cumpleaños.
2. Eduardo decide comprarle un collar.
3. Las joyas son hechas por artesanos colombianos.
4. El precio original es 35,000 pesos.
5. Eduardo paga 27,000 pesos.
6. Eduardo debe pagar en efectivo.

B.

1. NI; **2.** C; **3.** NI; **4.** C; **5.** C; **6.** F,-paga en efectivo; **7.** F, paga 27,000

TEMA 2

VOCABULARIO DEL TEMA

9-15 La música popular de Ecuador

A.

1. e
2. a
3. f
4. d
5. b
6. c
7. g

B. *Answers will vary.*

9-16 ¿Cierto o falso?

1. C
2. C
3. F
4. F
5. C
6. C
7. F

A ESCUCHAR

9-17 Estudios en el extranjero

A.

1. b; **2.** d; **3.** c, d; **4.** c; **5.** a, c, d.

B. 1. Se les recomienda que tomen 4 clases para que tengan tiempo de explorar Quito y de hacer amigos en las excursiones.

2. Se le recomienda que tome clases intensivas de español durante tres semanas.
3. Los estudiantes pueden visitar Guayaquil, Cuenca, Loja y Ambato. También pueden visitar Los Galápagos al terminar el programa.

9-18 El mercado de Otavalo

1. *porque no* **teníamos** mucho dinero para alquilar un carro.
2. *para que nos* **ayudara** a regatear los precios.
3. *Tan pronto como* **llegamos**
4. *ya que en el mercado* **había** cientos de puestos.
5. *sin que* **se dieran** cuenta.
6. *Antes de que* **pasara** una hora
7. *hasta que* **era** la hora de tomar el autobús de regreso a Quito.
8. *Aunqu*e **compramos** demasiadas cosas, estamos contentos de tener regalos para nuestras familias.

9-19 Solitario George

1. entró
2. vivía
3. confirmara
4. pudiera
5. enteraron
6. realizó
7. desarrollara
8. fue

GRAMÁTICA

9-20 La economía ecuatoriana

a. 1 / Antes de que
b. 4 / puesto que
c. 2 / para que
d. 3 / aunque

9-21 La pionera Dolores Cacuango

1. reconociera
2. hablaban
3. aprendieran
4. presionaron
5. cerró

6. murió

7. luchara

8. olviden

9-22 Un viaje memorable

Answers will vary. Possible answers include:

1. Tan pronto como salimos del aeropuerto fuimos al hotel.

2. En cuanto llegamos al volcán empezó a llover.

3. Cuando bailábamos en el club conocimos a otras personas.

9-23 Las reglas de casa

1. fuera

2. completara

3. tenía

4. mejorara

5. *Answers will vary.*

9-24 La vida universitaria

A.

1. prohibía

2. terminara

3. llaman

4. tenga

5. son

6. podamos

9-25 Antes y ahora

Answers will vary.

REDACCIÓN

9-26 La fiesta de Inti Raymi

Answers will vary.

A ESCUCHAR

9-27 Romper el hielo

A.

1. Llueve, el clima está horrible.

2. Ricardo rompe el hielo hablando del clima y hablando de la fila en el supermercado.

3. Ellos dicen que el cajero es muy lento.

4. Pasan más de 15 minutos haciendo fila.

5. Le ofrece ayuda porque ella compró muchas cosas; tal vez le ofrece ayuda para seguir hablando con ella.

B. *Answers will vary.*

TEMA 3

VOCABULARIO DEL TEMA

9-28 Costumbres incas

1. jerarquía

2. casarse / ensayo

3. tupu

4. ganado

5. construir

6. se llevaba bien

9-29 El matrimonio inca

1. C

2. F; Se valoraba más a los hijos varones

3. F; Las mujeres hacían la comida y confeccionaban los trajes.

4. C

5. F; El matrimonio de las clases bajas era monógamo.

6. C

7. C

9-30 ¿Y en nuestra sociedad?

Answers will vary.

A ESCUCHAR

9-31 Una narración amorosa

1. Cuando llovía yo no esperaba a mi padre sino que caminaba con mis amigas hasta una iglesia.

Mientras jugábamos en el agua mi futuro esposo, Roberto, me estaba mirando.

Después de graduarme de la escuela secundaria, yo fui a la universidad en Lima y Roberto fue a la universidad en Cuzco.

Antes de que nos conociéramos, Roberto me veía subir y bajar del avión en el aeropuerto.

En cuanto fui a la universidad de

Cuzco, Roberto y yo nos conocimos y nos hicimos buenos amigos. Ya que teníamos infinidad de cosas en común, el amor nació entre nosotros.

2. Decidieron casarse después de que Roberto volvió de EE. UU. porque se dieron cuenta de que la distancia era insoportable y Roberto le dijo que no regresaría a EE. UU. sin ella.

3. La boda tuvo lugar en la iglesia donde Heidi jugaba cuando era niña. Fue un lugar importante porque es donde Roberto la vio por primera vez.

GRAMÁTICA

9-32 ¿Voz activa o voz pasiva?
1. P
2. A
3. P
4. A
5. P
6. A
7. P
8. A

9-33 Un escritor peruano
1. fue criado
2. fue enviado
3. fueron publicados
4. fueron seguidos
5. fue aclamada
6. fue llamado
7. fue concedida

9-34 Machu Picchu
1. Los templos fueron usados por los emperadores para… *answers will vary.*
2. El secreto de Machu Picchu fue mantenido por los incas porque… *answers will vary.*
3. El acceso a los caminos a Machu Picchu fue prohibido por los administradores porque… *answers will vary.*
4. La ciudad de Machu Picchu fue dominada por las clases privilegiadas porque… *answers will vary.*

9-35 ¿Qué pasó?
Answers will vary. Possible answers include:
1. Atahualpa fue traicionado por Huáscar.
2. El dios Sol fue representado por el emperador inca.
3. La República de la Gran Colombia fue formada por Simón Bolívar.
4. El mito de El Dorado fue creado por los conquistadores.
5. Quito fue invadido por los incas.
6. Los incas fueron conquistados por los conquistadores.

9-36 Noticias de Perú
1. Se encontraron rastros de dos pueblos incas en la Cordillera de los Andes.
2. Se perdieron las cosechas a causa de una lluvia torrencial.
3. Se hicieron cambios a la propuesta educativa.
4. Se celebró un ritual antiguo ayer en Cuzco.

9-37 Noticias locales
Answers will vary.

9-38 La momia Juanita
Answers will vary.

9-39 Un monumento importante
Answers will vary.

REDACCIÓN
9-40 El matrimonio
Answers will vary.

A ESCUCHAR
9-41 Comunicarse formal e informalmente
A.
1. El doctor Restrepo necesita un informe de una reunión del departamento de neurología pediátrica.
2. Ella le lleva el informe a su oficina.
3. Ella necesita comunicarse con el gerente de la oficina de Claudia.
4. Porque Claudia está un poco ocupada.
5. Juliana va a pasar por la oficina de Claudia.

B.
1. F; Trabaja en el departamento de pediatría
2. C
3. F; Necesita el reporte del departamento de neurología pediátrica
4. F; Claudia lo lleva a su oficina
5. F; Juliana pasa a dejar un mensaje para el gerente de la oficina de Claudia.

MÁS ALLÁ DE LAS PALABRAS

VEN A CONOCER
9-42 El lago Titicaca
1. d
2. a
3. e
4. b
5. c
6. f

A ESCUCHAR
9-43 El lago Titicaca: Mito y realidad
A. **Identificación** El Dios Creador, la gente de la Ciudad Eterna, los pumas, el Padre Sol, los hermanos Manco Capac y Mama Ocllo.
B. **Las ideas principales** Los mitos explican la creación del lago Titicaca y la creación de los primeros incas.
C. **Detalles importantes** 7, 1, 6, 8, 2, 5, 3, 4
D. **Aplicación**
1. El Dios Creador castigó a la gente por no seguir su orden de no subir a la Montaña Sagrada.
2. El lago nació de las lágrimas del Padre Sol al ver a la gente que los pumas habían matado.
3. El Padre Sol creó a los dos hermanos y les dio la responsabilidad de poblar la tierra y unir a la gente. Ellos emigraron a Cuzco.
4. En 2002 se descubrieron las ruinas y restos de una ciudad escondida en el lago.
5. *Answers will vary.*

E. Atención a la estructura
1. cuando; terminó
2. antes de que; se marchara
3. después de que; se fuera
4. tan pronto como; llegaron

EL ESCRITOR TIENE LA PALABRA
9-44 El mito histórico-religioso
1. *Answers will vary.*
2. la civilización, la religión, la justicia, la razón, la humanidad, la organización
3. quechua
4. la barbarie, la irreligiosidad, la irracionalidad, la ferocidad
5. *Answers will vary. Possible answers include:* Dios es un padre para los creyentes, la relación con los creyentes es una de amor, el dios cristiano mandó a su hijo a la tierra y el dios inca mandó un hijo y una hija a la tierra para enseñar a los humanos.
6. *Answers will vary.*

9-45 Mi diario literario
Answers will vary.

PARA ESCRIBIR MEJOR
9-46 Práctica
1. diseñado
2. predicho
3. disminuido
4. dispuesto
5. generado
6. satisfecho

9-47 Práctica
1. ha tenido
2. habían tenido
3. haya trabajado
4. habrá desarrollado

9-48 Práctica
1. había / habían
2. había / habían
3. hayan / haya
4. hubiera

9-49 Práctica

1. Hay
2. han
3. había
4. hubieran
5. habría
6. hubo
7. Habría
8. hubiera
9. haya

PARA PRONUNCIAR MEJOR

9-55 Dictado

1. sonar
2. soñar
3. convenio
4. ameno
5. niñez
6. canon
7. cañón
8. caña

CAPÍTULO 10

TEMA 1

VOCABULARIO DEL TEMA

10-1 El contexto histórico

A.

1. fue
2. derrocó
3. fue
4. desaparecieron, fueron
5. fue
6. tuvo
7. regresaron
8. fue
9. murió

B. *Answers will vary.*

10-2 Francisco Ruiz, exiliado chileno

1. C
2. F
3. C
4. F
5. F
6. C

7. C
8. C

A ESCUCHAR

10-3 Una exiliada en EE. UU.

1. El proyecto de Sara consiste en escribir un ensayo sobre las experiencias de los exiliados chilenos.
2. *All answers.*
3. María Elena salió de Chile porque los militares la estaban buscando. Querían saber dónde estaba su hermano, un activista político y crítico del gobierno.
4. María Elena no quiere regresar a Chile porque tiene un buen trabajo y una familia en EE. UU. Además dice que el Chile de antes no es el mismo país que el de ahora. No quiere revivir el pasado.

GRAMÁTICA

10-4 Michelle Bachelet

Pasado relacionado con el presente: a, b, e
Pasado antes del pasado: c, g
Discurso indirecto: d, f

10-5 La economía chilena

1. d
2. g
3. c
4. a
5. f
6. b
7. e

10-6 ¿Qué ha pasado en Chile?

A.

1. han viajado
2. ha aumentado
3. he hecho
4. hemos implementado
5. ha identificado; ha juzgado

B.

1. Un consejero económico dijo que este mes la inversión extranjera había aumentado gracias a los acuerdos con otros países.

2. La presidenta dijo que había hecho varios viajes a Argentina para hablar de acuerdos bilaterales.

3. Una representante de la Cooperación para la Democracia y la Justicia dijo que ellos habían implementado nuevas estrategias para eliminar la pobreza.

4. El vicepresidente dijo que desde la dictadura de Pinochet, el gobierno había identificado y había juzgado a miles de militares por sus violaciones de los derechos humanos.

10-7 Un viaje a Chile

1. Yo no había oído hablar de la Isla de Pascua.

2. Mi amiga y yo no habíamos probado el vino chileno.

3. Becky y Adam no habían visto una mina de cobre.

4. Nosotros no habíamos hecho una excursión a los Andes.

10-8 La cronología familiar

Answers will vary.

10-9 Antes de la semana pasada

A. *Answers may vary. Possible answers include:* Antes de la semana pasada no había hecho muchos amigos pero ahora conoce a muchas personas; Antes de la semana pasada había extrañado a su familia pero ahora no piensa tanto en su familia; Antes de la semana pasada no había comprendido el material de sus clases pero ahora pide ayuda de sus profesores; Antes de la semana pasada había llamado a sus padres todos los días pero ahora sólo habla con sus padres el domingo; Antes de la semana pasada había llorado por la noche pero ahora está feliz y duerme bien

B. *Answers will vary.*

10-10 Mis logros

Answers will vary.

10-11 Aciertos y errores

Answers will vary.

REDACCIÓN

10-12 Recuerdos familiares

Answers will vary.

A ESCUCHAR

10-13 Hablar de los pros y los contras de una situación

A. 1. a, c; **2.** b, c; **3.** b, d; **4.** a, b, d;

B. 1. Pilar y Luisa deciden irse a vivir fuera de la universidad porque son estudiantes de último año y en el futuro van a tener muchas responsabilidades además de sus trabajos.

2. Ellas han vivido en las residencias universitarias 3 años.

3. Vivo fuera/dentro de la universidad porque… *Answers will vary.*

4. *Answers will vary.*

TEMA 2

VOCABULARIO DEL TEMA

10-14 ¿Qué sabes del lunfardo y del tango?

1. a

2. b

3. a

4. b

5. b

6. a

10-15 La historia del tango

a. 1

b. 3

c. 5

d. 2

e. 4

f. 6

A ESCUCHAR

10-16 El fútbol, deporte de fama mundial

A.

1. d; **2.** f; **3.** e; **4.** b; **5.** c; **6.** a.

B.

1. Siete países: Brasil, Argentina, Uruguay, Francia, Italia, Alemania e Inglaterra
2. Se celebró en China en 1991 y ganó el equipo de Estados Unidos.
3. Diego Armando Maradona
4. Italia venció a Francia.

GRAMÁTICA

10-17 Un cambio de vida

Pronombres preposicionales: para mí, según ellos, para mí

Verbos preposicionales: llegué a, me enamoré de, asistí a, me despedí de, empecé a, llegué al, me acuerdo de

10-18 Personajes famosos de Argentina

1. él
2. mí
3. él
4. ellos
5. mí
6. él
7. ella
8. ellos

10-19 Un viaje a Ushuaia

1. conmigo
2. contigo
3. mí
4. tú y yo
5. nosotros
6. ellos

10-20 Rivalidad futbolística

1. a
2. X
3. a

4. a
5. de
6. por
7. de

10-21 Un semestre en Mendoza

1. Ella salió de Estados Unidos en enero.
2. Sara asistió a la universidad de Mendoza en el oeste del país.
3. Pronto aprendió a comunicarse en español con la gente.
4. Además se enamoró de Jorge, un muchacho argentino muy simpático.
5. Ahora Sara quiere vivir en Mendoza y casarse con Jorge.
6. Sara se acuerda de su familia y piensa en ellos mucho.

10-22 El tango argentino

1. a
2. a
3. a
4. en
5. a
6. de
7. con
8. de
9. por
10. de

10-23 Tu cantante favorito/a

Answers will vary.

10-24 Un recorrido por Buenos Aires

A. *Answers will vary.*

1. Buscan una ciudad dinámica y con una oferta cultural y gastronómica rica y variada.
2. Pueden asistir a un espectáculo de música clásica o de ópera.
3. Se aprende a bailar tango.
4. Buscan antigüedades.
5. Las milongas consisten en fiestas de tango.
6. *Answers will vary.*

B. *Answers will vary.*

REDACCIÓN
10-25 Comparación y contraste
Answers will vary.

A ESCUCHAR
10-26 Interrumpir para pedir una aclaración

A.

1. Porque en 1920 algunos países de Europa ya les habían dado a las mujeres el derecho al voto.
2. Las mujeres hicieron protestas y peticiones formales antes los gobiernos.
3. *Answers will vary.*
4. *Answers will vary.*

B.

1. d; 2. e; 3. b; 4. c; 5. a.

TEMA 3

VOCABULARIO DEL TEMA
10-27 ¿Qué significa?

1. d
2. b
3. e
4. a
5. f
6. c

10-28 ¿Recuerdas?

1. a
2. b
3. a. ser varón
   b. tener una educación universitaria
   c. residencia urbana
   d. pertenecer al estrato socioeconómico alto
   e. tener 20-25 años

A ESCUCHAR
10-29 Un anuncio radiofónico

A.

1. C
2. F; el Festival dura una semana.

3. F; participarán músicos uruguayos más músicos de otros países latinoamericanos y europeos.
4. C

B.

1. Visitar la página web o escuchar los anuncios diarios por la radio.
2. *Answers will vary.*

GRAMÁTICA
10-30 ¿Qué está pasando?
Answers will vary.

10-31 ¿Qué estaba pasando?

1. Mi amigo y yo estábamos bebiendo yerba mate cuando encontré un artículo en el periódico sobre los tupamaros.
2. Los bailarines estaban bailando el tango cuando mi amigo y yo decidimos bailar también.
3. Yo estaba comiendo carne de Uruguay en una parrillada cuando vi entrar a un viejo amigo estadounidense.
4. Mi amigo y yo estábamos viajando a la playa de Punta del Este cuando el autobús tuvo un accidente.

10-32 Novedades

1. estabas pensando
2. estaba deseando
3. está siendo
4. Estás buscando
5. está yendo
6. está trabajando
7. estaba pensando
8. está saliendo
9. se estuvieron viendo
10. está empezando

10-33 Momentos de crisis
Answers will vary. Possible answers include:

1. Es triste que numerosas empresas estén reduciendo su plantilla.
2. Me pone triste que la calidad de los servicios públicos esté disminuyendo.

3. Es lamentable que muchos jóvenes estén abandonando el país.

4. Me sorprende que muchos jóvenes se estén marchando al extranjero para continuar sus estudios.

5. Es interesante que muchos jóvenes uruguayos estén viviendo ahora en Estados Unidos y España.

10-34 Consejos

Answers will vary. Possible answers include:

1. Es importante tener dinero ahorrado en el banco para poder hacer frente a las emergencias.

2. Es peligroso invertir todo tu dinero en la Bolsa.

3. Es recomendable no abusar de las tarjetas de crédito si no quieres endeudarte.

4. Es aconsejable buscar el apoyo de tu familia y de tus amigos si tienes problemas económicos.

10-35 El tiempo libre

1. jugando

2. Pasar, estudiando

3. viajar

4. saliendo

10-36 Un día típico

1. estoy escribiendo

2. estaba leyendo

3. salimos

4. estén pasando

10-37 Mi semestre en Uruguay

Answers will vary.

REDACCIÓN

10-38 Una visita

Answers will vary.

A ESCUCHAR

10-39 Corregir a otras personas

A.

    1. Ellas no están de acuerdo en la hora de la reunión.

2. Cristi creía que la reunión era a las doce.

3. Marina estaba segura de que cambió la reunión para las cuatro.

4. Ellas decidieron preguntarle a Alí.

5. Magdalena cambió la hora original porque recordó que tenía una cita con Luis.

B. *Answers will vary.*

MÁS ALLÁ DE LAS PALABRAS

VEN A CONOCER

10-40 ¿Recuerdas?

1. Itaguá

2. el río Paraná

3. la represa de Itaipú

4. Filadelfia

5. Trinidad

6. Ciudad del Este

A ESCUCHAR

10-41 Una entrevista

A. Orientación

    1. a

    2. c

    3. b

    4. b

B. Las ideas principales

La Federación se dedica principalmente a la educación.

C. Detalles importantes

    1. C

    2. F; tradicionalmente, y antes de 1992, la lengua de instrucción ha sido el español.

    3. F; por la inestabilidad política el sistema educativo no ha recibido mucha atención.

    4. C

    5. C

    6. F; desde la nueva constitución, el derecho de la enseñanza bilingüe ha sido garantizado.

D. Aplicación

    1. El primer programa mencionado ofrece clases por radio a adultos que no terminaron la escuela primaria y que viven en áreas rurales. El segundo programa da clases de nivel primario a los niños en guaraní enseñándoles español gradualmente también.

2. *Answers will vary.*

E. Atención a los verbos

1. estoy haciendo
2. estaban realizando
3. estoy trabajando / estaba dando
4. está preparando

EL ESCRITOR TIENE LA PALABRA

10-42 Características de un cuento de terror

A. *Answers will vary. Possible answers include:*

Vestido negro	Pelo negro	Ojos negros	Cara pálida
Relámpago	Miedo	Personas desconocidas	Daño
Desierto	Atraca	Matan	Ojos límpidos
Voz cavernosa	La muerte	Misteriosamente	Desapareció

B. *Answers will vary.*

10-43 Mi diario literario

Answers will vary.

PARA ESCRIBIR MEJOR

10-44 Práctica

1. la / del
2. El
3. al
4. Los
5. los
6. El

10-45 Práctica

El lunes próximo vuelvo a EE. UU. después de haber vivido aquí un año. Vivo en **la** residencia estudiantil *Miguel Ángel*, en el centro de la ciudad de Buenos Aires. He aprendido mucho con mis experiencias y mis clases. Hablo español mucho mejor que antes. Ayer, le dije a mi profesora de español: "Profesora, ¿crees que algún día hablaré como un nativo?" Y me respondió: "Claro que sí, si sigues estudiando". Además de la lengua, he aprendido mucho sobre la política argentina. Por ejemplo, sé que **el** presidente Juan Perón fue elegido en 1946, 1952 y 1974. Creo que fue una persona muy interesante en la historia argentina. Bueno, me duele mucho **la** cabeza, por eso voy a terminar mi carta. ¡Hasta pronto!

10-46 Práctica

1. X
2. una
3. X
4. X
5. unos
6. X

PARA PRONUNCIAR MEJOR

10-48 Dictado

1. agüero
2. ambigüedad
3. ambiguo
4. vergüenza
5. colgué
6. antigüedad
7. contiguo
8. aguanta
9. guitarra
10. paragüero